G Wolf

Zur Geschichte der Wiener Universität

G Wolf

Zur Geschichte der Wiener Universität

ISBN/EAN: 9783743612952

Hergestellt in Europa, USA, Kanada, Australien, Japan

Cover: Foto ©ninafisch / pixelio.de

Manufactured and distributed by brebook publishing software (www.brebook.com)

G Wolf

Zur Geschichte der Wiener Universität

ZUR GESCHICHTE

DER

WIENER UNIVERSITÄT

VON

G. WOLF.

WIEN 1883.

ALFRED HÖLDER,

K. K. HOF- UND UNIVERSITÄTS-BUCHHÄNDLER

ROTHENTHURMSTRASSE 15.

VORWORT.

Die alte und berühmte Wiener Universität hat, wie es ihr gebührt und wie sie es verdient, ihre Biographen gefunden. Bekannt ist das Werk Kink's, der zuerst auf Grund von Quellen-Forschung eine Geschichte der Wiener Universität schrieb. Auf einem höheren Standpunkte stehend, und tiefer greifend ist das Werk Aschbach's, welches jedoch mit der Zeit der Humanisten abschliesst. Ausserdem wurden einzelne Perioden, wie beispielsweise die Reformen der Kaiserin Maria Theresia, in dem grossen Werke Arneth's: ›Geschichte Maria Theresia's‹, oder einzelner Personen, wie Sonnenfels, Riegger, Gerhard van Swieten etc., besonders behandelt. Wir selbst veröffentlichten: ›Studien zur Jubelfeier der Wiener Universität im Jahre 1865‹.

Was die neue Zeit betrifft, so hat der ehemalige Sections-Chef im Unterrichts-Ministerium, Dr. Karl Lemayer, der mit am ›sausenden Webstuhle der Zeit‹ sass, da er das Referat über Universitäts-Angelegenheiten hatte, ein sehr schätzenswerthes Werk: ›Die Verwaltung der österreichischen Hochschulen von 1868—1877‹ (Wien, Hölder) veröffentlicht, welches *implicite* auch die Verhältnisse an der Wiener Universität behandelt. Armand Freiherr von Dumreicher publicirte 1873: ›Die Verwaltung der Universitäten etc.‹, und findet in derselben die Wiener Universität die gebührende Berücksichtigung. Ferner wollen wir gedenken Heintel's: ›Mittheilungen aus den Universitäts-Acten‹. Wir selbst veröffentlichten zu Anfang des Jahres 1882 eine historische Studie: ›Der neue Universitätsbau in Wien‹, welche einige interne Fragen bespricht, die, wir sind stolz, es sagen zu dürfen, zu einem praktischen Resultate führte. Mit Bezug auf die in derselben vorhandenen Daten urgirte der Abgeordnete Herr Nicolaus Dumba in der Sitzung des Abgeordnetenhauses vom 4. März 1882, das neue Universitäts-Gebäude so rasch als möglich fertig zu stellen und die betreffenden Geldmittel zu bewilligen, und dieser Appell war von gewünschtem Erfolge. Mit Vergnügen constatiren wir, dass der Special-Berichterstatter Herr Dr. Josef Jireček, ehemals Unterrichts-Minister, welcher in dem Berichte über das Unterrichts-Budget die Sache bereits angeregt hatte, dem Begehren des Herrn Dumba aus vollem Herzen zustimmte.

Die vorliegende Publication will Lücken in den bereits vorhandenen Werken, welche die Zeit bis zum Jahre 1848 behandeln, ausfüllen, und manches in dem Buche Kink's richtig stellen; denn wir bedauern es, sagen zu müssen, dass Herr Kink nicht immer objectiv verfahren ist. Was jedoch die Reform der Universität in unserer Zeit betrifft, gibt sie zum ersten Male eine pragmatische Darstellung, wobei selbstverständlich jenes, was Lemayer bereits ausführlich behandelt hat, hier kurz berührt, respective auf denselben hingewiesen wird.

Falls diesem Buche ein gewisser Werth zuerkannt werden sollte, so ist zunächst dafür Sr. Excellenz dem Herrn Unterrichts-Minister Baron Conrad von Eybesfeld und dem Referenten für Universitäts-Angelegenheiten Herrn Sectionsrath Dr. Benno Ritter von David zu danken, da es mir gestattet war, das Archiv und die Registratur dieser Centralstelle zu benützen. In gleicher Weise hatten die Herren: Ministerpräsident Graf Taaffe als Minister des Innern, der Reichskriegs-Minister Graf Bylandt-Rheidt, sowie der Minister für Landesvertheidigung Graf Welsersheimb und Se. Excellenz Herr Alfred Ritter von Arneth, Director des geheimen Haus-, Hof- und Staatsarchives, die Güte, mir die Benützung der betreffenden Archive und Registraturen zu gestatten. Auch der hochansehnliche akademische Senat erlaubte mir die Benützung des Universitäts-Archives. Aus mannigfachen Gründen konnte ich jedoch von der mir eingeräumten Bewilligung keinen Gebrauch machen.

Schliesslich drängt es mich, den Herren Archivs-Beamten, welche unermüdlich sind, meine Bestrebungen zu fördern, verbindlichst zu danken.

Wien, im August 1883.   **Der Verfasser.**

INHALT.

I.

Aus der Zeit Maria Theresia's.

(Reformen unter Ferdinand I. und Karl VI., Reformvorschläge, Habilitirung, Jesuiten, van Swieten, Studien im Auslande, Conflicte, die deutsche Sprache, Sonnenfels, österreichisches Recht, Reformen 1774, die theologische Facultät.)

Der Kampf zwischen Kirche und Staat fand, wie bekannt, nicht blos auf politischem Gebiete statt. Zum Theile beherrschte in früherer Zeit das religiöse Leben das Thun und Lassen der Individuen wie der Corporationen, und zum Theile hat es die Kirche verstanden, sich überall Einfluss zu verschaffen und diesen geltend zu machen. Häusliches und öffentliches Leben, Politik und Wissenschaft, Kunst und Literatur, alles wurde von der Kirche beeinflusst, wenn sie ihnen nicht gar die Richtung gegeben hat. Es versteht sich von selbst, dass auch die Universitäten, und insbesondere jene, welche im Mittelalter begründet wurden, im Bannkreise der Kirche standen, und dies umsomehr, da die theologische Facultät der Genehmigung des Papstes bedurfte. Wer den Verlauf der Ereignisse an derartigen Universitäten beobachten will, muss daher sein Augenmerk nicht blos auf das Steigen und Fallen der wissenschaftlichen Bestrebungen, auf die grössere oder geringere Pflege oder gar Vernachlässigung der Wissenschaft richten, sondern auch das Verhältniss der betreffenden *alma mater* zu Rom beachten. Und in dieser Beziehung bietet sich dem Forscher eine eigenthümliche, höchst interessante Erscheinung, der wir an der Wiener Universität wiederholt begegnen. Man weiss es, dass die Monarchen aus dem Hause Habsburg der katholischen Kirche treu ergeben waren; aber selbst die eifrigsten derselben sahen sich manchmal genöthigt, die Uebergriffe Roms stracks abzuwehren, und waren sie von dem Bewusstsein ihres Herrscherrechtes dermassen erfüllt, dass sie am allerwenigsten irgend einer auswärtigen Macht

einen Einfluss auf das innere Staatsleben gestatten wollten. Wenn
es auch in Oesterreich nie zu einem Bruche mit dem heiligen
Stuhle kam, so gab es doch nicht selten Zeiten, in welchen
zwischen den österreichischen Herrschern und den Päpsten eine
hochgradige Spannung vorhanden war, und erinnern wir nur an
die Stellung, welche Kaiser Ferdinand I. dem Concile von Trient
gegenüber einnahm. Dieser Monarch war es auch, der die Wiener
Universität auf neue Grundlagen stellte. Im Jahre 1530 zählte
nämlich die Wiener Universität, welche zu den Zeiten der Humanisten
Tausende von Studirenden hatte, nur dreissig Hörer, die theologische
Facultät war fast ganz, die juridische aber vollkommen aufgelöst.
Die landesfürstlichen Gehalte und gestifteten Beneficien wurden
daher an Leute vergeben, die gar nicht in Wien anwesend oder
als Prädicanten auf dem Lande thätig waren. Handwerksburschen
benützten die Bursen als Absteigequartier und statt der Studien
wurden Lanzknechtspiele getrieben. Während die Frequenz aus
dem Auslande ganz aufgehört hatte, zogen die Söhne der ersten
Familien des Landes an auswärtige Universitäten, nach Tübingen,
Leipzig, Wittenberg und Rostock. Kaiser Ferdinand I. war es, der
die Wiener Universität zu neuem Leben erweckte. Schon in den
Jahren 1533 und dann 1537 erschienen Reformgesetze, die jedoch
blos die Vorläufer der »Neuen Reformation« vom 1. Jänner 1554
waren. Dieser folgten dann mehrere ergänzende und erläuternde
Bestimmungen, durch welche ein neues abgeschlossenes System,
welches fast zwei Jahrhunderte in Wirksamkeit war, ins Leben trat.
(Vergl. »Kink, Geschichte der k. Universität in Wien«, S. 257
u. s. w.) Nach diesem Systeme sollte die Universität, wie sie früher
die Interessen der Kirche vertrat, von nun an die Interessen des
Staates befördern, die fernere Bildung der Studirenden sollte demgemäss auch den Anforderungen des Staatsdienstes entsprechen.
Wohl blieb die Universität nach wie vor eine autonome Körperschaft, aber die Feststellung ihrer Bewegung und Wirksamkeit
wurde als Aufgabe des Staates betrachtet, und das Organ, das mit
dieser Beaufsichtigung betraut wurde, war der Superintendent,
der über der Universität stand. Er legte den Eid nicht in die Hände
des Rectors, sondern in die des Landesfürsten, dem er allein verantwortlich war, ab. Ihm lag es ob, darüber zu wachen, dass die Anordnungen der Regierung von Seite der Universität genau befolgt

wurden. Bei allen ihren Versammlungen hatte er Sitz und berathende
Stimme. In allen Angelegenheiten, für welche in den Statuten etc.
nicht vorgesehen war, konnte nicht die Universität, sondern nur
der Superintendent im Vereine mit der Regierung eine neue Anordnung treffen.

Wir sagten, dass diese neue Reformation fast 200 Jahre,
also bis zur Universitäts-Reform unter der Kaiserin Maria Theresia,
in Wirksamkeit war. Wir brauchen jedoch nicht zu sagen, was
aus derselben geworden, als die Universität unter die Leitung der
Jesuiten kam, und was Kaiser Ferdinand II. zur Förderung der katholischen Kirche gethan. Und da war es wieder eine der frömmsten
und gottergebensten Katholikinnen, die Kaiserin Maria Theresia,
welche die Universität aus ihrem Verfalle erhob und sie mehr als
je zum Staatsinstitute machte. Wir werden Gelegenheit haben,
ausser den bereits vielfach erbrachten Beweisen, neue dafür beizubringen, dass die Kaiserin und mit ihr jener, der die Universitäts-
Reform geschaffen, Gerhard van Swieten, die Universität als katholische
Institution betrachteten, aber durchaus wollte sie es nicht dulden,
sie als Institution des Papstes, wenn wir so sagen dürfen,
anzusehen.

Dieses vorausgeschickt, und wir haben dabei Fachmännern
nichts Neues gesagt, gehen wir zur Sache über. Schon unter Karl VI.
zeigte sich die Nothwendigkeit einer Restauration der Studien,
um die Universität vor gänzlichem Verfalle zu bewahren. Es
wurde daher im Jahre 1726 befohlen, dass die Professoren nicht
mehr dictiren, da diese Dictate gewöhnlich die ungereimtesten
Dinge enthielten, sondern dass sie nach gedruckten Büchern ihre
Vorträge halten sollen. Um tüchtige Lehrkräfte zu gewinnen, wurde
der jährliche Gehalt der Professoren *juris publici* mit 3000 fl. und
jener der anderen Professoren an der juridischen und medicinischen
Facultät mit 2000 fl. festgesetzt.

Am 21. Februar 1750 und am 28. Juni 1751 erstattete
das Directorium (jetzt Ministerium des Innern, für Cultus und Unterricht und das Finanzministerium) einen Bericht über das *studium publicum* an der hiesigen Universität, welcher sich in scharfen Worten
über das Vorgehen der Jesuiten auslässt und Vorschläge für eine
Reform der Studien an den Universitäten wie an den niederen
Schulen (Gymnasien) unterbreitete.

Als vornehmliches Gebrechen wurde hervorgehoben, dass die
Schüler der niederen Classen nicht genügend vorbereitet an die
Universität kommen (eine Klage, die man auch jetzt unter geänderten Verhältnissen vernehmen kann). Als Ursache dieses Zu-
standes wurde angegeben, dass der Unterricht in den niederen
Schulen nicht in genügender Weise ertheilt werde, da es auch an
tüchtigen Lehrern mangle. Es wurde daher vorgeschlagen, dass
niemand zur Universität zugelassen werden sollte, der nicht correct
deutsch und lateinisch zu schreiben versteht und ein »geringes
Thema« zu verfassen im Stande ist. Von armen Schülern sollen
nur die talentvollen zum Studium zugelassen werden.*) Um den
Unterricht desto fruchtbringender zu machen, sollen überhäufte
Classen in Parallelclassen getheilt, die Ferialtage eingeschränkt
und soll von Seite der Lehrer insbesondere auf die richtige Ortho-
graphie Rücksicht genommen werden. Die Gymnasien, oder richtiger
die lateinischen Schulen, welche bis dahin aus sechs Classen
bestanden, sollen auf fünf reducirt und die griechische Sprache,
»wo die Wissenschaften ihren ersten Sitz gehabt«, mehr und
besser gepflegt werden. Wer in die fünfte Classe eintreten will,
muss den Beweis der Fertigkeit im *stylo epistolari et historico* abzulegen im Stande sein. Nur tüchtige Lehrer sollen mit dem Unterrichte betraut werden und insbesondere muss dies in den *classibus
humanioribus* (in den oberen Classen) der Fall sein.

Das philosophische Studium (das bis zum Jahre 1848 ein
Vorbereitungsstudium war, welches alle Studirenden der Universität
behufs ihres Eintrittes in die anderen Facultäten absolvirt haben
mussten), das damals aus drei Jahrgängen bestand, soll auf zwei
reducirt werden, und wird insbesondere betont, dass nicht dictirt,

---

*) Dieses Moment richtete sich nicht nur gegen die Armen als solche, sondern
man wollte dem übermässigen Zudrange zu den lateinischen Schulen einen Damm
setzen. Aus diesem Grunde erschien am 2. Mai 1761 ein Decret, in welchem
befohlen ward, dass die Jugend vom Bürger- und Bauernstande nur dann zu Universitäts-Studien zugelassen werden soll, wenn sie besondere Fähigkeiten und Anlagen besitzt. Der Zudrang entstand nämlich dadurch, weil die Eltern ihre Kinder
so rasch als möglich versorgen wollten. Hatten diese die lateinischen Schulen
absolvirt, so kamen sie in die Mönchsklöster, wo sie die gewünschte Versorgung
fanden. Josef II. suchte diesem Uebelstande dadurch zu begegnen, indem er das
Schulgeld zur Errichtung von Stipendien einführte. (Vergl. unser: »Das Unterrichtswesen in Oesterreich unter Kaiser Josef II.«, S. 26 u. ff.)

sondern nach einem gedruckten Autor »mit nützlicher Method«
gelehrt werde, und zwar Logik und Metaphysik im ersten Jahre und
Experimental-Physik und Mathematik im zweiten Jahre. Ferner soll
ein Professor aristotelische Philosophie, einer Geschichte nebst einer
»soliden Anleitung« zur Geographie und Ethik und ein dritter
deutsche Eloquenz und die Art, gut deutsch zu schreiben, lehren.

Bezüglich des theologischen Studiums wurde vorgeschlagen,
dass auch die *theologia dogmatica* (Kirchenrecht) und die heilige
Schrift gelehrt und zwar ebenfalls nach Büchern, und sollte nicht
dictirt werden. An der juridischen Facultät sollen Lehrstühle
für Institutionen, Pandecten und öffentliches Recht errichtet,
und könnten letztere Disciplinen von dem Professor des Natur-,
Völker- und Lehrerrechtes tradirt werden. Man soll die Professoren
gut bezahlen, damit sie sich ausschliesslich ihrem Fache widmen
und nicht mehr darauf angewiesen sind, von der *praxi forensi* zu leben.

Der medicinischen Facultät wird in diesem Vortrage nicht
gedacht, da hier bereits durch van Swieten Reformen eingeführt
wurden und sie in vielen Beziehungen eine selbstständige Stellung
einnahm. Erhielt sie doch am 3. April 1752 das Vorrecht, wie es
später keiner anderen Facultät zu Theil geworden, dass Verordnungen, die sie allein betrafen, ihr direct und nicht durch Ver-
mittlung des Universitäts-Consistoriums zugeschickt wurden.

Die Kaiserin versah den Vortrag mit »*placet*«. Am 21. und
25. Juni 1752 wurde der reformirte Studienplan für die philosophische
und theologische Facultät an den Rector zur weiteren Eröffnung an die
Jesuiten, die er zunächst betraf, mitgetheilt; der philosophischen Facultät jedoch im Gegensatze zu obigem Vortrage aufgetragen, dass sich die
Professoren von der aristotelischen Philosophie lossagen. (Kink S. 459.)

In demselben Jahre (1752) wurden auch die Privilegien der
Universität in gewisser Beziehung geschmälert. Wie man nämlich
weiss, besass die Universität ihre eigene Jurisdiction. Als am 18. December 1752 Schwandner, Hofrath bei der Banco-Deputation in Wien
starb, liess die Universität *ex capite* des von dem Verstorbenen
bekleideten Doctorates die Sperre, Inventur und Verlassenschafts-
abhandlung vornehmen. Als die Kaiserin davon erfahren hatte,
schrieb sie eigenhändig: »Dis muss woll aus Versehen oder Favor
deren stellen also tolerirt worden sein, ich thue gewis was möglich
zu ehre der universität, doch solche abusi gehören nicht zu deren

auffnahme so bald einige membra in meine oder auch nur particular Dinste tretten und nicht in der actualität alda sein, gehören sie nicht mehr dahin.‹ — Die Doctoren *non legentes* wurden daher durch dieses Rescript ausserhalb des Verbandes der Universität gestellt.

Ferner wurde noch ein anderer Missbrauch abgestellt: Kaiser Ferdinand II. hatte der Ferdinandea in Prag das Privilegium gegeben, alljährlich einem *Magistro philosophiae* die Personal-Nobilitation zu ertheilen (ein Privilegium, welches in Folge eines Vortrages der Studien-Hofcommission am 22. Juni 1776 aufgehoben wurde). An polnischen Universitäten wurden überhaupt alle promovirten Doctoren in den Adelsstand erhoben. Ein ähnlicher abusus schlich sich auch bei der Wiener Universität ein. Als dem Dr. phil. Schmalznop in Wien die Frau gestorben war, trug der Witwer Pleureusen, die damals nur dem Adel zu tragen gestattet waren. Hierüber befragt, berief er sich darauf, er sei durch den Doctorgrad von Seite der Universität nobilitirt. Als die Kaiserin davon erfahren hatte, befahl sie, die Sache zu untersuchen, und bemerkte: »mir ligt nichts an seiner person wohl aber zu wissen wie dieser abusus eingeschlich (en seit) wan die Universität nobilitirt.‹

Man untersuchte die Sache, und der Decan, der den Vorgang für correct hielt, erklärte, das betreffende Document, in welchem der Universität dieses Privilegium zugestanden wurde, sei *per injurias temporum* in Confusion gerathen. Das Directorium befürwortete hierauf am 15. Mai 1757, diesen Unfug und Missbrauch abzustellen, und die Kaiserin resolvirte eigenhändig: »alle die es (adelig) durch die universität worden, seyend schuldig wan sie sich wollen prevaliren, ohne tax auff das neue von hoff selben zu überkommen und künfftig keine mehr zu machen, den wan so grosse privilegium wäre wurde es wohl bey handen seyn.‹

Bald hierauf, 4. Jänner 1754, beschloss die Kaiserin, der Universität ein neues würdiges Heim zu begründen, da bis dahin die Vorlesungen an verschiedenen Orten, respective in verschiedenen Häusern abgehalten wurden. Im August 1755 war das prachtvolle »neue Universitätshaus« fertig, und erfolgte dessen feierliche Uebergabe an die Universität am 5. April 1756, nach celebrirtem Hochamte im Universitätssaale, vor der Kaiserin, dem Kaiser, dem Erzherzoge Josef und den Erzherzoginnen Maria Anna und Maria Christine. In der Zwischenzeit (1754—1756) entstand die Frage, was mit den früheren Räumlichkeiten, die Universitätszwecken dienten, geschehen sollte. Hofrath Karl v. Doblhoff schlug vor, die Räumlichkeiten, in welchen sich die Mitglieder der philosophischen Facultät versammelten und welche zu Bibliothekszwecken verwendet wurden, für die orientalischen Sprachknaben*) zu bestimmen. Es müsste nur darauf gesehen werden, »dass man tüchtige *Subjecta* auswähle und sie nur so lange behalte, als sie Merkmale einer guten Fähigkeit, Application und Wandels von sich geben«. Die andern Localitäten sollten als Correctionshaus für sittlich gefallene Frauenzimmer verwendet werden. (Vergl. unsere: »Historische Skizzen« S. 230.)

Ein ähnlicher Vorschlag, wie bezüglich der Räumlichkeiten der philosophischen Facultät, wurde von einigen Stiftern und Wohlthätern der Universität in Betreff der Juristenschule in der Schulerstrasse gemacht. Es sollten daselbst freiwillige Büsserinnen, welche geistlich leben wollten, aufgenommen werden. Die Oberin soll mindestens von »mittlerem Adel«, und eine tugendsame, vernünftige Matrone sein. Im Laufe des Tages sollen 10—12 derartige Büsserinnen unter Aufsicht einer Matrone zusammen in einem Saale sein und daselbst arbeiten und essen; des Nachts jedoch jede in einem besonderen von der Meisterin verschlossenen Kämmerlein schlafen. Der Preis des Hauses sammt der darin vorhandenen Ivokapelle, welche im Jahre 1397 von dem Universitätsrector Magister Kolb in dem damals ihm eigenthümlichen Hause begründet wurde (Vergl. Kink I, 102), wurde auf 13.500 fl. geschätzt. Die Kaiserin genehmigte auch diesen Vorschlag und rescribirte: »gleich also alles zu endigen, damit dieses Werk anfangen kann; die 13.500 dem erzbischoff in Handen zu lassen sie vor noch einige extragebäude zur Universität die er a parte verrechnen solle«. Als hierauf der Decan der juridischen Facultät den Wunsch aussprach, dass man die Ivokapelle derselben belasse, bemerkte die Kaiserin auf den diesbezüglichen Vortrag vom 11. März 1754: »es bleibt bey meiner resolution das

---

*) Sowohl der diplomatische Verkehr mit der Pforte, wie die zahlreichen wichtigen commerziellen und sonstigen Interessen österreichischer Staatsangehöriger in der Türkei machten es nothwendig, eine Anzahl von Jünglingen in den morgenländischen Sprachen unterrichten zu lassen, um sich ihrer als Dolmetscher im Verkehre mit der Türkei zu bedienen. (Vergl. Weiss v. Starkenfels: »Die k. k. orientalische Akademie in Wien«).

die Capellen solle übergeben werden, ich habe wahrhaftig genug vor
die Universität (gethan).«

Zugleich mit der Uebergabe des neuen Hauses an die Universität wurden auch gewisse Privilegien der Jesuiten restringirt.
Die Kaiserin befahl nämlich, April 1756, dass die Jünger dieses
Ordens bei den Prüfungen und Rigorosen zur Gradnirung in gleicher
Weise wie die anderen Cleriker behandelt werden sollen. Sie
schrieb: »ohne villen umbschweiff zu machen kan man in gnädigen
terminis ihnen befehlen das künfftig die jesuiter wie alle andern
ohne was mehreres oder wenigeres sollen examinirt werden und
durch die eygene examinatores die alle andern examiniren sonst
wurde man selbe die nicht dieses examen nicht also durchgang
nicht als doctores der universität mehr erkenen und dieses normale
hat anzufangen von 1. may dies jahres 1756 will auch aus purer
gnad ihnen gratis gestatten obwohlen sie zahlen kunten.«*) Auf eine
weitere diesbezügliche Vorstellung bemerkte die Kaiserin, Juli 1756:
»welche heuer *a prima* may seynd graduirt worden will noch
passiren lassen wie vorhin und können auch zu allen würden gelangen. Von diser promotion aber soll das normale gehalten werden,
das keiner mehr zu höheren wurden gelangen können die nicht
wie alle andern examinirt und approbirt weillen künfftig alle gleich
ohne exception sollen gehalten werden und in allen ländern.«**)

Bevor wir weiter schreiten, wollen wir vereinzelte Momente

---

*) Durch diese kaiserliche Entschliessung wurden die Privilegien der
Jesuiten, die sie von mehreren Päpsten hatten (Kink I, 306, Anm. 391), nach
welchen jedes Collegium der Gesellschaft Jesu, so bald es ihm beliebte, sich als
Universität für die artistischen und theologischen Fächer constituiren konnte,
aufgehoben.

**) Im Jahre 1779 suchte das ehemalige Mitglied *societatis Jesu*, Mich.
Casteller, um eine theologische Professur an. Da die Kaiserin befohlen hatte,
dass derartige Personen für die Kanzeln der Logik, Metaphysik und Theologie
nicht vorgeschlagen werden sollten, so wies der oberste Kanzler, Graf Blümegen, in
einer Note vom 24. April 1779 darauf hin, dass der Bittsteller sieben Jahre zur Societät
gehörte, doch habe er weder Philosophie noch Theologie bei den Jesuiten gehört und
in Wien den *gradum Doctoratus theologiae* erhalten. Es könnte daher bei demselben
eine Ausnahme gemacht werden. Hierauf rescribirte die Kaiserin eigenhändig:
»sobald er die studia auff unserer Universität in der societätt weder philosophie
noch theologie gehört, so ist von ihm und all andern die auff dem nemblichen
Fall sich finden kunnten die exception auffgehoben. *Caeteris paribus* können vorgeschlagen werden.«

hervorheben. Wir gedachten bereits in unserer Schrift: »Das Unterrichtswesen« etc., S. 70, des Momentes, dass van Swieten gegen den Collegienzwang war.*)

Im Jahre 1756 wurde den Professoren gestattet, Cavalieren Privatunterricht zu ertheilen. Die Ursache dieser Concession war folgende: Der bekannte Professor des Kirchenrechtes an der Wiener Universität, Hofrath Paul Josef Riegger, lehrte an der Theresianischen Akademie *jus publicum* und wurde ihm gestattet, die Vorlesungen aus dieser Disciplin ebenfalls an der Savoyischen Akademie zu halten, da ihm dadurch die Gelegenheit geboten war, auch hier die Methode der Universität einzuführen. In gleicher Weise wurde ihm erlaubt, die Grafen Cavriani und Kaunitz-Questenberg privatim *ex jure publico* zu unterrichten. Ersterer fungirte bereits als öffentlicher Rath und war daher nicht in der Lage, die Universität zu besuchen, und für letzteren hielt man dies nicht angemessen, da er Kämmerer war. Um für ähnliche Fälle überhaupt einen Ausweg zu haben, erlaubte man den Professoren im Allgemeinen, in der Savoyischen Akademie und ebenso einzelnen Cavalieren, *Privat Collegia* zu geben.

Am 14. August 1756 unterbreitete van Swieten der Kaiserin folgende Vorschläge: 1. Es werde an den Universitäten ein Vorgang, der an anderen Universitäten üblich ist, eingeführt, dass jeder Professor beim Antritte seines Amtes öffentlich eine feierliche Rede halte; 2. wenn ein Professor stirbt, soll demselben, wie an anderen Universitäten, in der Aula eine feierliche Leichenrede, und zwar in der Regel von dem ältesten Professor der Facultät, welcher der Verblichene angehört hatte, gehalten werden; denn 3. das Lob, das berühmten Männern gezollt wird, eifert die Lebenden an, denselben

*) Es scheint uns nicht überflüssig, die Ansicht van Swieten's über den Unterricht in der Weltgeschichte, der überdies in deutscher Sprache ertheilt wurde, hier mitzutheilen. Kink (I, 492, Anm. 648) citirt diese Note van Swieten's, bricht jedoch bei den Worten: »le même traine« ab. Die Fortsetzung, in welcher van Swieten seine Ansicht motivirte, lautet: »Cependant les grands jurisconsultes ont tous été d'accord que la connoissance de l'histoire est d'une très grande utilité pour bien comprendre les loix et surtout pour être au fait des causes qui ont fait dresser les loix. Comme les jurisconsultes doivent souvent dresser des memoires etc. en allemand il est très necessaire qu'ils sçavent bien cette langue. Par consequent cette année est très utilement employé pour ces deux causes; cela est etabli dans le plan des etudes et par consequent c'est une loy qu'il faut faire observer.«

nachzustreben. Hierzu bemerkte die Kaiserin eigenhändig: »ad 1:
necessaire à etablir, ad 2: de même und ad 3: et tous les ans on
tiendra un service dans l'octave des morts pour tout les professeurs
et etudiants morts et toute l'université tout y assister.«

Wie sehr die Kaiserin darauf bedacht war, dass nur tüchtige
Männer zu Aemtern und Würden gelangen, geht aus Folgendem
hervor: Nachdem die erste Reform der Universität im Jahre 1752
durchgeführt war, erging der Befehl, dass bei allen sich ereignenden
Apperturen eines beneficii ecclesiastici curati seu simplicis alle erbländischen Vasallen gehalten sein sollen, jene Candidaten, die auf
einer inländischen Universität den gradum theologicum erhalten haben,
allen anderen vorzuziehen. Nun hatte der Magistrat zu Wiener-
Neustadt das Recht, die dortigen Canonices zu präsentiren. Als im
Jahre 1765 ein Canonicat daselbst erledigt war, bewarb*) sich um
diese Stelle Dr. theol. Müller, welcher an der Wiener Universität
seine Studien absolvirt hatte. Der Magistrat zu Wiener-Neustadt
wollte jedoch diese Stelle einem anderen geben und bat um Dispens.
Die Studien-Hofcommission trug darauf an, dieses Gesuch abzu-
weisen; der oberste Hofkanzler (Graf Chotek) jedoch befürwortete
dasselbe. Er meinte, es sei dem Magistrate zu Wiener-Neustadt von
all' den Privilegien, die er früher besessen, keines geblieben als
dieses, und würde es denselben schmerzen, »dieses letzte Kleinod«
zu verlieren, wenn es ihm nicht mehr möglich wäre, wohlverdienten
Bürgerskindern zu einem Canonicate zu verhelfen. Die Kaiserin
jedoch rescribirte: »wie die studien seind eingeführt worden ist der
befehl ergangen das künftig keiner mehr soll eine stelle haben,
der nicht hier studirt und examinirt worden einmahl hat man dispensirt dises mahl aber nicht mehr indem den magistrat nichts
benohmen wird wen er solche taugliche leute hat sollen selbe all
anderen vorgezogen werden, nicht aber das ignorante oder die nicht
die studien nach der vorgeschriebenen general regul gemacht haben
weillen sie Burgerskinder sein anderen vorgezogen werden. Wollen

---

*) Es mag bemerkt werden, dass Kaiser Franz (11. August 1799) den
Geistlichen verbot, sich um eine höhere Stelle oder um ein geistliches Amt zu be-
werben, denn es sei Aufgabe der Geistlichkeit, in Bescheidenheit zu wandeln und
nicht nach weltlichen Gütern zu streben, »da es nach den Grundsätzen der
katholischen Lehre sich nicht gezieme, dass Priester nach höheren irdischen
Gütern sich sehnen und darum werben«.

sie den Müller nicht haben so erlaube ihnen der die nembliche
qualitet hat ein andern vorzuschlagen.‹

Aus demselben Grunde, weil die Kaiserin kein ›ignorante‹
haben wollte, kam es auch, dass Männer von Bedeutung zur Professur berufen wurden, ohne dass sie genöthigt gewesen wären,
die vorgeschriebenen Prüfungen *pro venia docendi* abzulegen etc.
So wurde Joh. Leop. de Gaspari, der nachmalige Director der
niederen Schulen, 22. Juli 1758, ohne vorhergegangene Prüfung
zum Professor der Geschichte an die Stelle Mich. O. Lynch ernannt.
Gaspari hatte nämlich bereits Werke veröffentlicht. Als Rath des
Erzbischofs von Salzburg verfasste er eine Schrift in Folge von
Religionsbeschwerden über die Emigration, und wurde insbesondere
hervorgehoben, dass er Gelegenheit hatte, Originaldocumente und
Acten einzusehen, was zu jener Zeit allerdings nicht vorkam. Im
Jahre 1740 publicirte er eine Studie über Xenophon.

Wie aus der vorhergegangenen Resolution hervorgeht und
auch sonst sattsam bekannt ist, legte die Kaiserin grossen Werth
auf die neue Studienreform. Von ihr jedoch, sowie von ihren Vor-
gängern und Nachfolgern bis auf die neueste Zeit wurde das
Studium von Oesterreichern an ausländischen Universitäten ungern
gesehen und daher verboten. Die Kaiserin sprach dieses Verbot in
einem Handschreiben an den Grafen Haugwitz vom 31. October 1751
aus. Diese Abneigung gegen das Studium im Auslande hatte man
aus doppeltem Grunde. Die jungen Leute, die im Auslande studirten,
importirten gewöhnlich, wenn sie in ihre Heimat wiedergekehrt
waren, Ansichten über Politik und speciell über Religion, die in
Oesterreich nicht genehm und zum Theil verhasst waren. Andererseits wieder fand durch sie behufs der Befriedigung ihrer Lebens-
bedürfnisse ein Geldexport statt, der aus nationalökonomischen
Gründen perhorrescirt wurde, da die Finanz-Calamitäten in Oesterreich stets eine grosse Rolle spielten. Eine Ausnahme wurde den
Protestanten gegenüber gemacht, da wo ihnen der Aufenthalt zu
jener Zeit gestattet war (mit wenigen Ausnahmen nur in Ungarn
und Siebenbürgen). Ihnen war es erlaubt, behufs der Absolvirung
theologischer Studien ins Ausland zu gehen. Als aber im Jahre 1766
ein Bekenner dieser Confession ins Ausland gehen wollte, um daselbst die juridischen Studien zu absolviren, rescribirte die Kaiserin
auf einen Vortrag vom 13. April 1766: ›die Augsburger

Confessionsverwandten können sich nicht beschweren, dass man ihnen nicht gestattet habe ausser Land zu reisen und zu studiren, da es sich jedoch hier um das *studium juris* handelt, das mit der Glaubenslehre keine Gemeinschaft hat, so wird dem Petenten nicht gestattet ausser Landes zu studiren.«

Von grösserer Tragweite und von energischerer Kampfesweise waren jene Momente, wo ein Conflict zwischen der weltlichen und geistlichen Macht entstand, respective wo die Machtvollkommenheit der Kaiserin irgendwie in Frage gestellt war, und über diese wachte van Swieten aufmerksamen Blickes, wie dies auch folgender Fall beweist: Wie man weiss, konnten in früherer Zeit Universitäten nur mit Bewilligung des Papstes begründet werden, dessen Vertreter an denselben der Kanzler war, ohne dessen Gutheissung keine Promotion etc. stattfinden konnte. Der Vertreter der Professoren und der Studenten war der Rector und seit Ferdinand I. wurde, wie bemerkt, die Regierung an der Wiener Universität durch den Superintendenten vertreten. Unter der Kaiserin Maria Theresia wurde dessen Stellung gegenstandslos, da die Kaiserin mittelst Entschliessung vom 18. September 1762 sich die Entscheidung in Studienangelegenheiten vorbehielt. Ueberdies aber waren die Studiendirectoren als Vertreter des Staates bestellt. Dadurch wurde aber auch die Stellung des Kanzlers erschüttert. Schon am 7. Februar 1749 wurde mittelst Decretes angeordnet, in den Diplomen die Formel: »auctoritate apostolica« wegzulassen. Als hierauf im Jahre 1755 der *candidatus medicinae*, Thomas Karl Pickelman, zum Doctor promovirt werden sollte, liess man in dem Diplome die genannten Worte weg. Doch der Universitätskanzler, Weihbischof Marxer, weigerte sich, ein derartiges Diplom zu unterschreiben, und der Rector und das Consistorium sprachen sich für die Beibehaltung der ehemals gebrauchten Formel aus. Hierauf bemerkte van Swieten in einer Note vom 18. Jänner 1755 Folgendes:*)

*) Il est sur, qu'on pense un peu autrement sur le droit des souverains dans le dix-huitième siècle que dans le quatorzième, et je doute fort si un souverain se croiroit obligé asteur (?) à demander au souverain pontife la permission de faire enseigner le droit et la medicine dans la capitale. Car il est a noter que la bulle d'Urbain V en date de 19 juillet de l'an 1365 donne la liberté d'enseigner tous les etudes hormis la theologie laquelle estoit proprement du ressort encore du Pape. Mais le 20 fevrier de l'an 1384 Urbain VI a accordé la permission d'enseigner la theologie à Vienne. Il est a noter que dans ces deux bulles on trouve point du tout

»Gewiss denkt man über das Recht der Landesfürsten im 18. Jahrhunderte anders als dies im 14. der Fall war und ich zweifle sehr, ob jetzt ein Landesfürst vom Papste sich die Erlaubniss erbitten würde, in seiner Hauptstadt die Rechtswissenschaft und die Medicin lehren zu lassen. Es ist wohl zu beachten, dass Papst Urban V. in der Bulle vom 19. Juli 1365 gestattete, alle Wissenschaften, mit Ausnahme der Theologie, welche ausschliesslich in das Ressort des Papstes gehörte, zu lehren. Urban VI. gestattete

---

la formule en question authoritate apostolica laquelle on pretend etre necessaire afin que la promotion du doctorat soit legitimé . . . . Je crois pas que l'autorité du Saint siège s'etend jusqu'à determiner l'endroit où on doit examiner les candidats dans la residence Imperiale . . . .

On avance hardiment que c'est agir contre les privilèges accordés à l'Université. Il vaut de le lire tout et je n'y trouve pas un seul mot de cette collation du doctorat apostolica auctoritate. Peut on assurer de semblables choses . . . .

Il n'est fait mention de l'autorité apostolique que dans les degrez de la theologie et du droit canon. Les autres sciences sont purement seculiers et n'ont besoin d'aucune autorité que celle du souverain . . . . On remarque que Sa Majesté par une resolution très gracieuse in dato 12 Dec. 1750 avoit promis à l'université leurs libertés. Est-ce donc une liberté quand une faculté et même l'université dependroit du bon plaisir du praepositus capituli quand il auroit la liberté et puissance de refuser ou accorder le doctorat. Il pourroit un peu rehausser le prix de son assistance à la ceremonie avec le tems car il a déjà dit un mot au Doyen que c'etoit peu qu'un ducat pour le chancelier et qu'une demie douzaine feront mieux l'affaire. Est ce que la pretention de l'evêque Marxer sert à l'avancement des sciences!

On nie que Sa Majesté a ordonné les promotions extraordinaires ex plenitudine potestatis parcequ'elles se font par l'université. Comme si une promotion extraordinaire avoit jamais lieu que dans une université. Il est bien sur que si Sa Majesté s'estoit peu servi de sa puissance souverain l'université n'auroit jamais fait les promotions extraordinaires. Je me souviens fort bien que l'université m'a dit, qu'elle avoit eu des ordres de Sa Majesté Charles VI de glorieuse memoire pour faire des promotions extraordinaires mais qu'ils n'avoient pas obei et qu'ils esperoient bien de faire de même. Je laisse à juger si on avoit pas besoin d'un plenitudo potestatis pour faire marcher l'université jusqu'ici si revêche . . . .

Pour les statuts ils restens jamais comme ils sont et il me fait fort de demonstrer qu'on les a changé en cent choses et plus et avec la plus grande raison car les sciences ont bien changé de face. Le quatorzième siècle est reputé comme on scait pour un tems d'ignorance; on n'a qu'à voir le style barbare des statuts et la manière dont on veut que les sciences sont enseignées. Il est coussant que les privilèges donnés a des universités ont esté ordinairement confirmés par les souverains quoyque ils ont sans contredit le pouvoir de les changer, diminuer ou augmenter. Mais on doit jamais confondre les privilèges avec les statuts qu'on reforme toujours selon les tems et les occasions.

in der Bulle vom 20. Februar 1384 an der Universität auch die
Theologie lehren zu dürfen. Es ist wohl zu bemerken, dass in
diesen beiden Bullen die fragliche Formel: *auctoritate apostolica*,
welche eben die Promotion legitimiren soll, nicht vorkommt. Ich
glaube nicht, dass sich etwa die Autorität des heiligen Stuhles auch
dahin erstreckt, zu bestimmen, an welchem Orte in der kaiserlichen
Residenz die Candidaten geprüft werden sollen ... Man darf wohl
kühn weitergehen und behaupten, dass diese Formel geradezu den
Privilegien der Universität widerspricht, da sie nirgends vorgeschrieben ist. Dieselbe kommt nur da vor, wo von der Theologie
und dem canonischen Rechte die Rede ist, die anderen Wissenschaften aber sind weltlich und bedürfen nur der Autorität des
Landesfürsten. Wie man weiss, haben Ihre Majestät durch eine
allergnädigste Resolution vom 12. December 1750 die Freiheiten
der Universität gewährleistet. Wäre es nun Freiheit, wenn eine
Facultät oder gar die ganze Universität von dem *praepositus capituli*
abhängen würde, und wenn dieser die Macht besässe, eine Promotion zu genehmigen oder zu verweigern, das hiesse denn doch
den Werth der Anwesenheit des Weihbischofs überschätzen (in der
That äusserte er jüngst dem Decan gegenüber, die Taxe von
einem Ducaten sei zu gering, ein halbes Dutzend wäre ent-
sprechender), oder glaubt man, dass der Anspruch des Weihbischofs
die Wissenschaften fördern würde? Es wird ferner bestritten, dass
Ihre Majestät die ausserordentlichen Promotionen *ex plenitudine
potestatis* (aus voller Machtfülle) angeordnet habe, da diese von der
Universität ausgehen. Ich weiss mich jedoch sehr gut zu erinnern,
dass mir mitgetheilt wurde, Karl VI. hochseligen Andenkens
habe schon Auftrag wegen ausserordentlicher Promotionen gegeben,
die Universität habe jedoch nicht gehorcht und sie hofft, dasselbe mit
gleichem Erfolge auch jetzt zu thun. Ich überlasse es jedermann, zu
beurtheilen, ob man einer vollständigen Machtfülle bedarf, damit
die Universität so halsstarrig vorgehe. Was die Statuten betrifft, so
bleiben sie nie stets so wie sie sind, und hat man sie in hunderterlei
Fällen aus den triftigsten Gründen verändert, weil sich die Wissenschaften verändert haben. Das 14. Jahrhundert ist, wie man weiss,
bekannt als eine Zeit der Unwissenheit, und braucht man nur den
barbarischen Stil jener Zeit zu sehen und die Art, in welcher man
wünschte, dass die Wissenschaften gelehrt werden. Es ist wahrhaft

niederschlagend, dass man die Privilegien der Universität stets con-
firmirte, obschon man das Recht gehabt hätte, sie zu verändern
und je nachdem zu vermindern oder zu vermehren. Man darf aber
nicht das Privilegium mit den Statuten verwechseln, die man je
nach Zeit und Umständen verändern kann.«

In Folge dieser Note wurde dem Kanzler, Weihbischof Marxer,
mitgetheilt, die Widerspenstigkeit bezüglich der Promotion Pickelman's aufzugeben. Der Frevel und die Vermessenheit, die er bei
dieser Gelegenheit kund gab, wurden ihm in allerhöchster Ungnade
auf das schärfste verwiesen und ihm geboten, das Diplom bei unfehl-
barer Sperre und Einziehung aller Temporalien, innerhalb 24 Stunden,
wie sonst, zu unterschreiben und sich nicht mehr zu erkühnen,
Seine allerhöchste Frau zu belehren, was für ein Formular sie
vorschreiben soll oder aus Bullen, die mit keinem Worte einige
Formeln enthalten, seine Stützigkeit zu beschönigen suchen.

Weihbischof Marxer fügte sich jedoch dieser scharfen Ver-
warnung nicht. Inzwischen trat noch ein anderes Moment hinzu.
Am 12. März 1755 sollte ein Candidat der Theologie zum Doctor promovirt werden. Der Director der theologischen Facultät, Pater
Debiel, *societatis Jesu*, hatte dem Decan Auftrag gegeben, zu dieser
Promotion den Weihbischof Marxer, nicht aber den *Rector magnificus*
einzuladen, da es sich nicht um einen Act der Universität, sondern
der Facultät handle. Als man über diesen »unerhörten Fall«, wie
ihn van Swieten bezeichnete, Aufklärung verlangte, erklärte Debiel,
er handle im Auftrage des Erzbischofs, Protectors der Universität,
und sogar der Kaiserin. Am 14. März 1755 berichtete van Swieten
über dieses Ereigniss an die Kaiserin, bemerkend, er wollte dies
nicht am Tage zuvor thun, um nicht die Geburtstagsfeier des Kron-
prinzen, des nachmaligen Kaisers Josef II., zu verstimmen. Nachdem
Debiel obige Erklärung abgegeben hatte, berichtete van Swieten
ferner, sei das Universitäts-Consistorium zusammengetreten und
wurde *per vota majora* beschlossen, dass Promotionen überhaupt
öffentliche Universitätsacte seien, bei welchen der *Rector ipso
facto* zu erscheinen habe. Dieser Beschluss wurde zur Kenntniss
des Erzbischofs gebracht, mit dem Bemerken, die bevorstehende
Promotion mindestens aufzuschieben, bis eine kaiserliche Entschliessung erfolgt sei. Der Erzbischof jedoch erklärte, er könnte
dem Rector nur als honorablen Particulier den Zutritt gestatten.

Er dulde auch keine Aufschiebung, da sein Vorgehen dem kaiserlichen Willen entspreche. Van Swieten ruft aus: »Es gibt kein Beispiel, dass je Jemand das Doctorat erhalten hätte, bei welchem der Rector, das Haupt der Universität, ausgeschlossen worden wäre,« und fügt hinzu: »Die Sache geht noch weiter. Man behauptet, dass Promotionen, die in Folge eines kaiserlichen Auftrages erfolgen, nicht vollständig seien, ein Doctor der Medicin sei auch nur Doctor von Seite der Facultät, nicht aber von der Universität. Bischof Marxer hatte die Kühnheit, diese Lehrmeinung dem Dr. Pickelman mitzutheilen, und verweigerte thatsächlich, dessen Diplom zu unterschreiben, das heisst doch direct die Autorität des Souveräns angreifen, indem man einen öffentlichen blutigen Angriff auf das Haupt der Universität, das vom Souverän eingesetzt wurde, übt.«

Die Kaiserin verlangte hierauf, dass sich der Wiener Erzbischof, Graf Trautson, über diese Angelegenheit äussere. Dieser bemerkte, dass auch an der berühmten Universität zu Rom ein ähnlicher Vorgang stattfinde, daselbst unterschreibe ebenfalls blos der Kanzler. Zu dieser Aeusserung machte van Swieten am 20. März 1755 Glossen. Er sei erstaunt, Rom als eine der ersten katholischen Universitäten angeführt zu sehen, und doch brauche man blos den Hofkalender aufzuschlagen, um sich von der Unrichtigkeit dieser Anschauung zu überzeugen. Allerdings unterschreibe in Rom nicht der *Rector magnificus* die Diplome, weil es daselbst eben keinen Rector gibt. Da jedoch in Rom die würdigste Person bei den Promotionen intervenirt, so beweist dies, dass dieses Amt eben der vornehmsten Person gebühre, und diese sei in Wien der Rector und nicht der Kanzler.

Niemand bezweifle übrigens, dass der Papst als selbstständiger Souverän in seinem Staate nach seinem Gutdünken die Art und Weise der Promotionen feststellen kann. Es gibt in Italien sogar Staaten zweiten Ranges, wo die Fürsten aus eigener Machtvollkommenheit Doctoren ernennen können; derartige Doctor-Diplome werden jedoch in anderen Staaten und auch in Oesterreich nicht anerkannt. In ähnlicher Weise wurde Nicolo d'Albio vor kurzer Zeit zum *Doctor Philosophiae* und *Medicinae* ernannt. Als er aber in Wien die ärztliche Praxis ausüben wollte, musste er dazu die besondere kaiserliche Erlaubniss erhalten. Am allerwenigsten jedoch würde sich eine derartige Gepflogenheit für Wien empfehlen. Der

Erzbischof scheint auch die eigentliche Würde eines *Rector magnificus* nicht zu kennen. Allerdings wird ein Cardinal dem Rector nicht nachstehen wollen, da sie sich den Königen gleich halten; an anderen Universitäten jedoch folgt der Rector unmittelbar dem Landesfürsten. An der Leydener Universität hält der Rector, wenn er aus dem Amte scheidet, eine öffentliche Rede, bei welcher öfters der Prinz von Oranien als Statthalter erscheint, und dieser lässt dem Rector den Vortritt. Die Curatoren der Leydener Universität, welche Mitglieder der Generalstaaten sind, bekleiden dieselbe Würde, wie hier der Erzbischof an der Universität, und doch hat der Rector den Vortritt. In Löwen hat der Rector ein *Garde du corps*, welches ihn bei feierlichen Aufzügen begleitet, sein *Epomis* (das Mäntelchen, welches die Doctoren trugen) ist purpurn, und wenn er während seiner Amtswirksamkeit stirbt, wird er mit übertriebenem Pompe begraben, und ist niemals der Fall vorgekommen, dass Jemand ohne Intervention des *Rector magnificus* promovirt worden wäre. Er selbst, van Swieten, wurde vor 40 Jahren zum *Doctor philosophiae* zu Löwen und vor 30 Jahren zum *Doctor medicinae* zu Leyden promovirt und in beiden Fällen mit Zustimmung des Rectors und bei dessen Anwesenheit. Die medicinische Facultät in Wien, die Würde des Chefs der Universität wohl kennend, habe daher nichts Neues eingeführt, als sie 1749 festsetzte, dass Promotionen in Gegenwart des Rectors stattfinden sollen, und protestirte deshalb, als ihn die anderen Facultäten ausschliessen wollten. Das Baccalaureat sei Sache einer Facultät, das Doctorat aber das der Universität, deren Chef der Rector ist.

Van Swieten schliesst diese Note mit folgenden Bemerkungen: Der Erzbischof Protector scheint zu glauben, dass seine Autorität darunter leide, wenn dem Rector die demselben gebührende Stellung angewiesen würde. So sehr er jedoch dem Erzbischof alle Achtung zolle, so glaube er nicht, dass dessen Befugnisse so weit gehen, Gesetze zu geben, um die Macht, das Ansehen und die Ehre des Chefs der Universität zu schmälern. Die Aufgabe des Erzbischofs als *Protector studiorum**) *generalis* sei die genaue

---

*) Ueber eine ähnliche streitige Frage an der Prager Universität vergl. unsere: »Historische Skizzen aus Oesterreich-Ungarn«, S. 33. Wie hier hervorgehoben werden mag, verursachte die Ernennung Przichovsky's zum Coadjutor des Erzbischofs von Prag eine kleine Bewegung. Derselbe wurde nämlich »in grösstem

Ueberwachung der Studienordnung, dass die Professoren ihre
Pflichten erfüllen, etwaige Klagen der Directoren anhöre und
denselben gerecht werde. Aber die Universität hat ihre Gesetze
und ihr Oberhaupt, die direct vom Landesfürsten abhängen, und
hoffe sie auch stets, ihre Wünsche dem Throne direct zu Füssen
legen zu dürfen.

Van Swieten richtete in dieser Beziehung am 15. März auch
ein Schreiben an das Directorium, in welchem er bemerkte, dass
derartige Acte geeignet seien, die Universität, welche sich aus ihrer
Erniedrigung zu erheben beginnt, mit Schmach zu bedecken. Zwei
Tage hernach wendete sich van Swieten wieder an die Kaiserin
und stellte folgende Grundsätze auf: 1. Die Promotion kann nur
in Gegenwart des *Rector magnificus* stattfinden; 2. kein Doctor-
Diplom darf ohne die Unterschrift des Rectors ausgefolgt werden;
3. nur der Rector führt den Titel *Magnificus* (Marxer hatte die
>Insolenz<, sich diesen Titel anzumassen); 4. der extraordinäre

Geheim und in aller Eile< (warum und weshalb dies geschah, ist uns nicht bekannt) am 24. Februar 1752 zum Coadjutor ernannt. Es unterlief dabei der Irr-
thum, dass die Kaiserin und Königin von Böhmen den Papst ersuchte, die
Coadjutorie zu Prag dem Baron Przichovsky zu verleihen. In Rom wurde
das sofort aufgegriffen und der päpstliche Staats-Secretär, Cardinal Valenti, nannte
in dem betreffenden Breve die Nomination ein: *Consensum et preces* (Beistimmung
und Bitte). Die Kaiserin befahl hierauf, auf Mittel und Wege zu sinnen, wie den
Nachtheilen, die daraus entstehen können, vorzubeugen sei. Bald bot sich auch die
Gelegenheit dazu. Als es sich nämlich um die Intervention *pro remissione taxae* handelte, richtete der österr. Kanzler am 4. Mai an den Cardinal Mellini, österreichischen
Gesandten in Rom, ein Schreiben, in welchem es hiess: >*Coadjutoria a nobis pro
eo quod nobis ut Reginae Bohemiae competit jure nuper nominati*<, und in dem
Rescripte an den Erzbischof von Prag hiess es: >Zum Coadjutor besagten Erz-
bisthums allergnädigst erkieset und denominirt<. Da jedoch angenommen wurde,
dass Mellini keinen weiteren Gebrauch von diesem Schreiben machen werde, so
wurde auch ein Schreiben an den Papst gerichtet, in welchem dieser Passus vorkam. — Wir fügen dieser Notiz folgende in einer ähnlichen Angelegenheit hinzu.
Im Jahre 1746 kamen öfters Bücher in der Innsbrucker Universitäts-Bibliothek
abhanden. Die Universität wollte sich in Folge dessen an den Papst wenden,
damit dieser eine Bulle gegen diejenigen erlasse, welche Bücher aus der genannten
Bibliothek entwenden. Doch die Kaiserin sprach sich (25. Februar 1747) dagegen
aus, sie hielt es >für gut und anständiger<, dass >in unserem Namen< ein ge-
schärftes Mandat angeschlagen werde, >dass eine dergleichen Entwendung eines
auch nur mindesten Buches aus gedachter unserer k. k. *Bibliotheca publica* allda
pro furto qualificato gerichtet nach dem äussersten *Vigor* und weit schwerer bestraft werden soll als dies sonst in solchen Fällen geschieht.<

Grad ist dem ordinären gleich zu halten, wenn er *more majorum* erfolgt; 5. wenn ein Programm affigirt wird, muss des Rectors gedacht werden und zwar vor dem Kanzler, dessen Name überhaupt weggelassen werden kann; 6. im Universitäts-Consistorium müssen die Directoren aller Facultäten anwesend sein (bis dahin fehlten die Directoren der medicinischen und juridischen Facultät und wollte man dadurch das Uebergewicht der anderen Facultäten geltend machen).

Wenn wir auch nicht bestreiten wollen, dass persönliche Ranctine gegen den Weihbischof die Ausdrücke van Swieten's spitziger und schärfer machten, so wird man doch zugeben, dass das Benehmen Marxer's ein tadelnswerthes war. Die Kaiserin acceptirte diese Vorschläge und sie wurden dem Erzbischof in der »ausgesuchtesten höflichsten Form« mitgetheilt. Die Kaiserin hatte übrigens selbst einige Correcturen an dem Entwurfe vorgenommen. So hiess es: »*Quinto* über die haltenden *Sessiones* und dabei ergehenden *Conclusa* ein ordentlich und wohlgefasstes Protokoll, wie es bei allen übrigen Stellen eingeführt ist, zu Ihro Maiestät allerhöchsten Information nacher Hof gegeben werden soll.« Die Kaiserin stylisirte diesen Punkt wie folgt: »Quinto, Protocoll den Erzbischof geben und selber zu Ihro Mayestät allerhöchsten Information zu deren Handen abgeben.«

Hierauf erschien die Eröffnung vom 26. April 1755 (abgedruckt Kink, II, 561).*)

---

*) Wie es scheint, hat Kink, als er I. 452, Anm. 584 niederschrieb, obige Verhandlung nicht gekannt, oder sie aus dem Gedächtnisse verloren. Wir müssen jedoch bei dieser Anmerkung noch einen Moment verweilen. Kink citirt in derselben eine Note van Swieten's; doch lässt er in der Mitte ein ganzes Stück weg, ohne auch nur mit einigen Punkten zu markiren, dass hier Sätze weggelassen wurden. Wir wollen sie hierher setzen. Nach den Worten »*de l'usurper*« soll es heissen: »*Par consequent cela regarde pas uniquement les docteurs en theologie, mais aussi de la philosophie et de tous les facultés. La societé qui avec beaucoup de marques de soumission va toujours son train a fait encore un coup de main aujourd'hui. Je fus invité pour assister a la messe solennel pour invoquer le saint esprit au renouvellement des etudes et apres la messe entendre le discours inaugurat d'un nouveau professeur de Philosophie. Vers la fin de la messe le P. P. Frantz me demande dans l'eglise si le nouveau professeur devoit prononcer son discours ex cathedra ou non. Je luy repondis que s'il etoit docteur il devoit prononcer ex cathedra autrement pas. Le directeur de la philosophie me repondit qu'il en*

2*

Wie man übrigens weiss, wurde der Kampf gegen die Jesuiten und speciell auf dem Gebiete des Unterrichtswesens nicht blos von van Swieten und von Laien überhaupt, sondern auch von geistlichen Orden, insbesondere von den Piaristen geführt, und bedurfte es oft gewissermassen Umwege, um zum Ziele zu gelangen. So befürwortete die Studien-Hofcommission unter dem Vorsitze van Swieten's, da Migazzi abwesend war, am 2. Juni 1761, um den Wetteifer *(aemulatio)* unter den verschiedenen Ordensgeistlichen zu erwecken und um sicher zu sein, dass eine gute und reine Moral an der Universität gelehrt werde, den Franziskanern aus der Provinz St. Vigilii aus Welschtirol, wo die Gottesgelehrtheit insbesondere *in moralibus* vorzüglich blüht, zu gestatten, an der Innsbrucker Universität die *theologiam moralem* öffentlich zu lehren, jedoch sollen sie ohne Erlaubniss von dem Director der theologischen Facultät keine *Theses, positiones* etc. hergeben, öffentlich anschlagen oder drucken lassen. Die Kaiserin genehmigte diesen Vorschlag mit dem Bemerken: »Nicht zwar derentwegen, dass Ich die Moral deren Jesuiten, welche die Kirche bisher ebenfalls unbedenklich befunden für *suspect* halte, sondern weil hierdurch eine *aemulatio* unter denen verschiedenen geistlichen Orden erweckt und da keine besondern Privilegia vorkommen, niemanden Nachtheil zugefügt wird.«

---

scavoit rien et enfin le R. P. Debiel me dit qu'il n'etoit pas Doctor philosophiae. Aussi a-t'il prononcé son discours devant une table quoique la cathedra estoit deja dressée, mais il a prononcé son discours tecto capite et qui est contre l'ordre; car le jus pilei et le jus cathedram ascendendi est un droit du doctorat. Je n'ay pas cru, qu'il convenoit de troubler la fonction en le faisant souvenir d'oter son bonnet à trois pointes. Pourtant je dois dire à la louange du nouveau professeur qu'il a fort bien fait et qu'il paroit avoir les qualités requises pour enseigner.« Hierauf folgt: »*Mon avis* etc.« — Was hier *jus pilei* bedeutet, ist nicht klar. Bekanntlich war bei den Römern das *jus pilei*, d. h. es bestand die Sitte, den Sklaven bei deren Freilassung einen Hut *(pileus* oder *pileum)* aufzusetzen. Davon kann hier selbstverständlich nicht die Rede sein. Es kann aber auch nicht den Doctorhut bedeuten. Herr Hofrath Ritter v. Aschbach, den ich diesfalls um Belehrung bat, meinte, dass dies die geistliche Mütze, das Biret etc. bedeute, welches Geistliche aufsetzen und bei feierlichen Anlässen auch als Zeichen ihrer Würde auf dem Kopfe behalten, wodurch sie keine Gering-, sondern vielmehr eine Werthschätzung beweisen. Es waltete daher im vorliegenden Falle ein Missverständniss von Seite van Swieten's ob und flickte er den Jesuiten etwas am Zeuge, wo sie es nicht verdienten.

Noch wichtiger erscheint folgendes Moment. In einer Resolution zum 14. Absatz des Vortrages vom 12. December 1769
wurde bestimmt, dass der weltliche Stand nicht von der Würde
eines Universitätskanzlers, eine Stelle, welche bis dahin von einem
geistlichen Würdenträger bekleidet war, da dieser, wie bereits
bemerkt, Stellvertreter des Papstes war, ausgeschlossen werde.
Die Studien-Hofcommission erhob (31. Juni 1770) dagegen Einwendungen. Es habe an katholischen Universitäten stets eine geistliche Person dieses Amt vertreten, weil die Hauptverrichtung des
Kanzlers darin bestehe, dass er von den zu graduirenden Personen
die förmliche *professionem fidei* und an den erbländischen Universitäten auch den Eid *immaculatae conceptionis* abnehme, eine Verrichtung, welche geistlichen Personen besser gezieme. Eine Neuerung
in dieser allgemeinen uralten Verfassung würde viel Aufsehens
machen, ohne den Wissenschaften den geringsten Vortheil zu verschaffen. Josef, als Mitregent, bemerkte hierzu: ›ad II will ich
geschehen lassen, dass für dermalen die Kanzlerstellen von
Personen geistlichen Standes versehen werden, zu einer beharr-
lichen diesfalsigen Anordnung ist die angeführte Ursache nicht
gegründet.‹

Lenken wir nun von kirchlichen Fragen ab. Man weiss es,
wie sehr in den Gymnasien der Jesuiten die Pflege der deutschen
Sprache vernachlässigt wurde, und dasselbe war auch an der Universität der Fall.*) Wir gedachten bereits oben einer Bemerkung
van Swieten's betreffend die deutsche Sprache. (S. 9.) In Folge
eines Vortrages vom 28. December 1762 genehmigte die Kaiserin

---

*) Es mag hervorgehoben werden, dass am 9. Juli 1763 an das Gubernium
in Böhmen ein Decret erging, des Inhaltes, dass die Eltern ihre Kinder fleissig
in der böhmischen Sprache unterrichten lassen sollen, und die Jugend in den
kleinen Schulen (Gymnasien) zur Uebersetzung böhmischer Argumente anzu-
halten. — Van Swieten nahm einmal die Gelegenheit wahr, zu erklären,
dass er wohl ungarisch, aber nicht böhmisch verstehe. Josef Zlobizky übersetzte
nämlich die Schrift Cranz's (eines Schülers van Swieten's, den die Kaiserin auf
ihre Kosten nach Paris behufs Erlernung der Geburtshilfe bei Levret gesendet
hatte) über Geburtshilfe ins Ungarische. Van Swieten, über den Werth
derselben befragt, erklärte (23. October 1771), diese Schrift bereits im Manu-
scripte gelesen zu haben. Er hätte nämlich die ungarische Sprache unter der Leitung des verstorbenen Erzherzogs Karl, während der Zeit, als dieser sich in der
genannten Sprache übte, gelernt, ›mais j'ignore la langue bohèmienne‹.

den Vorstehern der frommen Schulen (Piaristen), in ihrem neu zu erbauenden Hause in Wien die Rechenkunst ›nach der Wechsel- und Mercantilart‹, also zum praktischen Gebrauche öffentlich zu lehren, und die praktischen mathematischen Wissenschaften, soweit solche in das Cameralwesen einschlagen, in deutscher Sprache zu unterrichten. Die Bitte jedoch, ein Lehramt für die deutsche Sprache ins Leben zu rufen, wurde nicht gestattet, da an der Universität bereits ein Lehrstuhl für diese Sprache bestehe. Es war das der Lehrstuhl für ›Eloquenz‹, worunter man deutsche Sprache und Stylübung verstand. (Wie bekannt, wurden die sonstigen Vorträge in lateinischer Sprache gehalten.)

Der Präsident der Rechenkammer, Ludwig Graf Zinzendorf, richtete hierauf am 17. Jänner 1763 einen Vortrag an die Kaiserin, in welchem er gegen das letzte Moment Einwendungen erhob. Hofsecretär Engelschall, welcher mit den projectirten Vorlesungen betraut werden sollte, habe durchaus nicht die Absicht, über deutsche Beredtsamkeit Vorlesungen zu halten, da für dieses Fach schon ein Lehrstuhl an der Universität vorhanden sei. Er wolle hauptsächlich die grammatikalischen und orthographischen Anfangs- gründe der deutschen Sprache lehren, welche die Schüler der Gym- nasien bezüglich der lateinischen Sprache im Alter von 10 bis 12 Jahren bereits erlernt haben; was hingegen die deutsche Sprache betrifft, ›nach der hier Landen eingeführten üblen Gewohnheit‹, öfters das ganze Leben hindurch nicht erlernen. Als Lehrmittel solle der Kern der deutschen Sprache oder ein Auszug der Gram- matik des Professors Gottsched, und zur Anleitung eines guten Briefstyles Justi's Anweisungen dienen. Da jene, welche die frommen Schulen besuchen, nicht die Universität frequentiren, so fehle es ihnen bezüglich der deutschen Sprache an jeder Unter- weisung, und macht sich dieser Mangel bei Buchhaltern umso fühl- barer, da die tägliche Erfahrung zeigt, wie aus gänzlicher Un- wissenheit der Sprache und der aus derselben entstehenden Unkennt- niss der Anwendung der wichtigen Satzconstructionen die Buch- haltereiberichte bei der im Rechnungswesen so nothwendigen Deutlichkeit und Klarheit geradezu unverständlich werden. Zinzen- dorf fügte hinzu, Cardinal Migazzi sei ebenfalls der Ansicht, dass die Rechte der Universität durch die Berufung Engelschall's zu dem bezeichneten Zwecke nicht geschmälert würden und könnte dem

Uebelstande durch eine jährliche Ausgabe von 300 fl. abgeholfen werden. Zinzendorf bemerkte schliesslich, dass Popowitsch (vergl. über diesen: Kink I, 460 Anm.) der Lehrer der »Eloquenz« an der Universität, wie es allgemein heisst, wenig »*applausum*« habe und öfters so wenig *auditores* in seinen *Collegiis* sehen soll, dass er kaum seine Lectionen ununterbrochen fortzusetzen im Stande ist«. In Folge dieser Vorstellungen beauftragte die Kaiserin die Studien-Hof-commission, ihr über diese Angelegenheit Bericht zu erstatten, der jedoch in den Archiven nicht vorhanden ist. Jedenfalls illustrirt dies am besten, wie es damals mit dem Unterrichte der deutschen Sprache in Wien bestellt war, und zeigt, was die Jesuiten, in deren Händen zumeist die Schulen und speciell die Gymnasien waren, auf diesem Gebiete leisteten. Wie hinzugefügt werden mag, wurde die deutsche Sprache auch grundsätzlich vernachlässigt, weil sie der Häresie des 16. Jahrhunderts als vornehmstes Werkzeug gedient hatte.

Popowitsch verzichtete aus Gesundheitsrücksichten im Jahre 1768 auf sein Lehramt, und sein Nachfolger als Lehrer der deutschen Beredtsamkeit war Joh. Adam Hesslinger.*) Seine Aufgabe war, »die Jugend in der deutschen Schreibart zu unterrichten und zu Landes-, Hof- und anderen Stellen geschickt und brauchbar zu machen«. Hesslinger jedoch legte den Hauptton auf die Auslegung lateinischer Autoren und vernachlässigte den Unterricht in der deutschen Grammatik. In Folge dessen erhielt er am 4. Jänner 1772 ein Decret, in welchem ihm der Plan, nach welchem er vorzugehen habe, vorgeschrieben wurde: »Nachdem die Jugend die Vorlesungen über Beredtsamkeit und politische Wissenschaften frequentirt hat, soll sie die »Zubereitung« für den mündlichen und schriftlichen Vortrag erhalten, d. h. sie muss die deutsche Sprachlehre lernen, und zwar muss dieser Zweck so lange im Auge behalten werden, bis zu jener Zeit, in welcher diese Disciplin in den unteren Schulen in ausreichender Weise unterrichtet werden wird.«

Es sollten daher der deutschen Grammatik zunächst zwei Monate und dann für die Rechtschreibung ein Monat gewidmet werden, dabei aber soll alle »Grübelei« (philosophische Erklärungen etc.), durch welche die Zeit geraubt wird, vermieden werden. Zum Leitfaden bei diesem Unterrichte werde das Werkchen von Bob

---

*) Engelschall, bis dahin Beamter bei der ökonomischen Gesellschaft, wurde 3. November 1769 zum Secretär der Domänen-Commission ernannt.

vorgeschlagen. Hierauf beginnen Aufsätze und zwar müsste mit dem Briefstyl angefangen werden, dann hätten Untersuchungen (resp. Uebersetzungen) aus alten lateinischen und neueren Schriftstellern, besonders französischen zu folgen. Hierauf kommen freundschaftliche und Geschäftsbriefe an die Reihe. Schwulstkünstelei, gebundenes Wesen muss wegbleiben, und eine Anleitung zur sogenannten ›Courtesie‹, wie sie wirklich ist, gegeben werden. Diese Uebungen hätten zwei Monate zu dauern. Dann beginnt die Anleitung zum Kanzleistyl und wird den Studirenden der Geschäftsgang, die Manipulation, die Ordnung der Kanzleien etc. an die Hand gegeben, ferner wird gelehrt, wie Bittschriften verfasst werden, wie die Eintragung in das Protokoll geschieht, wie referirt wird, wie das Conclusum lautet etc. Zur Erlernung dieser Gegenstände könnten fünf Monate mit täglich einstündigem Vortrage verwendet werden. Die Aufsätze der Schüler müssten der Studien-Commission zur Einsicht vorgelegt oder die Hörer aus diesem Gegenstande geprüft werden.*)

Was heute meist die Bürgerschule leistet, sollte zu jener Zeit in der deutschen Muttersprache an der Universität gelehrt werden.

Da wir von den Professoren und den Disciplinen, die sie lehrten, sprechen, so können wir selbstverständlich Sonnenfels nicht vergessen. Gegen sein Lehrbuch opponirten sowohl der oberste Kanzler, Graf Chotek, wie Cardinal Migazzi. Ersterer hob in einem Vortrage vom 13. Juni 1767 folgende Gravamina hervor: Der 24. und 25. Satz des Lehrbuches von Sonnenfels handle von der Religion. Sonnenfels nennt sie nicht den Endzweck, sondern will sie blos als Mittel betrachten und folgert daraus, dass Freigeisterei und Gotteslästerung als politische Verbrechen bestraft werden müssten. Richtiger jedoch sollte es heissen, dass Freigeisterei und Gotteslästerung nebst der an und für sich schon strafbaren unendlichen Bosheit auch als politische Verbrechen anzusehen seien.

---

*) Hesslinger unterrichtete vier Erzherzoge, Söhne der Kaiserin Maria Theresia, während fünf Jahre täglich vier Stunden in deutscher und lateinischer Literatur, wofür er anfänglich jährlich 300 fl., später aber 1200 fl. erhielt. Als es sich dann um ein Zeichen der Anerkennung für Hesslinger handelte, äusserte sich die Kaiserin abfällig über ihn, er sei nicht pünktlich beim Unterrichte gewesen und habe der Unterrichtserfolg nicht entsprochen. Aus Gnade gewährte sie ihm jedoch eine jährliche Pension von 1500 fl. und den einfachen Rathstitel.

An zahlreichen anderen Stellen zeige Sonnenfels seine Tadelsucht
und die Erhebung seines Eigendünkels über göttliche und weltliche Gesetze.

Sonnenfels verwirft ferner die Kerkerstrafe und die Ver-
hängung der Tortur und richtet daher seine Angriffe gegen Gesetze, die in Kraft bestehen. Er »entblödet« sich sogar nicht, zu'
sagen, dass der Tod selten eine angemessene Strafe des Todtschlägers
und bei »keinem einzigen Verbrecher« eine schickliche Strafe sei;
und doch hat Gott selbst in dem alten Gesetze die Todesstrafe auf den
Todtschlag gesetzt*) und gibt es kein gesittetes Volk, welches nicht
einen vorsätzlichen Todtschläger mit dem Tode bestrafen würde.
Im 63. Satze setzt er überhaupt der rächenden Gerechtigkeit so
enge Schranken, dass Missethäter »nicht nach der Grösse ihrer Bosheit bestraft werden können«.

Sonnenfels tadelt ferner in den Sätzen 9, 10, 11 und 15 das
Uebermass von Reichthum und bekämpft daher die Majorate,
welche doch gesetzlich gestattet sind, und die Erwerbung aller
»unsterblichen Gesellschaften«. In einer unbescheidenen Weise, wie
sie speciell einem Lehrer gar nicht ziemt, fordre er die Aufhebung aller Vorrechte, welche Einzelne geniessen und besitzen,
und doch haben die Reichthümer in Folge von Fideicommissen und
dem Besitze der »todten Hand« in Nothfällen dem Staate die besten
Hilfsmittel geboten. Die Folgen derartiger Lehrsätze seien nicht

---

*) Bis auf den heutigen Tag beruft man sich bei der Frage der Todes-
strafe auf das mosaische Gesetz. Allerdings lautet die Theorie: »Wer Menschen-
blut vergiesst, dessen Blut soll durch Menschen vergossen werden, denn im Eben-
bilde Gottes hat er den Menschen geschaffen« (Genesis 9, 6) und derartige Stellen
mehr. In der Praxis jedoch stellte sich die Sache anders. Die Tradition hat nämlich,
anlehnend an das Schriftwort (Numeri 35; 24, 28) »die Gemeinde soll richten«
und »die Gemeinde soll retten«, es den Richtern zur besonderen Pflicht gemacht,
alle möglichen mildernden Umstände geltend zu machen. Bekanntlich besass das
Synhedrion das *jus talionis*. Die Abstimmung in diesem Senate folgte in der Weise,
dass der jüngste zuerst seine Stimme abgab, damit keine Pression irgend welcher
Art stattfinde. Todesurtheile, die einstimmig gefällt wurden, durften jedoch nicht
vollzogen werden, da man voraussetzte, dass eine leidenschaftliche Stimmung
gegen den Angeklagten vorhanden war, weil sonst irgend Jemand dagegen ge-
stimmt hätte, nachdem angenommen werden darf, dass bei jedem begangenen
Verbrechen denn doch irgend ein Milderungsgrund vorhanden sei. Ein Synhedrion,
welches im Verlaufe von zehn Jahren ein Todesurtheil fällte, das vollzogen wurde,
nannte man ein mörderisches »Katlanith« (Tract. Mackoth 7 a.)

abzusehen und müsste daher denselben ein Damm gesetzt werden. Sonnenfels habe sich überhaupt nicht in Religionsangelegenheiten einzumischen. Um diesen Unzukömmlichkeiten vorzubeugen, sollte er seine Lehrsätze der Studien-Commission zur »scharfen« Prüfung vorlegen, und wäre es nothwendig, dass Commissäre bei seinen Vorträgen anwesend seien, um sich zu überzeugen, ob er nicht etwa weiter ausgreife.

Cardinal Migazzi bemerkte unter Anderem: »Man hätte hoffen sollen, dass ein Mann, der »ohne Vorurtheil*) sein will, nicht ohne Unterwerfung« sein werde. Er tadelte insbesondere § 4, in welchem es heisst: »Daher wir die Bevölkerung zum allgemeinen Prüfungssatze aller Anstalten nehmen und sie verwerfen, sobald sie dieselbe beschränken; sie billigen, wenn sie derselben beförderlich sind.« Wenn dieser Satz wahr wäre, meinte der Cardinal, dann müsste man annehmen, dass die allein seligmachende Religion dem Staate nachtheilig sei und aus demselben verbannt werden müsste. Diese Religion gestattet nämlich nur Einen Gatten und erlaubt nicht, ein Weib zu verstossen, weil es unfruchtbar ist. Christus selbst billigte den ledigen Stand, und Petrus sagte, es sei besser, wenn eine Jungfrau als solche verbleibt. Diese Religion verbietet ferner den fleischlichen Umgang im ledigen Stande und die Beischläferinnen. Und alle diese Momente tragen dazu bei, die Bevölkerung zu beschränken. Nach der Anschauung Sonnenfels' müssten jene eine Belohnung erhalten, welche selbst zu verbotenen Mitteln greifen, um die Bevölkerung zu vermindern. Gegen Lehrer und Lehren aber, welche ähnliche Sätze aufstellen, dass die Bevölkerung der Hauptzweck, die Religion jedoch nur ein Mittel im Staate sei, haben zu allen Zeiten katholische Monarchen einen Abscheu gehabt. Noch empörender aber sei die Lehrmeinung Sonnenfels', die er im 46. Absatze aufstellt, in welchem er sich abfällig über die öffentlichen Kirchenbussen oder andere entehrende Strafen ausspricht, die von weltlichen Gerichten jenen Weibsbildern auferlegt werden, deren Verbrechen durch Erzeugung eines Kindes ausser der Ehe offenbar geworden ist, weil dadurch zur Abtreibung der Leibesfrucht Anlass gegeben wird.

Selbstverständlich liegt es uns ferne, über die hier aufgestellen Fragen ein Urtheil abzugeben. So viel jedoch ist gewiss, dass die

---

*) Wie bekannt, gab Sonnenfels eine Zeitschrift unter diesem Titel heraus.

Klagen, die vorgebracht wurden, schwerwiegender Natur und
überdies zur Zeit Maria Theresia's noch von grösserem Gewichte
waren. Nichtsdestoweniger ging die Kaiserin auf diese Insinuationen
nicht ein. Sie befahl blos (vergl. Kink I, 499 und Feil's Schrift:
»Sonnenfels und Maria Theresia«), dass man Sonnenfels *in terminis
generalibus* anweise, sich im Schreiben zu mässigen, in seinen Lehrsätzen und Streitfragen aber sich jener Bescheidenheit und reifen
Ueberlegung bediene, welche von ihm und seinem begleitenden
Amte billig gefordert werden kann. Die Censur solle daher alle
seine Aufsätze und Theses prüfen und sie in zweifelhaften Fällen durch
besonderen Bericht ihrer (der Kaiserin) Beurtheilung vorlegen.

Sonnenfels wurde fast ausschliesslich von der Kaiserin und
ihrem Mitregenten, Kaiser Josef, gestützt.*) Alle anderen massgebenden Factoren hatte er gegen sich. Als der Kaiser Ende
1769 in einem Handschreiben an Chotek die Frage stellte, ob es
nicht angemessen wäre, dass Sonnenfels, der bereits der Censur-
Commission beigezogen wurde, auch den Sitzungen der Studien-
Commission beiwohne, sprach sich Chotek (31. Jänner 1770) entschieden dagegen aus. Er meinte, die Studien-Hofcommission halte
dies nicht für nöthig noch räthlich, der Zweck dieser Commission bestehe eigentlich darin, durch öftere und ordentliche Versammlungen
der Facultäts-Directoren ein stets wachsames Auge auf die Professoren und auf die Ausführung der allerhöchsten Befehle zu halten.
Sonnenfels sei jedoch kein Facultäts-Director und ist überdies stark
beschäftigt. Viele Bücher, die in sein Lehrfach schlagen, habe er
ohnedies bei der Censur-Commission zu beurtheilen; bei der Studien-
Hofcommission aber kommen nur theologische, juridische und
philosophische Fragen vor und auf diesem Gebiete sei Sonnenfels
nicht Fachmann. Er habe auch bisher aus diesen Wissenschaften
kein *Examen rigorosum* gemacht und noch weniger einen *Gradum*
erhalten, und besitze daher nicht die Befähigung, über dieselben zu
urtheilen. Gegenstände jedoch, die in das Gebiet der Finanzwissen-

---

*) Im Jahre 1769 veröffentlichte Sonnenfels zu Leipzig das Werk von der
Theuerung in den Hauptstädten. In der Vorrede wird bemerkt, »dass dieses Werk allhier
(in Wien) von der Censur unterdrückt worden, wohl aus Despotismus der Censoren, da Niemand eine andere Meinung als sie haben darf.« Die Censur-Commission verlangte hierauf, das Buch zu verbieten und Sonnenfels zu bestrafen,
doch Josef als Mitregent rescribirte, es sei blos die anstössige Vorrede zu entfernen.

schaft gehören, werden stets der Hofkanzlei und der Hofkammer
übergeben, denen es an Räthen nicht fehlt. In derartigen Fällen
könne die vereinzelte Stimme Sonnenfels' nicht als eine Berath-
schlagung in der Studien-Hofcommission gelten. Ueberdies sei noch
folgendes zu berücksichtigen: Die Zuziehung Sonnenfels' zur Studien-
Hofcommission würde vielen anderen, in der Wissenschaft grau
gewordenen, bewährten und erfahrenen Männern in allen vier Facultäten nicht anders als sehr schmerzlich fallen und müsste ihnen
zum grössten Nachtheile der Wissenschaften den Muth sinken
machen. — In Folge dieser Vorstellungen scheiterte die Berufung
Sonnenfels' in die Studien-Hofcommission.

Zur Ergänzung der durch mannigfache Publicationen bereits
bekannten Verhandlungen über die Aufhebung der Tortur wollen
wir hier anführen, dass noch am 22. August 1772 ein Circular
erging, des Inhaltes, dass Sätze aus den politischen Wissenschaften,
welche den publicirten höchsten Gesetzen schnurstracks zuwider-
laufen, wie Sätze, worin die Tortur verworfen und andere, worin
alle Todesstrafen gegen göttliche und menschliche Gesetze missbilligt
werden, nicht mehr gelehrt oder gedruckt werden sollen.

Nicht ohne principielle Bedeutung ist folgender Fall: Im
Jahre 1761 ersuchte Josef Leonhard Banniza*), ihm zu gestatten,
unentgeltlich an der Universität Vorlesungen über das deutsche
und österreichische Recht, insoweit sie miteinander übereinstimmen,
zu halten. Die Studien-Hofcommission lehnte (13. Mai 1761)
dieses Ansuchen aus mehreren Gründen ab. Die Erfahrung lehre,
dass von unbesoldeten Lehrern wenig zu erwarten sei, nach kurzer
Zeit schreiten sie auch um einen Gehalt ein. Die Studirenden seien
überdies nach der bestehenden Studieneinrichtung verpflichtet, das
zu lernen, was sie brauchen, wenn sie auch die projectirte com-
binirte Disciplin nicht bei einem und demselben Professor hören.
Es fehle dem Bittsteller überdies der Reiz des Vortrages. Da derselbe jedoch Fleiss und Anlagen besitze, so könnte ihm bei der
Justizstelle ein Amt verliehen werden.

Zu diesem Vortrage bemerkte die Kaiserin eigenhändig:
»Wäre allerzeit gefährlich die particular Rechte von meinen Erb-

---

*) Dessen Vater, Peter Banniza, lehrte an der Wiener Universität
die Digesten.

landen öffentlich tradiren zu lassen, massen da die Richter selbsten davon öfters nicht genug informirt sind noch viel weniger ein dergl. Käntnuss bei einem Professor vermutet werden kann.‹ Es könnte ihm jedoch, wie das in Leipzig der Fall ist, gestattet werden, die *pro publice* weit nützlicheren *collegia practica ad normam* öffentlich zu tradiren.

Diese Resolution zeigt am besten, in welchem Zustande die damaligen staatsrechtlichen Verhältnisse waren. Jedes Kronland hatte seine Rechte und Privilegien und es bedurfte thatsächlich einer ausserordentlichen Begabung, um sich in denselben zurecht zu finden. Es ist daher begreiflich, dass man bestrebt war, diese *disjecta membra* des österreichischen Staates aneinander zu fügen und sie zu einem einheitlichen Ganzen zu gestalten. Der Kaiserin gelang es, die ersten Ansätze dazu factisch zu machen. Die Versuche dazu wurden schon früher wiederholt gemacht, wie wir dies in der Einleitung zu unserer: ›Geschichte der k. k. Archive in Wien‹, S. 12 u. s. w. nachgewiesen haben.

› Es darf übrigens nicht überraschen, wenn in der angeführten Resolution darauf hingewiesen wird, eine Institution, die an der Leipziger Universität vorhanden war, nach Wien zu verpflanzen. Man wollte nicht, dass Oesterreicher im Auslande studiren, aber man wünschte, dass die österreichischen Universitäten den auswärtigen nicht nachstehen, und sollten daher Einrichtungen, die sich anderswo bewährt hatten, in Oesterreich Nachahmung finden. Als daher die Akademie zu Klausenburg errichtet werden sollte, befahl die Kaiserin in einem Handschreiben an den Grafen Blümegen vom 8. April 1774, dass die Studien-Hofcommission der Siebenbürger Kanzlei eine Abschrift von der Verfassung der Erfurter oder Heidelberger Universität mittheile, um auf dieselben bei der Einrichtung der genannten Akademie die ›behörige‹ Rücksicht zu nehmen.*)

---

*) Für die Bibliothek dieser Akademie wurden im Jahre 1778 nach dem Vorschlage der Studien-Hofcommission folgende Werke angeschafft: Baumgartner's Logik und Metaphysik; Bonnet, *essay analytique sur les facultés de l'ame*; Darierius, *ria ad veritatem*; Lambert, neues Organon und praktische Philosophie; Leibnitz, *opera*; Locke, *essay sur l'entendement humain*; Malebranche, *recherche de la verité*; Menier's philosophische Schriften; Mendelssohn, philosophische Schriften; Nonotte, philosophisches Lexikon; Reimarius, philosophische Schriften; Sulzer, philosophische

Da zu jener Zeit die Lections-Kataloge der Universitäten
keine derartige Publicität hatten, wie dies jetzt der Fall ist, so
sendeten die österreichischen Gesandten oft die betreffenden Kata-
loge der Universitäten des Landes, bei dessen Souverän sie accre-
ditirt waren, ein. Im December 1778 communicirte die Haus-, Hof-
und Staatskanzlei der Studien-Hofcommission die Ordnung der Vorlesungen an der Akademie zu Bonn, welche ein Jahr zuvor (1777)
aus dem vorhandenen Collegium der Jesuiten begründet wurde,
sammt dem betreffenden Begleitschreiben (beide Documente sind
jedoch nicht mehr vorhanden). Hierzu bemerkte die Studien-Hofcommission im Protocolle vom 19. December 1778: »Dieses Schreiben
ist ein neuer Beweis, wie sehr man sich überall bemüht, die theologische Facultät zu reinigen und dem Reiche der Meinungen ein
Ende zu machen. Man sieht auch daraus, dass einige theologische
Lehrer vierstündige Vorlesungen des Tages zu versehen haben,
woraus dann umso klarer erhellt, dass die hier ausgemessenen
zwei Stunden nicht so viel sind.« Zu diesem Passus fügte die
Kaiserin eigenhändig hinzu: »dis seind halt gutte teutsche mögte
schrifft einsehen«.

Die unter van Swieten's Beihilfe entstandene Universitäts-
Reform zeigte im Laufe der Zeit manche Lücken; da und dort
stellte es sich als Nothwendigkeit heraus, Veränderungen einzuführen, manches wieder stellte sich praktisch anders, als man sich
dasselbe theoretisch gedacht hatte etc. So kam es, dass die Direc-

Schriften; Wolfii *opera omnia philosophica.* — Bei dieser Gelegenheit mag auch eine
Instruction, welche im April 1776 an den Vorstand der Universitäts-Bibliothek,
Graser, in Innsbruck, bezüglich der Anschaffung von Büchern erging, hervorgehoben werden. Es wurde ihm nämlich mitgetheilt: 1. Er soll in Venedig,
Augsburg, Bonn etc. Correspondenten haben, die ihm nicht einzeln, da das Porto
zu gross wäre, jedoch etwa zwei Mal des Jahres, zu Marktzeiten, Verzeichnisse von
interessanten Büchern senden; 2. von Werken, die in Lieferungen erscheinen, sollen
die Fortsetzungen nicht angekauft werden, wenn sie nicht interessant sind;
3. wird gebilligt, dass die Werke von Robertson, Haller, Buffon etc. angeschafft
werden, und soll auch ferner die jährliche Dotation von 300 fl. bestens verwendet
werden. Da man besonders bei Auctionen in Wien oder in anderen grossen Orten
leicht gute Bücher preiswürdig kaufen kann, soll man diese Gelegenheiten
benützen, und könnten derartige *desideria* der Studien-Hofcommission mitgetheilt
werden. Der letzte Passus wurde allen Länderstellen als Norm angezeigt. (Weiteres
über Universitäts-Bibliotheken theilten wir in unserer Schrift: »Das Unterrichtswesen« S. 80 u. ff. mit.)

toren aller Facultäten am 27. Juni 1772 (van Swieten war am
19. Juni gestorben) in Folge kaiserlichen Befehles den Auftrag erhielten, über die Zustände des Studienwesens überhaupt Bericht
zu erstatten und Vorschläge zu Verbesserungen zu machen, da
man von der richtigen Anschauung ausging, dass die Universitäts-Reform allein nicht zum Ziele führen könne, wenn nicht das
Unterrichtswesen im Ganzen verbessert wird.

Wie bekannt, hatte die Kaiserin im Jahre 1771 den Grund
zur Volksschule gelegt; aber auch die Lateinschulen bedurften
dringend einer Verbesserung und Realschulen sollten ins Leben
gerufen werden. Inzwischen vollzog sich auch durch die Bulle:
Dominus ac redemptor noster, das grosse Ereigniss; die Aufhebung
des Jesuitenordens trat ein.

Am 4. Mai 1774 legte die Studien-Hofcommission die Reform-
pläne vor. Die Kaiserin genehmigte die vorgeschlagenen Veränderungen bezüglich der theologischen, juridischen und philosophischen Facultät, erinnerte jedoch:

1. Der Abt von Sagan, Felbiger, solle die weiteren Vorschläge
in Betreff der Normal- und Realschulen vorlegen.

2. Bestätigte sie den Plan Kollar's (Director der k. k. Hofbibliothek) für die oberen Gymnasial-Classen*) und übertrug demselben das Referat bei der Studien-Hofcommission über die lateinischen Schulen.**) Die Beibringung der christlichen Lehre ist
den Bischöfen zu überlassen.

3. Was den Plan für die theologischen Studien betrifft, so
wollte die Kaiserin zuvor die Ansichten der Bischöfe einholen und
dann die Resolution fassen und sollen bei derselben die Berichte
wegen Errichtung von Priesterhäusern ernstlich betrieben werden,
da alle theologische Belehrung nichts nütze, wenn jene, die
sich dem Clerus widmen, nicht in der Jugend zum geistlichen
Leben und zur Tugend angehalten werden.

4. Als Lehrer für die juridischen und philosophischen Fächer
sind Weltpriester und Ex-Jesuiten, diese aber mit den nöthigen

---

*) Vergl. Helfert »Die Volksschule«, und Arneth »Maria Theresia's letzte
Regierungsjahre« III, 200.

**) Bis zum Jahre 1774 gehörten die Gymnasien zum Verbande der
Universität.

Vorsichtsmassregeln zu verwenden. Ausländer jedoch können ohne ausdrückliche kaiserliche Erlaubniss nicht angestellt werden.

5. Erwartet die Kaiserin den Plan zur Errichtung einer Akademie der Wissenschaften. (Wie bekannt, kam sie dann von diesem Plane ab. Vergl. Arneth l. c.)

In einem Vortrage der Studien-Hofcommission vom 30. Mai 1774 wurde zunächst bemerkt, dass, entsprechend dem Auftrage der Kaiserin, der Abt von Sagan zu den betreffenden Berathungen eingeladen worden sei, wozu die Kaiserin bemerkte: »mit zuziehung der vice statthalter«. Die Haupteinwürfe wendeten sich jedoch gegen die Resolution der Kaiserin, welche den Plan für die theologische Facultät zuvor den Bischöfen zur Begutachtung übergeben wollte. Wir lassen sie hier auszugsweise sammt den Marginal-Bemerkungen der Kaiserin (letztere theilt auch theilweise Kink I, 429 mit) folgen:

Ad 3. Bei der im Jahre 1754 glücklich erfolgten ersten Studienverbesserung wurde die Gottesgelehrtheit von dem damaligen Director P. Debiel allein eingerichtet, ohne dass die Bischöfe vernommen worden wären. Nur der sel. Cardinal Trautsohn als bestellter *Praeses studiorum*, hatte die ganze Einrichtung auf sich genommen. Ebenso nahm im Jahre 1759 der damalige Canonicus Stock als Director verschiedene Verbesserungen in der theologischen Facultät vor und führte einen neuen Plan ein. Man fand jedoch in den Acten keine Spur, dass die Bischöfe dabei zu Rathe gezogen worden wären.

(Marginal-Bemerkung der Kaiserin: »als erzbischoff von Wienn weillen allein die studien vor die hiesige universitätt braucht es nichts mehreres. jetzo wo es vor alle meine staatt ist wo so vill contradiction in der Auswahl der lehr und sätzen als subjectis sich finden kunte nicht selbes über mich nehmen, welches nicht als ein mistrauen in die würdigst und einsichtigst subjecta in studiensachen von mein landen und von mir angesehen werden.«)

Die aufgehobenen Jesuiten haben sich durch 200 Jahre bei Einrichtung der Lehrämter um das bischöfliche Ansehen gar nicht bekümmert und ihre theologischen Lehren nach eigenem Belieben geschmiedet, und die Bischöfe in den Erblanden lassen dies fast jederzeit dabei bewenden. Nur der politische Censor war darauf bedacht, die schädlichsten Moralisten durch viele Jahre auszurotten.

(Marginal-Bemerkung der Kaiserin: ›Wir wollen nicht auch in diesen groben Füller verfallen.‹)

Da es sich in dem Plane nicht um die Feststellung von Lehren handelt, so sei dies ausschliesslich Sache der landesfürstlichen Gewalt.

Nach diesem Grundsatze wurde auch in den zwei letztverflossenen Jahren vorgegangen, und hat das italienische Departement die theologischen Studien in Mailand und Pavia verändert, ohne die Ordinariate beizuziehen.

(Marginal-Bemerkung der Kaiserin: ›Weillen in italien keine bischöffe habe die estimirte wie die hiesige; es gibet aber genug Klagen, die nach einem hiesigen systeme einmahl festgesetzt, gedenck zu ändern.‹)

Die Commission scheute keineswegs die Vernehmung der Bischöfe, da sie dieses ›Geschäft‹ mit der grössten Vorsicht behandelt und die Lehrer der Theologie des Dominicaner- und Augustinerordens, des hiesigen Alumnates und den gedruckten Plan des Bischofs zu Würzburg zu Rathe gezogen habe, aber sie besorgt, dass, bis alle Aeusserungen der Bischöfe eingelangt sind, das neue Schuljahr bereits begonnen hat. Da die Erfahrung lehrt, dass weder die durch die Länderstellen von den Bischöfen abgeforderten Pläne der Priesterhäuser, ja nicht einmal die blos materiellen Tabellen über die dermalige Beschaffenheit der Schulen, deren einige in einem Tage leicht hätten verfasst werden können, seit drei Monaten zu erhalten waren.

(Marginal-Bemerkung: ›Dise anstalten umb die Zeit zu gewinnen wären also gleich vorzunehmen wan es auch dopelte kosten machte.‹)

Es sei auch zu besorgen, dass die Bischöfe, welche Anhänger der erloschenen Societät sind, den Fortgang hindern und behaupten werden, dass ohne die Societät in Studiensachen nichts rechtes ausgeführt, ja die Religion selbst zu Grunde gerichtet werden müsste. Welche seichten und erbarmungswürdigen Ausstellungen wurden von den römischen Theologen gegen den allgemeinen Plan gemacht, weshalb viel Zeit verloren ging.

(Marginal-Bemerkung: ›alles was nöthig vorzubereiten nicht zu unterlassen bis ende dises oder anfang july wird alles resolvirt sein.‹)

Es ist auch anzunehmen, dass manche Bischöfe, die eifrige Anhänger der Jesuiten sind, aus Schadenfreude, aus Leidenschaft etc. alles thun werden, um die vorige Verwirrung zu erhalten. Sie stehen ohnehin in der Einbildung, alles allein zu wissen; daraus müssen unter sich widersprechende Gutachten der Bischöfe, wie es leider bei Abschaffung der zahlreichen Feiertage, bei Bestimmung der Professionsjahre und immer in noch geringeren Gegenständen geschehen ist, einlaufen. Wie man auch im gegenwärtigen Falle im Vorhinein versichert ist, dass ein Bischof gerade das gut heisst, was der andere vielleicht bedenklich findet, einer den ganzen Plan billigen, der andere verwerfen dürfte! Wer soll dann Richter über die verschiedenen Meinungen sein? Unentschlossenheit muss nothwendig die Folge solcher Widersprüche werden.

(Marginal-Bemerkung: »desto besser es mag das gutte herkommen wo es will nicht zu verwerffen, ist es nicht so getraue mich nach Vernehmung der comission und mein ministren die decision zu geben.«)

Da jedoch die Kaiserin wegen einer verdächtigen Stelle die Mittheilung des Planes an die Bischöfe bereits angeordnet, so wäre zu wünschen, denselben einen Termin zu setzen, bis zu welchem sie ihr Votum abgeben sollen, etwa 14 Tage *a die recepti*.

(Marginal-Bemerkung: »habe es Hatzfeld erinert wan es noch zeit ist.«)

Die verdächtige Stelle lautete wie folgt:

»In der Moral wird hinfür die grösste Sorge dahin gehen, unparteiisch und ohne Sectirerei, die unter uns nicht genannt werden soll, solche Massregeln zur Leitung der menschlichen Handlungen zu wählen, welche weder durch allzu gefährliche Nachsicht den Lastern die Thüre öffnen, weder durch allzu grosse Strenge dem bisher nicht daran gewöhnten Christen den Muth wenigstens so lange nicht benehmen, bis man durch vollständige Verbesserung des ganzen christlichen Unterrichtes bei Jungen und Alten die Herzen zu der Aufnahme der höheren Vollkommenheit des Evangeliums zubereitet. Auch den Seelenhirten selbst durch die bei evangelischer Vollkommenheit so nöthige Pastoral-Prudenz in Theorie und Praxis beibringen und hierdurch die Seelsorge, den Beicht- und Predigtstuhl zu der wahren alten

Würde, zu der auf das menschliche Wohl so sehr wirkenden Kraft wahrer Seelenarznei wieder erheben wird.«

Diese Sätze wurden dadurch motivirt, dass eine grössere Strenge nothwendig, da durch die Jesuiten eine Laxität eingeschlichen sei, jedoch würde ein voreiliger Eifer, um die alte Kirchenzucht wieder herzustellen, nur schaden, da die Tugend eine Fertigkeit ist und eine Fertigkeit geübt werden muss. Die Aufgabe eines vernünftigen Seelenhirten sei es, die ihm anvertrauten Menschen von dem Abgrunde des Probabilismus und des Rigorismus gleichweit zu entfernen, und zu dem ersteren führten die Jesuiten.

Ad. 4. Werden Jesuiten für die Lehrkanzeln der Ethik und Logik*) nicht angestellt, wohl aber können Laien mit diesen Lehrämtern betraut werden.

(Marginal-Bemerkung der Kaiserin: »wan einige sich finden mir selbe nahmentlich vorzutragen, da selbe auch anderswo kunnten gebraucht werden.«)

Wenn die Kaiserin darauf bestand, dass der Plan für die theologischen Facultäten zunächst den Bischöfen zur Begutachtung vorgelegt werde, so wird man diesen Vorgang in der Natur der Sache begründet finden. Wenn man beispielsweise ein Spital erbaut, ein chemisches Laboratorium errichtet etc., so wird es sich von selbst verstehen, dass man Fachmänner zu Rathe zieht, Aerzte, Chemiker u. s. w. und wird wohl Niemand darin einen Eingriff in die Executive erblicken. Man möchte es vielmehr im höchsten Grade tadelnswerth finden, wenn ein derartiger Vorgang nicht beobachtet würde. Es erscheint daher selbstverständlich, dass man bei einem Plane für die theologischen Facultäten die Bischöfe um Rath fragt.

---

*) Da die niederen Schulen gewissermassen ohne alle Verbindung mit der Universität waren, so erschien in Folge eines kaiserlichen Befehles die Verordnung vom 8. März 1777, nach welcher die Hörer der Logik (des ersten Jahrganges der Philosophie) nicht blos aus der lateinischen Sprache, sondern zugleich und hauptsächlich aus den übrigen Vorbereitungsgegenständen geprüft werden, und zwar sollen jene Lehrgegenstände, die an der Haupt- und Normalschule gelehrt, mit aller Schärfe vorgenommen, und die »Unerfahrenen« dahin zurückgewiesen werden. Am 30. April 1778 erschien ein Circular des Inhaltes, dass der Studiendirector an jeder Universität ein Protokoll führe, in welchem alle Verordnungen in Studiensachen, Decrete, Pläne und deren Abänderungen, alle feierlichen Handlungen, die halbjährigen Prüfungen mit Namen, Fortgang und Sitten der Schüler u. dgl. Umständen einzutragen seien.

Die Sache hat jedoch einen Haken: In allen anderen Fällen
ist der Umfang begrenzt, das Gebiet genau abgesteckt; anders
ist dies bei Fragen, die die Kirche betreffen. Die Kirche, insbesondere wie sie sich im Mittelalter ausgebildet hatte, nahm den
ganzen Menschen und das gesammte staatliche Leben für sich in
Anspruch, da sie eben wünschte, dass das gesammte Leben des
Menschen wie des Staates von der Religion, oder von dem, was
sie für Religion hielt, durchtränkt werde. Im Leben des Indivi-
duums wie in dem des Staates gibt es jedoch vieles, was mit der
Religion absolut nichts zu thun hat, in welchen Fällen daher die
Kirche, wenn sie da eingreift, sich Uebergriffe zu Schulden kommen
lässt. Die Kaiserin selbst hatte wiederholt Ursache, derartige Uebergriffe zu beklagen, und sah sich bemüssigt, dieselben zurückzuweisen.

Wir wollen hier einige hervorheben, welche mit der Frage,
die wir behandeln, in Beziehung stehen. Nachdem der Jesuiten-
orden aufgehoben worden war, befahl die Kaiserin, dass ehemalige
Mitglieder der Societät, welche zum Lehramte tauglich sind, nach
wie vor bei demselben verwendet werden können. Nun lehrten am
Gymnasium zu Oedenburg zwei Ex-Jesuiten, Franz Primer und
Puchholz. Der Bischof zu Raab entfernte sie am Schlusse des Schuljahres 1773/4 und zwang sie, während des letzten Schuljahres stets
im Ordenshabit zu erscheinen, worüber sie Klage erhoben. Die
Studien-Hofcommission sprach sich (6. October 1774) für die Klage-
führenden und gegen den Bischof von Raab aus. Sie meinte, das
eigenmächtige Verfahren des Raaber Bischofs sei nicht nur im
Widerspruche mit der erwähnten kaiserlichen Resolution, sondern
trete auch den Majestätsrechten des Königs in Ungarn nahe,
welchem das ganze Erziehungs- und Schulwesen, unabhängend vom
Clerus und den Ständen, obliege. Es sollen daher die beiden Bittsteller, falls sie sich sonst keines Vergehens schuldig gemacht haben,
welches der Bischof jedoch genauer präcisiren müsste, wieder in
ihr Amt eingesetzt werden, ohne die Verbindlichkeit zu haben, die
Clerique tragen zu müssen. Die Hofkanzlei schloss sich dieser Ansicht an und die Kaiserin stimmte derselben zu.

Am 26. October 1776 richtete die Kaiserin folgendes Handschreiben an die böhmisch österreichische Kanzlei:

»Es hat erst vor kurzen bei Gelegenheit der vorhabenden
Erhebung der bischöfl. Stadt Fünfkirchen zu einer k. Freistadt der

Fall sich geäussert dass der dasige Bischoff in diese Behandlung sich gar nicht einlassen wollen, sondern um die päpstl. Einwilligung sich unmittelbar nach Rom gewendet, dazu er sonder Zweifel durch den dem römischen Stuhl abgelegten Eid, dessen Formula in dem *pontificali Romano Clementis VIII. per extensum* enthalten ist, sich veranlasst gefunden.

»Da nun mehrmalen schon anerkannt worden, was für Anstössigkeit in dem Staat daraus sich ergeben müssen, wenn Unterthanen durch dgl. Lehren, die der Gewalt des römischen Stuhles ein mehreres zutheilen als ihm gebührt in die betrübte Verlegenheit gesetzt werden können, entweder den erlernten Grundsätzen und nach diesem Richtmass ihrem Gewissen zuwider zu handeln oder manche politische Anordnungen unbefolgt zu lassen; so wird die Kanzlei allenfalls nach Vernehmung der Studien-Hofcommission neuerdings in Ueberlegung nehmen wie mit Verlässlichkeit all derlei Lehren die in Ansehung der päpstlichen Gewalt über die Gebühr zu weit gehen gänzlich aus den Schulen verbannt werden. Ingleichen wird dieselbe jene Juramenten mittelst denen die Geistlichkeit dem römischen Stuhl sich verbindet einsehen und sodann genau erwägen, wie die weitern Massnehmungen hierüber zu treffen, damit künftig all dasjenige hinwegbliebe wodurch den wahren Gerechtsamen des Landesfürsten zu nahe getreten werden könnte.«

Wenn die Kaiserin jedoch, wie dies aus zahlreichen Beispielen hervorgeht, die Macht der Kirche auf staatlichem Gebiete einzuengen suche, so war sie andererseits viel zu gläubig, als dass sie nicht der Kirche auf ihrem Gebiete die uneingeschränktesten Befugnisse eingeräumt hätte. Ueberdies war sie trotz ihres männlichen Geistes denn doch eine Frau und zagte, weitgehende Consequenzen zu ziehen. In dem Falle daher, wo es sich um den Lehrinhalt des Christenthums handelte, wie er denen überliefert werden sollte, die später selbst den Weinberg des Herrn zu bestellen hatten, wollte sie die Stimme der Fachmänner, der Bischöfe, nicht übergehen. In der That erklärten sich die Bischöfe für den Plan, nur Cardinal Migazzi besorgte, dass er praktisch anders gehandhabt werden könnte als er es wünschte.*)

---

*) Nicht unerwähnt möchten wir bei dieser Gelegenheit eine Klage der Hofkanzlei lassen (Vortrag vom 8. October 1773), dass im Königreiche Böhmen kein *Doctor theologiae* zu finden sei: »Allerdings sei nicht jedes Subjectum, wenn es

Der Abt von Braunau, Rautenstrauch, erhielt hierauf im October 1775 den Auftrag, eine Sammlung von Theses zu veranstalten, an welche sich die Lehrer des canonischen Rechtes zu halten hätten. Das diesbezügliche Lehrbuch Riegger's, welches ohne alle kirchliche Gutheissung bis dahin benützt worden war, sollte durch die Theses von Rautenstrauch ersetzt werden.*)

In der Zwischenzeit stellte der Paulaner P. Dionysius Kaltner im Jahre 1775 unter anderen auch folgenden Lehrsatz auf: »*Enim vero matrimonio tanquam contractui soli Principes statuere queunt impedimenta non impedientia tantum sed etiam dirimentia atque statuta ab antiquis Ecclesiae Rectoribus impedimenta solum modo sacramentalem gratiam fuerunt.*« (Daher können die Fürsten allein für die Ehe als einen Vertrag nicht nur hindernde, sondern auch trennende Hindernisse aufstellen. Die von den alten Kirchenlehrern aufgestellten Ehehindernisse verhinderten nur die sacramentale Gnade.)

Migazzi erhob hierauf Klage, die These sei gegen die Beschlüsse des Trientiner Concils, welches der Kirche allein das Recht einräumte, die Ehehindernisse festzusetzen. Eybel sprach für die These, die Kaiserin jedoch entschied, dass nur solche Thesen aufgestellt

---

gleich ein *Doctor theologiae* wäre, schon eben darum tauglich, einen Prälaten abzugeben. Es wäre aber auch unstrittig, dass die Gottesgelahrtheit bei Ordensgeistlichen keine Untugend sondern eine Tugend sei, welche besonders, wenn das *studium theologiae* wohl eingerichtet ist, sowohl der Kirche als dem Staate höchst nützlich ist. Die Wissenschaft erfordert Application und diese verhindert den Müssiggang, so zu vielen Unordnungen Anlass gibt, und Niemand habe mehr Zeit zur Application als die mehresten Klostergeistlichen. Wannenhero hier nicht zu zweifeln wäre, dass, wenn mehr Mönche zur Erlangung des *gradus doctoratus* in der Gottesgelahrtheit angehalten werden, sich allezeit *subjecta* finden liessen, bei welchen Tugend mit Wissenschaft beisammen stünden und die das Amt eines Prälaten mit Nutzen und Ehre der Kirche und dem Staate versehen könnten.« Diese Klage, dass katholische Geistliche zu wenig die Wissenschaft pflegen, ertönte auch öfters in späterer Zeit.

*) Professor Winkler in Graz veröffentlichte 1769 einen Commentar zu den Digesten, die von der Studien-Hofcommission (27. Jänner 1770) als anstössig befunden wurde. Josef, als Corregent, bemerkte zu diesem Vortrag: »folglich der Entwurf nun umzuschreiben, weil in den innerösterr. Ländern die Geistlichkeit *in casis cirilibus tam realibus quam personalibus* von unvordenklichen Zeiten her den weltlichen Gerichten untersteht, wie solches auch bei dem mit Salzburg errichteten Recess vom J. 1729 ausdrücklich bestätigt worden ist.«

werden dürfen, welche in der gedruckten Synopsis von Bischof
Stock enthalten sind, oder die etwa vom Abt von Braunau hinzugefügt werden.

. Im Jahre 1776 erschien dann bei Trattner in Wien die
synopsis juris ecclesiastici publici et privati von Rautenstrauch. Um
dieselbe Zeit veröffentlichte Eybel in der »Wiener Zeitung« eine
günstige Anzeige über die Dissertation des Benedictiners P. Ober-
hauser über die Ehehindernisse. Cardinal Migazzi erhob nun gegen
Rautenstrauch und gegen Eybel bei der Kaiserin Klage. Hofrath
Heinke bemerkte in seinem Referate vom 10. März 1776 unter
Anderem folgendes: »Der grosse van Swieten, der würdige Stock,
der gelehrte Riegger sind todt. Männer, deren Kenntnisse und Rechtschaffenheit zu überwägend waren, um sich an jenes zu wagen, so
unter ihnen zum grössten Vortheile der heiligen Kirche (wovon ich
die *curiam romanam* unterscheide), der Religion, des Staates und
eigentlich zu sagen, der Geistlichkeit selbst emporgebracht worden
ist. Nunmehr glaubt man aber doch, das meiste wiederum in die
alte Dunkelheit zurückzubringen. Allein so lange noch Kenntniss
der Wahrheit bei Männern wohnt, welche einerseits die tiefste
Verehrung für die heilige Kirche und Religion in ihrem Herzen
tragen und andererseits mit einer unverführlichen Redlichkeit ihre
Pflichten vor Augen haben, wird Gott über sie und ihre reinen
Absichten wachen, noch ihnen jemals das allerhöchste Vertrauen
des Thrones entziehen.«

Heinke ging, wie man sieht, scharf ins Zeug, und um sich
den Erfolg zu sichern, gedachte er der Männer: van Swieten, Stock
und Riegger, die sich, wie man weiss, grossen Ansehens bei der
Kaiserin erfreut hatten. Cardinal Migazzi war jedoch nicht der Mann,
der geneigt war, die Flinte ins Korn zu werfen. Bald hierauf
(Anfangs 1777) trat er mit einer neuen Klage hervor. Er tadelte
das Lehrbuch der Dogmatik, das angeblich in deutscher statt in
lateinischer Sprache abgefasst war, und missbilligte es, dass dieses
Lehrbuch blos aus zwei Bänden bestehe. Man müsste den Hörern
die ganze Theologie vorlegen und sie erschöpfen. Rautenstrauch
replicirte zunächst, dass der Cardinal das Lehrbuch gar nicht genau
angesehen habe, da blos die Einleitung in deutscher Sprache, das
Buch selbst aber, wie üblich, in lateinischer Sprache abgefasst sei.
Er sprach dabei den Wunsch aus, dass auch die Lehrbücher der

Moral und Pastoral-Theologie in der deutschen Muttersprache
erscheinen; denn man dürfe nicht das barbarische »Kirchenlatein«,
in welchem die Lehrbücher gewöhnlich abgefasst sind, als Sprache
der Kirche betrachten. Franzosen und Italiener bedienen sich überhaupt ihrer Muttersprache und nicht des scholastischen Latein.
Was den Umfang des Werkes betrifft, bemerkte Rautenstrauch:
»Es ist übel genug und gereicht den Ordinariis nicht zur Ehre,
dass die Geistlichen nicht studiren.« In der That berücksichtigte
die Kaiserin nicht die Klagen Migazzi's und rescribirte auf den
Vortrag vom 1. März 1777: »und sehete gern wenn die Studien-
commission einen besondren Lehrer des teutschen Pastoral aus-
findig machen kunt.«

Es mag schliesslich noch folgendes Moment hervorgehoben
werden, dass die Professoren an der theologischen Facultät in Wien
in sehr milder Weise bei den Prüfungen vorgingen. So hatte 1779
der Sohn des Amtsrathes beim Obersthofmarschall, Paul v. Maurer,
mit sehr geringem Erfolge die theologischen Prüfungen abgelegt,
und erhielt nichtsdestoweniger glänzende Zeugnisse. Der Abt von
Braunau sprach sich gegen derartige Unzukömmlichkeiten im
Interesse der Heranbildung des geistlichen Nachwuchses aus und
befürwortete, dass die Professoren präcise die Classen ertheilen und
sich nicht von den wehmüthigen Bitten der Studenten verleiten
lassen, in den Zeugnissen günstigere Calculos zu verzeichnen als
sie verdienen. Ferner sollen die Zeugnisse, wie bei der juridischen
Facultät, bevor sie den betreffenden Personen eingehändigt, dem
Director zur Einsicht vorgelegt werden. Hierzu bemerkte die Kaiserin
eigenhändig: »dises vorzunehmen, mir ein vortrag zu machen wegen
deren so leicht gebenden attestaten, die keine ehre der universität
machen. Wegen der anbegerten gnad komt es ganz ab.«

Wie wir jedoch hier vorgreifend hinzufügen wollen, hat sich
Kaiser Franz in Folge eines Vortrages der Hofkanzlei vom
19. März 1807, in welchem auf den nunmehr obwaltenden Mangel
an geistlichem Nachwuchse hingewiesen wurde, veranlasst gesehen,
»für die Zeit, als derselbe noch bestehen wird,« anzuordnen, dass
die bischöflichen Seminar-Zöglinge, welche sittlich und fleissig sind,
nichtsdestoweniger aber aus Zufall oder »wegen etwas schwächlicher
Talente« bei einem oder dem anderen Lehrgegenstande, der zwar
zur Erlernung vorgeschrieben, aber zur Ausübung des Seelsorger-

amtes nicht so unmittelbar erforderlich ist, eine ungenügende Classe (die zweite Fortgangsclasse) erhalten, noch ferner, jedoch nur mit kaiserlicher Genehmigung, die von Fall zu Fall einzuholen ist, belassen werden. In Ansehung jener Lehrgegenstände hingegen, ohne deren Kenntniss der Seelsorger nie das ist, was er sein soll, als: Kirchenrecht, Moral- und Pastoral-Theologie, dann Katechetik und Pädagogik, bleibe auch fortan die erste Classe (eine gute Note) unerlässlich, und ohne diese erhalten zu haben, darf Niemand zu den höheren Weihen befördert werden.

Die Kaiserin schloss die Augen und der Kampf zwischen Staat und Kirche war nicht zu Ende gekämpft,*) er brach vielmehr

*) In welcher Weise selbst bei kleinlichen Dingen dieser Kampf entbrannte, mag aus Folgendem hervorgehen, und glauben wir die Fälle ausführlicher darstellen zu sollen, da sie auch die Stellung der Universitäten, die eben damals ganz als staatliche Anstalten betrachtet wurden, kennzeichnet. Es hatten sich an der Universität zu Olmütz mehrere Gebrechen herausgestellt, über welche die Hofkanzlei am September 1777 Vortrag erstattete. Die Kaiserin bemerkte hierzu: »Da aus allem, was hier vorkommt, sich deutlich zeigt, dass die Gebrechen sich blos von darum verbreitet haben, weil die Landesstelle die genaue Einsicht über die Studiencommission und die Directoren nicht gehabt hat, so wäre diese auch alle andern Studiencommissionen der Länderstellen wie vormals gänzlich zu subordiniren und werde Ich künftig von den Länderstellen über alle Gebrechen, die bei der Universität sich ereignen, wann sie solche nicht zeitlich anzeigen und zu verbessern trachten, Rede und Antwort fordern.« Auf einen weiteren diesbezüglichen Vortrag vom 27. September 1777 bemerkte die Kaiserin eigenhändig: »es bleibt bey meiner resolution und solle durch rescript, wo universität sein an die Landesgubernien expedirt werden das künftig selbe wie vor all andern im Land ereygnete Vorfälle zu hafften haben, alle gebrechen oder selbst abstellen oder zur Zeit gleich anzuzeigen. Die visitationen können vorgenommen werden aber erst nach ein jahr mit zuziehung des referent jedes Landes.« In Folge kaiserlichen Auftrages vom 27. November 1777 begaben sich hierauf Hofrath v. Heinke und Probst Wittola nach Olmütz und inspicirten die Universität daselbst vom 4. bis 29. December. Wittola hatte einen Caplan mitgenommen, der Schriftführer sein sollte. Heinke wollte dieses jedoch nicht gestatten, weil die Untersuchung einer Universität in Bezug auf gute Ordnung und akademische Einrichtungen ein blos weltliches Geschäft sei, welches dem Landesfürsten gebühre. Er habe sich umsomehr veranlasst gesehen, den Caplan als Schriftführer zurückzuweisen, »als ansonst der geistliche Arm den Vorwand bei anderen Gelegenheiten und Zeiten nehmen dürfte, dass derartige Untersuchungen *per commissionem mixtam* geschehen müssten.« Derartigen Eingriffen könne man nie genug vorbeugen, »besonders, da sich die Bischöfe ohnehin nach den Lehren vieler irriger Canones die wichtigsten jura über Universitäten zum Abbruche der weltlichen Rechte anzumassen gedachten.« Wohl

heftiger aus, und nicht mehr war die Universität allein der Schau-
platz dieses Kampfes, sondern der Staat selbst.

aber werde es dem Probste Wittola zustehen, die dogmatischen und pur geist-
lichen Lehren *in facultate theologica* nach seinem besten Befunde zu beurtheilen.
Man wird zugeben, dass man nicht scrupulöser die Rechte des Staates gegenüber der Kirche wahren kann, als dies hier von Seite Heinke's geschah. In der
That fügte sich Wittola und als Schriftführer fungirte der Hofconcipist Anton
Rössler. Auf Verlangen Heinke's fanden die Verhandlungen und Berathungen der
Commission, bei welchen auch der mährische Gubernial-Referent Graf de Ville
anwesend war, in der Wohnung Heinke's statt. — Vom 1. December 1779 bis
4. Juni 1780 inspicirte Heinke in Folge der Klagen Wittola's und de Lucca's,
welcher zu jener Zeit am Lyceum zu Linz lehrte, das Gymnasium und das Lyceum
in Linz. Heinke fand die Klagen Wittola's über die Sittenlosigkeit der Gymnasial-
jugend unbegründet. Man dürfe die Lehrer auch nur für die Sitten der Schüler
während der Schulzeit verantwortlich machen, was ausserhalb der Schulzeit geschieht, sei Sache des Hauses, resp. der Polizei. Die Professoren und der Director
des Gymnasiums seien Ex-Jesuiten und leben ausser diesen noch mehrere Ex-
Jesuiten in Linz, und diese sind es eben, welche die Schule in Verruf bringen
und wollen damit sagen, dass ein Staat ohne Jesuiten nicht bestehen könne. Die
Prüfungen im Latein ergaben ein befriedigendes Resultat und erlangt die Jugend
auch den ehemals fast unbekannten Gebrauch der Beurtheilung der Sätze aus
classischen Schriftstellern. Wenn die Fertigkeit im Ausdrucke den Schülern abgehe,
so rühre dies daher, weil sie zu Hause nur selten latein sprechen, wie dies z. B.
in Ungarn und zum Theile in Böhmen (!) üblich sei. Das Lyceum zählte 200 Humanisten, 139 Philosophen, 16 Juristen, 46 Theologen und Canonisten, in Summa
401 Schüler. Die Kaiserin bemerkte zu diesem Berichte: »Dise Commission hat
wohl der Mühe nicht gelohnt, Vitola und Lucca ihr ungegrünt (ungegründete)
anzeig, wodurch solche unkosten verursacht worden nach dem antrag zu verheben.«

II.

Die Zeit Josef II.

(Die Lemberger Universität, der Eid *de immaculata conceptione*, theologische Studien, Privilegien, Studien-Commissionen, Kosten der Universitäten, Volksschulen, Frequenz, Stipendien, Studien an fremden Universitäten, Facultäten, Vorlesungen in deutscher Sprache, Reform-Projecte.)

Kaiser Josef II. ging auf dem Wege der Verstaatlichung der Universität und in dem Bestreben, sie, wenn auch nicht von der Kirche, aber von Rom unabhängig zu machen, weiter fort, und muss ihm das grosse Verdienst zuerkannt werden, dass er die Universität allen Staatsbürgern, ohne Unterschied der Religion, welche studiren wollten, oder welche die Fähigkeit zu lehren hatten, zugänglich machte. Wie gross in dieser Beziehung der Umschwung der Ansichten und Meinungen war, geht daraus hervor, dass Josef II. die Lemberger Universität gründete, ohne zuvor die Bewilligung oder die Zustimmung des Papstes einzuholen, ein Fall, der bis dahin in einem katholischen Staate nicht vorkam.*) Der Kaiser betrachtete eben die Begründung einer Universität als eine ausschliesslich interne Angelegenheit des Staates, die ganz unabhängig von irgend einer auswärtigen Macht ist.

Wie man weiss, hob Kaiser Josef die Verpflichtung zur Ablegung des Eides auf die unbefleckte Empfängniss Mariae auf. Die

---

*) Eigenthümlich genug findet sich im hiesigen geheimen Haus-, Hof- und Staats-Archive nichts vor, welches darauf hinweisen würde, dass man diesen Vorgang in Rom missbilligte. Man scheint daselbst die bittere Pille, ohne die Miene zu verzerren, verschluckt zu haben. Auch die in Bonn von dem jüngsten Bruder des Kaisers, Erzherzog Maximilian, Curfürst zu Köln, im Jahre 1786 begründete Universität wurde errichtet, ohne die Bewilligung des Papstes einzuholen. Als jedoch Friedrich Wilhelm III., König von Preussen, im Jahre 1818 die Bonner Universität neu begründete, hatte sich der Wind gedreht und man urgirte von Rom aus, da an derselben die katholische Theologie gelehrt werden sollte, dass die Bewilligung des Papstes eingeholt werden müsste.

Veranlassung zu dieser Resolution war: Am 3. December 1781 legte der Bibliothekar und öffentlicher Lehrer der Patristik an der Universität zu Innsbruck, Priester Karl Schwarzl, den Eid in folgender Weise ab: *Voveo, spondeo ac juro me circa festum conceptionis immaculatae virginis Mariae velle credere et tenere, quidquid tenet et docet sancta mater Ecclesia, sic me Deus* etc.*, und liess die Worte, welche auf die Päpste und die päpstlichen Bullen Bezug nehmen und den Ausdruck *a sede apostolica definitum* weg. Die Professoren, welche bei dem Acte anwesend waren, beachteten die Sache nicht, da sie sie als blosse Förmlichkeit betrachteten und voraussetzten, dass der Eid in üblicher Weise abgelegt wurde. Der Prokanzler Kopf jedoch hörte aufmerksam zu und fuhr sofort den Schwörenden an: *Quare non juxta formulam consuetam?*, und berichtete dem Bischof von Brixen über diesen Vorfall. Dieser brachte hierauf eine Klage beim Kaiser gegen Schwarzl ein, bemerkend, dass sich im Volke das Gerücht verbreite, Schwarzl habe die Jungfrauenschaft der Mutter Gottes geleugnet. Die Frage wurde nun erörtert und der Eid (3. Juni 1782) aufgehoben.*)

Während die Kaiserin befohlen hatte, dass die Bullen *In coena domini* und *Unigenitus* aus den Büchern, in welchen sie sich vorfänden, herausgerissen oder die betreffenden Blätter *verpickt* werden, erschien 11. Mai 1782 ein Circular des Inhaltes, dass die Lehrer an den theologischen Facultäten den Begriff und Inhalt der genannten Bullen geben, jedoch sie aus den Gesprächen in Schulcirkeln und von öffentlichen Disputationen ausschliessen.

Wie bekannt hat der Kaiser zur Bildung des Clerus die General-Seminarien errichtet und das Klosterstudium aufgehoben. (Vgl. Kaiser Josef II. und die österreichischen General-Seminarien von G. Wolf in Raumer-Riehl's historischem Taschenbuch, V. Folge, siebenter Jahrgang.) Zur Ergänzung des dort Mitgetheilten fügen wir hier Folgendes an:

Die Studien-Hofcommission hatte 1. October 1783 vorgeschlagen, 1. dass jeder Religiose, welcher die theologischen Studien beginnen will, den Nachweis über das vollständig absolvirte Studium der Philosophie, sei es im Orden oder vor dem Eintritte in denselben,

---

*) Ferdinand III. befreite 1649 die Dominicaner von der Ablegung dieses Eides, *de immaculata conceptione*, weil er gegen ihre Constitution sei.

nachweisen müsse; 2. jene, welche die theologischen Studien fort-
setzen wollen, haben sich auszuweisen, welche Disciplinen sie bereits
absolvirt, und hätten dann jene Wissenschaften, die sie noch nicht
erlernt haben, in der planmässigen Ordnung (wie sie im Entwurfe
zur Einrichtung der theologischen Schulen in den k. k. Erblanden,
gedruckt Wien 1783, vorgeschrieben wurde) fortzusetzen.

Der Kaiser rescribirte hierauf, ad 1: Es sei nicht nothwendig,
dass jene, die Theologie studiren wollen (sei es Religiose oder Weltgeist-
liche), das gesammte Studium der Philosophie absolvirt haben müssen, da
solche einem Priester nach allen Theilen nicht unumgänglich nothwendig sei; es genüge, wenn der Candidat Zeugnisse über Logik
und Metaphysik beibringe und sonst der lateinischen Sprache
kundig ist; ad 2 bemerkte der Kaiser, »begreife ich nicht, wie
von einem weltlichen Studenten Theologiae mehr die Frage sein
kann, da kein anderer als entweder itzt ein schon eingekleideter
Religios, so lange es in ihren Klöstern noch Studenten gibt, oder
die in das Seminarium aufgenommenen Alumnaten künftig aber bei
Ausgang der ersten Classe blos die letztere also und kein ausser
dem Hause befindliches Individuum die Theologie zu studiren haben
wird.«

Die Studien-Hofcommission war jedoch von dieser Resolution
nicht befriedigt und kam auf den fraglichen Gegenstand am
12. October wieder zurück. Sie meinte, dass Theologen, die dereinstigen öffentlichen Volkslehrer, ein umfassendes Wissen besitzen,
und daher auch sämmtliche drei Jahrgänge der Philosophie studirt
haben sollen; blos Logik und einige Theile der Metaphysik genügen
nicht. Der Volkslehrer soll auch die natürliche Theologie und die
philosophische Moral inne haben. Diese lege den Grund zur Moral-
Theologie. Der Geistliche soll überdies ein gewisses Mass allgemeiner
Bildung besitzen, zu welchem Zwecke er Physik und Mathematik
studirt haben soll. Durch die Mathematik gewöhnt er sich, richtige
Schlüsse zu ziehen und ist auch besser in der Lage, die Natur-
erscheinungen zu beurtheilen. Gespenster- und Hexenfurcht, Begriffe von Zauberei und der Aberglaube an Lucaszettel, Morilla-
gürtel und Loretoglück, Visionen etc. werden dann aufhören. Es wird
ihm auch möglich sein, den Landleuten gute Rathschläge zu geben,
wodurch das Band zwischen Seelsorger und Heerde desto besser
geknüpft werden wird. Diese Studien werden in ihm auch die

Liebe zu den Wissenschaften anfachen und ihn dann, wenn er im
Amte ist, vor Müssiggang bewahren. Als künftige Volkslehrer sollen
die Novizen auch Rhetorik und Aesthetik studiren, durch welche
die Geistlichen den vorzutragenden Wahrheiten Anmuth und Reiz
geben und daher desto besser auf die Herzen ihrer Zuhörer wirken
können. Der gute Geschmack vervollkommnet überdies die Vernunft und die Sittlichkeit und verbreitet Anmuth und Gefälligkeit
über das ganze Leben. Da die Geschichte die Lehrerin des Lebens
ist, sollen angehende Theologen auch mit dieser Disciplin vertraut gemacht werden. Mit diesen Kenntnissen ausgerüstet, wird
der Seelsorger dem Spotte »bei den jetzt aufgeklärten Zeiten« ent-
gehen und wird sich mehr Achtung erwerben.

Man wird zugeben, dass die Forderungen, die hier aufgestellt
wurden, nur dazu geeignet sein konnten, den Priesterstand nach
Aussen und nach Innen zu heben. Der Kaiser jedoch, welcher die
Dinge mehr nüchtern und vom praktischen Standpunkte aus betrachtete, bemerkte zu diesen Vorschlägen: »Dieses kann die Regel
sein, in besondern Fällen kann jedoch die Ausnahme gelten, dass
Leute, die sich als tauglich werden examiniren lassen, wenn sie
auch das dritte Jahr der Philosophie (in welchem Mathematik, Physik
und Geschichte gelehrt wurden) nicht gehört haben, dennoch in das
Seminarium ad theologiam werden angenommen werden können.«

Das Studium der Theologie wurde damals in fünf Jahren
absolvirt. In Folge eines Vortrages der Studien-Hofcommission vom
25. Mai 1785 wurde es, wie dies bereits im Jahre 1774 beabsichtigt war, auf vier Jahre herabgesetzt. Dieser Vorgang wurde
auch dadurch motivirt, da in der Zwischenzeit die Dogmatik
beschränkt ward, weil eine Unzahl theologischer Streitigkeiten gegenstandslos; und als Folge davon die Polemik ein kleineres
Gebiet hatte und die Patristik vereinfacht wurde. Wenn aber auch
das Zeitmass für das Studium der Theologie abgekürzt wurde, so
hatten die Seminarzöglinge doch das fünfte Jahr auszuharren,
in welchem sie die Schulmethode und die erste Katechisirungsart
zu erlernen hatten, um mit gutem Erfolge als Lehrer wirken zu
können.*)

---

*) Kink berichtet I, 572 und Beilage XCV und XCVI über das Lehrbuch
der Kirchengeschichte von Schröck und Dannenmayer und über die diesbezüglichen

Plan und Absicht Josef's waren, dahin zu wirken, dass die katholischen Geistlichen ausgezeichnete Theologen, vortreffliche Lehrer und Männer allgemein wissenschaftlicher Bildung seien, und sollten diese Ansprüche und Anforderungen nur so weit herabgestimmt und eingeschränkt werden, als es die praktischen Bedürfnisse, dass nämlich in Folge der Aufhebung der Klöster kein Mangel an Nachwuchs eintrete und es nirgends an Seelsorgern fehle, erfordern. Nun war aber der Lehrinhalt der katholischen Kirche schon seit längerer Zeit Gegenstand des Streites geworden, Lehrmeinungen standen Lehrmeinungen gegenüber, und während auf der Emser Conferenz die Bischöfe beriethen, in welcher Weise die deutsche Kirchenfreiheit zu retten wäre, um die Bischöfe vom Papste unabhängig zu machen, und der Erzbischof von Salzburg, Hieronymus Fürst von Colloredo, welcher dem Kaiser Josef die gefassten Beschlüsse überbrachte, auch den Auftrag hatte, denselben über die Frage zu sondiren, ob es nicht angemessen wäre, den Coelibat aufzuheben, war Cardinal Migazzi in Wien, ein warmer Freund der Jesuiten, päpstlicher als der Papst, und wollte nicht das kleinste und geringste von dem aufgeben, was er für den wahren Lehrinhalt der Kirche hielt. Dieser Zwiespalt der Meinungen

Verhandlungen. Aber wie so oft, lässt er sich von Voreingenommenheit leiten. Er übergeht zunächst eine kaiserliche Resolution auf einem Vortrage der Hofkanzlei, Hofkammer- und Banco-Deputation vom 9. November 1786, welche also lautet: »Sie werden dem Cardinal Meine Zufriedenheit über seinen Mir durch diese Vorstellung bezeugten Hirteneifer zu erkennen geben und ihn auch versichern, dass in allen Gelegenheiten, wo es sich um die Erhaltung der Reinigkeit und Hintanhaltung aller Missdeutungen in der Lehre der katholischen Religion handelt, Mir jedesmal sehr angenehm ist, wenn die Bischöfe oder wer immer sich angelegen sein lässt, Mir hierüber Vorstellungen zu machen, da Meine Gesinnung lediglich auf die Erfüllung dieses Endzweckes abgeht.« Wir sollten denken, dass Kink, wenn er objectiv sein wollte, diese Resolution, welche doch klar genug die Ansicht des Kaisers ausdrückt, nicht übergehen durfte. Kink sagt ferner II, S. 300: »Diese Entschliessung (über die Beschwerden Migazzi's) ward am 28. Februar 1787 dem Erzbischof, und zwar in sehr kurz angebundener, rücksichtsloser Art eröffnet; sonderbarer Weise aber findet sich hiervon durchaus keine Intimation an die Professoren, obgleich dies der Kaiser ausdrücklich befohlen hatte.« Thatsächlich erging jedoch an alle Länderstellen der Auftrag, die gefasste Resolution den Professoren mitzutheilen, und die an Migazzi mitgetheilte kaiserliche Entschliessung, welche angeblich »in sehr kurz angebundener, rücksichtsloser Art« abgefasst sein soll, umfasst sechs Seiten und reproducirt genau die Resolution, die alles andere, nur nicht rücksichtslos ist.

kam auch auf den Lehrkanzeln zum Ausdruck, und zwar umso
mehr, da die Studirenden der Theologie Kirchenrecht und Kirchengeschichte zugleich mit den Juristen an der juridischen Facultät
hörten, und schon das gemischte Auditorium den Professor veran-
lasste, einen anderen Ton anzuschlagen, als wenn er ausschliesslich
Cleriker vor sich gehabt hätte. Schröck, der das Lehrbuch für
Kirchengeschichte verfasste, dem sich Dannenmayer anschloss, war
überdies Protestant. Die Lehrer waren, wie Sonnenfels berichtet
(vergl. unser: ›Unterrichtswesen‹ etc. S. 49), weder in Lehrsätzen noch in Lehrbüchern einem Zwange unterworfen. Nun ist
dieser Satz allerdings nicht *ad verbum* zu nehmen und im heutigen
Sinne zu verstehen, aber jedenfalls waren sie nicht sclavisch an
das Vorlesebuch gebunden und ermangelten nicht, in ihren Erklärungen und Erörterungen ihre eigenen Meinungen auszusprechen,
und diese wichen manchmal weit ab von den für wahr anerkannten
Lehrsätzen der katholischen Kirche. Wurde doch sogar der Satz,
dass Maria, die Mutter Gottes, eine Jungfrau gewesen sei, bestritten.
Der Kaiser jedoch, der selbst, trotzdem was über ihn von mancher
Seite gefabelt wird, ein treuer Sohn der katholischen Kirche war,
wollte, dass die katholischen Geistlichen überzeugungstreue Männer
auf dem Gebiete des Glaubens seien. Unter den gegebenen Verhältnissen war dieses Ziel jedoch kaum oder nicht zu erreichen,
und war dies umso weniger der Fall, da die Professoren in ihren
Privatgesprächen noch weniger als bei den öffentlichen Vorträgen
mit ihren Anschauungen hinter dem Berge hielten. Graf Sauer,
Hofrath in der böhmischen Hofkanzlei, unterbreitete daher dem
Kaiser den Vorschlag, den theologischen Lehrern zu verbieten,
weder mündlich noch schriftlich, sei es in den Vorlesungen oder
ausser der Schule, von dem vorgeschriebenen Lehrsysteme abzu-
weichen. Stricte und präcise, nicht mehr und nicht weniger als das
Lehrbuch enthält, sollten die Professoren lehren und sich auch in
ihren Privatgesprächen dieses Moment vor Augen halten. Der
Kaiser übergab diesen Vorschlag der Studien-Hofcommission zur
Begutachtung und sie erstattete am 8. November 1787 den diesbezüglichen Vortrag. Der Wichtigkeit der Sache wegen glauben wir ihr,
soweit als thunlich, das Wort zu lassen. Es heisst in diesem Vortrage:*)

---

*) Man vergleiche damit Kink I, 582, Anm. 782, in welcher Weise er
diesen Vortrag für seine Ansicht über Gottfried van Swieten ausbeuten will.

Der Antrag habe den Zweck, eine Einförmigkeit herbeizuführen; dieser sei jedoch in sich selbst, noch nach dem vorgeschriebenen theologischen Studiensystem weder möglich noch räthlich.

Weder die Sätze noch die Begriffe, die gelehrt werden, können im Lehrsysteme genau vorgeschrieben sein, und selbst wenn dies wäre und auch alle Mittelsätze vorkämen, so könnte Niemand, dem die Aufnahme der theologischen Studien und die Ausbildung des Verstandes in Sachen der Religion am Herzen liegt, auf die Ausfertigung eines derartigen Lehrplanes anrathen, weil er jeden Fortschritt und jede Verbesserung hemmt und hindert.

Ein derartiger Plan müsste das *non plus ultra* enthalten, der keine weitere Vervollkommnung zuliesse. Wo ist der Mann, der ihn verfassen kann?

Das Forschen und Prüfen von Seite des Lehrers würde aufhören, alles möchte sich auf Auswendiglernen beschränken und das Selbstdenken würde nie angeregt werden. Der Glaube müsste dann selbst unter den Lehrern des Volkes mehr als jemals ein Köhlerglaube werden.

Es sei daher weder thunlich noch räthlich, die theologischen Lehrer derart einzuschränken, dass sie nicht mehr und nicht weniger lehren sollen, als was ihnen vorgeschrieben ist, da ihnen der jedem Menschen zustehende vernünftige und bescheidene Gebrauch der Freiheit gelassen werden muss.

Dieser Gebrauch der Freiheit könnte auf zwei Wegen ausarten, wenn aus Leichtgläubigkeit, aus Mangel an Kenntnissen der echten katholischen Religionslehre ungegründete abergläubische Zusätze beigefügt und ultramontane, den Rechten des Staates nachtheilige Lehrsätze aufgestellt werden, oder wenn Lehrsätze aufgestellt werden, die mit dem wahren Katholicismus nicht zu vereinbaren sind und zur Irrlehre führen.

Schriftlich kann das allerdings nicht geschehen, da derartige Schriften von der Censur nicht zugelassen werden. Was aber der Lehrer mündlich vorträgt, spricht er auf seine Verantwortung, und da diese Vorträge kein Geheimniss bleiben, so wird darüber in gegebenen Fällen zu entscheiden sein. Ebenso wird das, was der Lehrer zu Hause oder privatim spricht, kund, und er thut das wieder auf seine Verantwortung. Durch Verordnungen lässt sich jedoch in solchen Fällen nicht wirken.

Diese Freiheit muss auch der Lehrer der Dogmatik haben. Wohl darf er nichts lehren, was den wirklichen Glaubenssätzen entgegen ist, oder was sich mit der katholischen Lehre nicht verträgt, aber es muss ihm freistehen, ja es ist seine Pflicht, wirkliche Glaubenslehren von der Spreu der Schulmeinungen zu sichten, die die geschäftige Speculation der Scholastik mit den Glaubenssätzen dergestalt vermengt hat, dass sie mit dieser gleiches Ansehen erhielten. Der Zögling des geistlichen Standes soll wissen, was Glaubenssatz und was Schulmeinung, was brauchbare Wahrheit und was unnütze Grübelei, was wahre Religionslehre und was menschlicher Zusatz sei.

Die Begriffe, welche der Bischof Bossuet in seiner Auslegung des katholischen Glaubens über die wichtigsten theologischen Lehrsätze äussert, sind von denjenigen, welche die scholastischen Theologen des vorigen Jahrhunderts aufstellten, so sehr verschieden, dass selbst der Abt Jerusalem und mit ihm die Protestanten die Sätze Bossuet's nicht für wahre katholische Lehre, sondern als eine feine Verkleisterung derselben ansehen.

Da jedoch nicht alle Bischöfe Bossuet's sind und die Aufklärung von den Bischöfen allein nicht erwartet werden kann, so muss man den theologischen Lehrern die Freiheit der Forschung überlassen. Da überdies Kirchengeschichte, Bibelexegese, die Moral- und Pastoral-Theologie, das Kirchenrecht, die Patrologie grösstentheils auf philosophische Grundsätze gebaut sind und auf Thatsachen beruhen, die bei der Behandlung nicht nur die strengste Prüfung und genaueste Zergliederung, sondern auch jene Kenntnisse im Fache der historischen Kritik der biblischen Exegese, der Pädagogik, der populären gemeinnützlichen Theologie fordern, welche in unserer Zeit wesentlich erweitert werden; so müssen theologische Lehrer, die nicht theologische Wortkrämer sind, welche den Verstand ihrer Schüler bilden wollen, an diesen Bestrebungen Theil nehmen.

Wollte man den Grundsatz: Nicht mehr und nicht weniger, durchführen, wer wollte, wer könnte die noch immer sehr schwankenden und getheilten Meinungen von den Rechten der Kirche und des Staates, von Kirchensachen und Disciplinar-Gegenständen, von der hierarchischen Macht, von dem Verhältnisse des Papstes und der Bischöfe etc. mit Gründlichkeit auseinandersetzen und bestimmen?

Wohl sind die öffentlichen Lehrer der Theologie nicht die einzigen gelehrten Männer im Staate, aber sie beschäftigen sich doch naturgemäss zumeist mit derartigen Fragen. Worüber aber ein Mann nicht reden und nicht schreiben darf, darüber hört er auch gar bald auf nachzudenken, der Eifer für die Wahrheit stirbt allmälig ab, das Vorlesebuch wird seine ganze Bibliothek. Und da die meisten Menschen in dem Geleise bleiben, das ihnen die Schule angewiesen hat, so muss ein vollständiger Stillstand eintreten.

Im 13. Jahrhunderte behauptete man, der römische Papst sei in seinen Entscheidungen unfehlbar. Das Heer der Mönche, die gedungenen Miethlinge des römischen Stuhles, verbreiteten überall diese Lehre. Wie stünde es heute, wenn die unzähligen im römischen Bullarium enthaltenen Constitutionen das Ansehen einer untrüglichen göttlichen Gesetzgebung enthielten! Welche Rechte hätte dann der Landesfürst selbst in zeitlichen und weltlichen Angelegenheiten! Das Tridentinische Concil behandelte die Ehegesetzgebung als eine rein kirchliche Angelegenheit, weil alle Köpfe voll waren, dass die Ehe ausschliesslich ein Sacrament sei. Wenn sich diesbezüglich die Meinungen geändert haben, so ist das allein den gelehrten Forschungen zu verdanken. Was hat nicht der einzige Löwener Professor van Espen geleistet?

Der Kaiser rescribirte hierauf:

›Es ist den sämmtlichen Lehrern der höhern Wissenschaften schärfest einzubinden, dass sie weder in Schriften noch in ihren Privatunterredungen mit den Schülern jemals Grundsätze, welche gegen die katholische Religion streiten, behaupten, oder das was sie öffentlich zu lehren angewiesen sind, umstossen oder anders auslegen und dadurch über die Gründlichkeit der Religionslehre Zweifel anregen, sondern dass sie auch über jene Gegenstände die zwar nicht unmittelbar Glaubenssätze sind, aber doch Ehrfurcht und Achtung verdienen selbst damals, wenn sie ihren Schülern wirkliche Gebrechen dabei aufdecken, mit bescheidener Mässigung sich ausdrücken sollen.‹ Hierauf erschien eine dem Wortlaute der Resolution entsprechende kaiserliche Verordnung vom 29. December 1787, und zwar an die philosophischen, juridischen und theologischen Lehrer. Dass auch die Naturwissenschaften, resp. das Studium der Medicin zur Ketzerei führen kann, scheint man damals

nicht geglaubt zu haben, da an die medicinische Facultät ein derartiges Rescript nicht erging.

Diese Resolution war viel leichter gefasst als durchgeführt,
da eine derartige Mundsperre, falls sie nothwendig geworden wäre,
kaum ohne grossen Polizei-Apparat gehandhabt werden könnte. Die
Zahl der Freigeister war übrigens keine übermässige, und der weitaus grösste Theil der Professoren war vielmehr noch ganz von den
damals herrschenden Anschauungen durchtränkt.

Mit viel geringeren Schwierigkeiten wurden jene Angelegenheiten geordnet, bei welchen nicht kirchliche Fragen mit im Spiele
waren, wenn es auch nicht selten vorkam, dass Reibungen
entstanden.

In Folge der vollständigen Verstaatlichung der Universität
verweigerte Josef die Bestätigung der Privilegien der Wiener Universität; er brach auch mit dem Privilegium, welches die Wiener
Universität von Albrecht IV. hatte, dass sie in einer feierlichen
Audienz *viva voce* um die Bestätigung ihrer Privilegien ersuchen
durfte. Der Kaiser verweigerte nämlich die von dem Rector und
dem Decan angesuchte Audienz aus dem Grunde, da er nicht
gesonnen war, sämmtliche Privilegien der Wiener Universität zu
erneuern, und es schwierig war, sich mündlich darüber auseinander-
zusetzen, was beibehalten und was verworfen werden soll. Am
schmerzlichsten wurde die Universität durch das Hofdecret vom
28. Juli 1783 berührt, durch welches die Jurisdiction der Universität aufgehoben wurde, und kaum war Josef gestorben, bat sie
um die Restituirung dieses Privilegiums, welches ihr jedoch nicht
gewährt wurde. (Vergl. G. Wolf, »Studienwesen«, S. 78 u. s. w.)

Hingegen hat die Universität im Laufe der Zeit selber manche
Kleinlichkeit aufgegeben, welche sie früher als etwas wesentliches
betrachtete. So ersuchten die Vorstände der Universität, als im
Jahre 1773 das Frohnleichnamsfest herannahte, welchem die Würdenträger der Universitäten beiwohnten,*) um eine neue Amtstracht
(das Mäntelchen, *Epomis*) für den Rector. Doch die Kaiserin ver-

---

*) Als der Kaiserin im Jahre 1772 gemeldet wurde, dass die Würden-
träger an der Prager Universität sich weigerten, an der Frohnleichnams-Procession
Theil zu nehmen, bemerkte sie eigenhändig: »Dis ist sehr unschicksam, sollen
selbe alezeit in corpore wie hier erscheinen, desgleichen in innspruck und Frey-
burg an Fronleichnamstage.«

weigerte die Bezahlung und liess überdies erklären, sie wolle diese
Amtstracht überhaupt abschaffen und für dieselbe dem Rector eine
goldene Kette verleihen, welche er bei feierlichen Anlässen zu
tragen hätte. Wie eitle Frauen, welchen man die Prunktoilette
entzieht, so waren die gelehrten Herren entsetzt über diese Mittheilung und liessen es sich nicht verdriessen, an die Kaiserin eine
eindringliche Vorstellung zu richten, in welcher die Wichtigkeit
und Bedeutung dieses Mäntelchens hervorgehoben ward, die aber
wieder nicht berücksichtigt wurde.

Hingegen baten (12. Februar 1784) sämmtliche Lehrer der
Wiener Universität den Kaiser, die mit der Aufklärung und der
Denkungsart der »gegenwärtigen« Zeit nicht mehr verträglichen
Vorgänge, dass bei öffentlichen Feierlichkeiten Rector und Decane
mit fliegenden Haaren und einem reich verbrämten sammtenen
Mäntelchen erscheinen müssen, welches letztere durch die hinten
angebrachte Mönchscapuze die finsteren Zeiten verräth, als der
päpstliche Stuhl sich ausschliesslich das Recht zueignete, Universitäten
zu errichten, abzustellen. Selbstverständlich wurde diese Bitte gewährt.

Wir gedachten dieser Aeusserlichkeit, da sie zeigt, dass auch
in dieser Beziehung ein Umschwung der Meinungen stattfand. Was
jedoch das Wesen betraf, so setzte der Kaiser in einem Handschreiben an den obersten Kanzler, Grafen Blümegen, vom
29. November 1781 seine Ansichten über diese Frage auseinander.
Die Studien sollten so viel als möglich vereinfacht und vervollkommnet werden und das ganze Studienwesen in einer Hand
liegen. Mit diesem Amte betraute der Kaiser den damaligen Hof-
bibliothekar Gottfried van Swieten.*) Ferner wurden vom Kaiser

*) Wie bekannt gehörte die Studien-Hofcommission in das Ressort der
damaligen Hofkanzlei, welcher die Studien-Commissionen in den Provinzen untergeordnet waren. In Folge einer kaiserlichen Entschliessung vom 1. Jänner 1784
wurden diese Studien-Commissionen, ebenso wie die Universitätsbibliotheken, als
»ein publicum und politischer Gegenstand« dem Ressort der Gubernien zugetheilt.
Kink (I, 539) charakterisirt van Swieten in der abfälligsten Weise und macht
ihm den Vorwurf, dass dieser als Bibliothekar nicht die Bücherschätze, welche in
den Klöstern vorgefunden wurden, zu würdigen wusste. Gottfr. van Swieten war
ein Kind seiner Zeit, deren Signatur die Gährung war, aber er hatte den besten
Willen. Und ob man damals jemanden hätte finden können, der dem Fortschritt
huldigte, in dem die Klärung bereits eingetreten war, lässt sich bezweifeln. (Vergl.
übrigens unser: »Unterrichtswesen« etc. S. 85.)

als massgebende Grundsätze aufgestellt: Es sollen von nun an nur drei grosse Universitäten bestehen in Wien und in Prag und eine in Galizien errichtet, hingegen sollen jene zu Innsbruck, Brünn und Freiburg aufgehoben werden. In einem rescribirten Vortrage der Studien-Hofcommission vom 25. November 1782 (vergl. unser: »Studienwesen« u. s. w. S. 39) motivirte der Kaiser dieses Vorhaben damit, dass der Werth einer Universität nicht nach der Anzahl, sondern nach dem innerlichen Werthe der Professoren geschätzt werde. Deshalb sollte auch bei der Besetzung der Lehrämter die grösste Sorgfalt genommen und die beste Auswahl getroffen werden, ohne Rücksicht der Nation und Religion, da ein geschickter Mann mehr Ehre und Nutzen verschafft, als die grosse Anzahl minder geschickter. Aus demselben Grunde befahl der Kaiser, dass das Beste, was an fremden Universitäten geschieht, auch hier eingeführt und geschickte Professoren hierher berufen werden. Bei weltbekannten Männern hatte auch der Concurs, wie er damals bei Besetzung von Lehrämtern stattfand, zu entfallen.*)

Der Kaiser kam auf das Moment, dass nur tüchtige Männer als Professoren bestellt werden, wiederholt zurück, und glauben

---

*) Es muss zunächst hervorgehoben werden, dass in diesem Handschreiben der Universität in Pest gedacht wird, deren Fortbestand ausser Zweifel war. Die Studien-Hofcommission hatte (24. September 1789) vorgeschlagen, dass es den zu Lyceen umgewandelten Universitäten zu Innsbruck, Graz und Brünn nicht mehr gestattet sein soll, den Doctortitel zu verleihen, worauf jedoch der Kaiser nicht eingehen wollte. Er befahl, dass diese Lyceen Archigymnasien seien und deren Vorsteher den Titel Rectoren führen sollen. Zur Charakteristik der Denkungsart Josef's fügen wir folgendes Handschreiben des Kaisers aus Olmütz vom 27. September 1783 an den Grafen Kolowrat bei. Es lautete: »Für das im hiesigen Lyceo bestehende Studium der Medicin und Chirurgie finde Ich notwendig, dass solches fortan hier in Olmütz vereinigt verbleibe und habe Ich durch genommenen Augenschein und eigens hierüber eingeholte Auskünfte die Notwendigkeit nur noch mehr eingesehen, dass man von den Berichten der Landesstellen nicht ohne besondere Ursache abgehe und blos nach theoretischen Sätzen urtheilen oder auf Particularcorrespondenzen sich gründen soll. Sie werden daher ungeachtet Meiner ertheilten Entschliessung, dass die chirurgische Lehrkanzel von hier nach Brünn übersetzt werden soll, wenn die diesfällige Expedition noch nicht abgegangen, solche hiernach abändern, oder Falls sie abgelaufen, deren Wiederrufung, gleichwie ich auch schon hier dem Gouverneur hierzu den mündlichen Auftrag gemacht habe, veranstalten.« — Dieses Handschreiben gibt neuerdings den Beweis, dass Josef nur das Beste wollte und keinen Anstand nahm, unter gegebenen Verhältnissen, einen bereits ertheilten Befehl zurückzunehmen.

wir hier den Schlusssatz der Resolution, welchen Kink II, 293 aus uns unbekannten Gründen weglässt, über den Vortrag der Studien-Hofcommission vom 24. Mai 1786 bezüglich des medicinischen Studiums und dessen Vereinigung mit dem chirurgischen, hier anführen zu sollen. Er lautet: »Da man natürlich die besten Professoren unter allen dazu auswählen wird, so wird nur vorzuschlagen sein, was nachher mit denen bei dieser Einrichtung durchfallenden zu ihrer Versorgung oder Verwendung wird zu veranlassen sein, wo ich sodann ganz geneigt sein werde, ihnen Gnade zu erweisen, da das Ansehen einer Universität und deren Credit nicht in der Zahl sondern in dem Gewichte der Lehrer besteht und die gute Bildung der Jugend vorzüglich durch wohlgewählte Lehrer erreicht wird.« *)

In dem citirten Handschreiben vom 29. November 1781 heisst es ferner: »Bis nicht bessere Vorlesebücher für Theologen, Philosophen und Juristen (der Medicin wird nicht gedacht, da eben die Medicin am besten bestellt war und sie schon früher eine Ausnahme bildete) vorhanden sind, können die jetzigen gebraucht werden.«

Wiederholt jedoch kam der Kaiser auf den Gedanken zurück, in ausgiebiger Weise für die Normalschulen zu sorgen und nur

---

*) Der Kaiser wollte tüchtige Professoren, aber er wollte auch ihre Kraft so viel und so lange als möglich ausnützen. So hatte die Studien-Hofcommission am 19. December 1787 vorgeschlagen, den Lehrer des Naturrechtes am Lyceum zu Innsbruck, La Paix, mit dem vollen Gehalte von fl. 1000 zu pensioniren, da derselbe bereits 30 Jahre im Amte, alt und gebrechlich war. Sie befürwortete bei dieser Gelegenheit, dass Professoren überhaupt nach dreissigjähriger Dienstzeit die volle Pension erhalten, und zwar aus folgenden Gründen: Die Anstrengung der Studien, die Beschwerlichkeit des Vortrages etc. schwächen den Geist und den Körper vor der Zeit. Ein Lehrer tritt auch in der Regel nicht so jung ins Amt, wie ein anderer Beamter. Es könne auch zum Nachtheile der Sache sein, wenn Lehrer, um die volle Pension zu erhalten (damals nach vierzigjähriger Dienstzeit), im Amte bleiben, wenn sie bereits alt und krank sind. Der Kaiser jedoch rescribirte: »La Paix ist nach dem bestehenden Normale zu behandeln und hat es überhaupt in Rücksicht der Pensionirung der Professoren lediglich bei dem allgemeinen Pensionsnormale zu bewenden und dieses umso mehr, weil die zum besten sich auszeichnenden Professors des juridischen Faches bei der Justizstelle ihre weitere Beförderung erhalten, jene des theologischen Faches aber zu Canonicaten und Pfarreien gelangen können, die Medici hingegen ohnehin einen guten Nebenverdienst noch in der Praxi haben und bei ganz besonderen Verdiensten eines jubilirenden Professors sowie bei jedem andern Staatsbeamten immerhin eine Ausnahme von der Regel statt haben kann.«

die Vermöglichern und Talentirten, die sich durch besondere Fähigkeiten auszeichnen, und sollten nur die befähigtesten Köpfe zu
Universitätsstudien zugelassen werden.*)

In ähnlicher Weise äusserte sich der Kaiser in Folge eines
Vortrages der Studien-Hofcommission vom 16. Juli 1783, bezüglich
der Einrichtung der philosophischen Studien. Er rescribirte nämlich:
»Vor allem ist der Unterschied der Beköstigung zwischen der hier
vorgeschlagenen und der jetzo bestehenden philosophischen Facultät
anzuzeigen, und da mein Augenmerk hauptsächlich auf die Vermehrung und Dotirung der Trivialschulen gerichtet ist, so ist um
so mehr auf die möglichste Ersparung bei den höhern Schulen
zu sehen.«**)

Damit war jedoch die Sache nicht abgethan. Bei Gelegenheit einer Resolution auf einen Vortrag der Hofkanzlei vom
13. Juli 1783 verlangte der Kaiser zu wissen, »in welcher Pro-
portion die für jeden Stand so nothwendigen Trivialschulen zu den
anderen minder nothwendigen Lehranstalten stehen, dann wie und
was für eine monatliche oder jährliche Bezahlung für die gesammte,
die lateinischen und höheren Schulen frequentirende Jugend eingeleitet werden könnte; — wie die Trivialschulen auf dem Lande
vervielfältigt und der sonst gewöhnliche Aufwand für die lateinischen
und höheren Schulen zum Theil in Ersparung gebracht, zugleich
aber die Jugend von dem allzu vielfältigen Studien abgehalten

---

*) Die Kaiserin Maria Theresia sowie Josef sprachen es wiederholt aus,
dass man dahin strebe, nur die Kinder wohlhabender oder reicher Leute zum
Universitätsstudium zuzulassen. Man wird sich umso weniger über diese Anschauung wundern, nachdem ein berühmter klinischer Professor an der Wiener
Universität erst vor einigen Jahren für dieselbe Anschauung eintrat. Thatsächlich
jedoch gibt es viele Koryphäen der Wissenschaft, die unter den härtesten Ent-
behrungen ihre Studien absolvirten, wenn auch nicht bestritten werden soll, dass
massenhaft wissenschaftliches Proletariat vorhanden ist.

**) Als die Studien-Hofcommission am 9. August 1789 befürwortete, mehrere
Lehrstühle am Lyceum zu Samosce zu besetzen, rescribirte der Kaiser: »Wenn
Samosce bekannt ist, wie mir und wer die geringe Anzahl der allda studirenden
Jugend und die Unnotwendigkeit dieser Lehrgegenstände (Geschichte etc.) bei
diesem Lyceum kennt, wird die Anstellung dieser Professoren für ganz entbehrlich
halten. Daher soll von Besetzung dieser Lehrstühle keine Frage sein, bis nicht
die deutsche Sprache und der Eifer des Studiums mehr Vorschritte machen. Diese
ersparenden fl. 2200 Gage sind gleich zu verwenden auf Normallehrer, die weit
nützlicher sind als die vorgeschlagenen.«

werde, so dass sich nur die Vermöglicheren den höheren Studien
widmen könnten, während die bestimmte Stipendienaustheilung dem
ärmsten Theile zu Gute käme, dem Staate und der Bildung aber
ein grossen Vortheil verschafft würde, wenn der Unterricht in
den Trivialschulen gratis wäre, da man dann die Eltern um so eher
anhalten könnte ihre Kinder fleissig zur Schule zu schicken.

Die Hofkanzlei erstattete hierauf (12. August 1783) einen
eingehenden Vortrag, in welchem sie, wie auch die Studien-Hofcommission, aus praktischen Gründen für die höheren Studien das
Wort nahm. Der Inhalt desselben ist: Im Jahre 1781 betrugen
die Ausgaben für die Universitäten fl. 191.727, für Lyceen fl. 23.241·18,
für Gymnasien fl. 80.475, für das Normalinstitut fl. 101.067. Durch
die Umgestaltung dreier Universitäten in Lyceen wurden fl. 12.000
erspart und betrugen daher die Kosten für die Universitäten
fl. 179.727. Die Hofkanzlei meinte daher, dass die Kosten für
Universitäten und Lyceen mit fl. 202.968 und für Gymnasien mit
fl. 80.000 nicht zu gross seien, da doch für alle Branchen der
Staatsbeamten so vieler Länder, für alle Lehrkanzeln, geistliche
und weltliche Aemter etc. geeignete Personen herangebildet
werden müssen, die man sonst aus der Fremde zu berufen genöthigt
wäre. Die Studien-Hofcommission verkannte nicht, dass es wünschenswerth sei, den Unterricht im Lesen, Schreiben und Rechnen so
weit als möglich zu verbreiten, aber für viel wichtiger hielt sie es, dass
der Staat die nothwendigen Beamten erhalte, weshalb die höheren
Schulen für den Staat viel nöthiger als die Trivialschulen seien,
die der Kaiser besonders bevorzugt wissen wollte. Sie hielt es auch
vom finanziellen Standpunkte aus für unmöglich, so viele Trivialschulen zu errichten, dass alle schulfähigen Kinder dieselben besuchen könnten. Es gab nämlich damals 735.805 schulfähige Kinder,
darunter waren schulbesuchende 208.380,*) für welche 6197 Schulen
bestanden. Wenn nun alle schulfähigen Kinder auch die Schulen
besuchen müssten, so wäre es nothwendig, für eine halbe Million
Kinder Schulen zu errichten, diese einzurichten und mindestens
18.000 neue Lehrer zu bestellen, deren jährlicher Gehalt doch nicht
geringer als fl. 150 sein könnte, was einen jährlichen Aufwand

*) Die Gymnasien besuchten damals 8000 Schüler und an den Universi-
täten waren 5000 Studirende inscribirt.

von fl. 1,260.000 erforderte, zu schweigen von den Neubauten, die hergestellt und eingerichtet werden müssten.

Die Ersparungen bei den Universitäten und Lyceen könnten auch nicht die Bibliotheken, *specula astronomica*, Apparate zur Experimental - Physik und Mechanik, die botanischen Gärten, chemische Laboratorien etc. treffen, sondern nur die Besoldungen der Lehrer, und diese sind ohnedies nicht ›übertrieben‹. Sie betrugen zu Wien fl. 58.291, zu Prag fl. 29.480 und zu Freiburg fl. 19.335, daher in Summa fl. 107.106. Auch die Kosten der Gymnasien mit fl. 80.475 wären mässig, und besucht der 91. Theil der schulfähigen Kinder die Gymnasien und der 147. Theil die Universitäten; und diese Zahl sei nicht zu hoch. Wenn die Trivialschulen nicht in der Weise besucht sind, wie es sein sollte, meinte die Studien-Hofcommission, so liege dies nicht am Schulgelde, wöchentlich 2 kr., sondern weil gegen sie mannigfache Vorurtheile, auch von Seite der Geistlichkeit, gehegt werden. Wo wirklicher Eifer vorhanden ist, wie in Böhmen unter der Leitung des Probstes Kindermann oder in Oberösterreich unter dem Oberaufscher Mayerhofer, da gedeihen sie auch.

Der Kaiser wollte jedoch ›auf die weitwendige und nur auf den Schein eingerichtete, keineswegs aber immer standhafter Zergliederung fähige Calculation nicht eingehen‹, und wünsche nicht, dass für den Unterricht in den Trivialschulen, den jederman bedarf, gezahlt werde. Es sollte daher in jeder Pfarre oder Localcaplanei, wo das Pfarrbuch gehalten wird, ein Schulmeister angestellt werden, der aus dem geistlichen Fonde fl. 100 oder fl. 150 jährlich erhält. Alle Knaben von 6—11 Jahren sind verpflichtet, diese Schulen zu besuchen, und wenn es nothwendig ist, sind die Eltern auch mit Zwangsmitteln dazu zu verhalten. Die Knaben sind unentgeltlich zu unterrichten, und steht es den Eltern frei, ihre Erkenntlichkeit durch Victualien oder Geld zu bezeigen. Mädchen aber können die Schulen gegen Schulgeld besuchen. Die Eltern können dadurch ihre Kinder bei der Wirthschaft verwenden und das Einkommen der Schulmeister wird erhöht.

In den Gymnasien hat jeder Schüler, ›die Stipendisten ausgenommen‹, (eigenhändige Beifügung des Kaisers), jährlich fl. 12, in Lyceen haben Hörer der Philosophie und der Chirurgie jährlich fl. 18 und an den Universitäten jeder Hörer jährlich fl. 30

Schulgeld zu bezahlen. Das einfliessende Schulgeld soll zu Stipendien verwendet werden.

Es ist nicht unsere Aufgabe, hier über die Bildung des weiblichen Geschlechtes zu sprechen, und gibt es auch heute nicht wenige, die als Hauptaufgabe für Mädchen, für die künftigen Mütter und Hausfrauen, die Erziehung für das Haus und für die Häuslichkeit, respective für die Wirthschaft betrachten; dass jedoch der Kaiser auch dieses Moment, die Bildung des weiblichen Geschlechtes, nicht übersah, haben wir in unserer Schrift: »Das Projekt einer höheren Töchterschule in Wien« und im »Unterrichtswesen« etc. nachgewiesen.

Betreffend die eingegangenen Schulgelder, welche als Stipendien benützt wurden, tadelte der Kaiser (14. December 1787), dass auch Söhne wohlhabender Eltern Stipendien erhielten, für die sie nicht bestimmt waren. »Dies ist auch die Ursache,« meinte der Kaiser, »dass sich so wenige den geistlichen Studien widmen. Söhne vermöglicher Eltern thun dies ohnedies nicht, da eine Vicarstelle oder die eines Localcaplans wenig Reiz habe, und die Kinder der Armen werden nicht unterstützt.«*)

Die Einführung des Schulgeldes hatte thatsächlich zunächst die Folge, dass die Zahl der Studirenden abnahm. Im Jahre 1784 studirten 8385, hingegen 1785 nur 6161.

Auch die Zahl der Schüler in den lateinischen Schulen war gegen das Vorjahr um 1434 weniger, und zwar betrug die Abnahme in der ersten Classe 436.

Diese Zahlen bröckelten noch weiter ab, wie dies aus folgender Tabelle für die Jahre 1786 und 1787 hervorgeht. (Die erste Zahl gilt für 1786 und die zweite für 1787.) Aus Niederösterreich 2155,

---

*) In Prag besteht die Ferdinandeische Stiftung, gestiftet vom Kaiser Ferdinand II. und der Gemahlin des Kaisers Matthias, Anna, zur Erziehung und Bildung junger Geistlicher adeliger Geburt. Die Kaiserin Maria Theresia befahl, dass diese Stiftung den beiden Söhnen des Podiebrader Oberamtmannes Beiwerk ertheilt werde. Das Gubernium in Prag führte jedoch diesen Befehl nicht aus, da diese Candidaten nicht adelig waren. Hierauf bemerkte die Kaiserin (18. November 1779): »Das Gubernium hätte meinen Auftrag zugleich für eine Dispensation wegen des Adels, die ich für diesen besondern Fall ertheilen wollen ohneweiters ansehen sollen, welches demselben mit dem widerholten Befehl zu bedonten ist, womit beide Söhne des Impetranteus bei erster Gelegenheit ganz unausbleiblich in besagte Stiftung angenomen werden.«

2092; Oberösterreich 306, 286; Innerösterreich 752, 744; Triest
und Görz 100, 121; Vorderösterreich 668, 643; Böhmen 1783,
1741; Mähren und Schlesien 871, 903. Während Inner-, Ober-,
Nieder- und Vorderösterreich schwächer im Jahre 1787, als im
Vorjahre vertreten sind, nahm die Zahl der Studirenden in den
anderen Kronländern zu. .Im Ganzen waren im Jahre 1787
6565 Studirende, gegen 6530 im Vorjahre.

Die Studien-Hofcommission fügte ihrem diesfälligen Berichte
vom 14. December 1787 folgende Bemerkung hinzu: ›Wie aus
dieser Tabelle hervorgeht, hat in Folge der Einführung des Schulgeldes die Zahl der Schüler an den höheren Schulen nur wenig
abgenommen, und wird sich auch diese Differenz bald ausgleichen,
wenn nur jene Anstellungen erlangen, welche die vorgeschriebenen
Studien vollendet haben. . . . . Die Einführung des Unterrichtsgeldes hat daher zunächst den Anlauf mitteloser Jungen ohne
Fähigkeit und Verwendung abgehalten, die früher es gemächlicher
fanden im Schatten der Schule als an dem Webstuhle zu sitzen
oder bei dem Amboss oder hinter dem Pfluge zu schwitzen und
wenn sie die Universität verlassen, das Mönchthum, das dem Bettel
und der Unwissenheit, der Trägheit und dem Müssiggange gewidmet
war, vermehrten.‹

Es liegt uns aus dem Jahre 1785 ein Ausweis über das in
diesem Jahre eingegangene Unterrichtsgeld (Studirende der Theologie und der Chirurgie waren von der Bezahlung desselben
befreit) und über die Verwendung desselben vor.

In Oberösterreich gingen ein fl. 4416·36, davon erhielten
15 Studirende der Universität Stipendien à fl. 80 = fl. 1200,
38 Gymnasialschüler à fl. 50 = fl. 1900, 8 Normalschüler à fl. 30
= fl. 240. Die Remunerationen betrugen fl. 58. In Summa fl. 3398.
Der Rest per fl. 1118·36 wurde fruchtbringend angelegt.

Die Unterrichtsgelder in Niederösterreich betrugen fl. 15.014·36,
hiervon erhielten 6 Studirende für Berufsstudien Stipendien à fl. 120
= fl. 720, 11 Hörer der Philosophie à fl. 100 = fl. 1100, 25 Gymnasialschüler à fl. 80 = fl. 2000 und 4 Normalschüler à fl. 50
= fl. 200. Die Remunerationen betrugen fl. 178.

Die Unterrichtsgelder in Böhmen machten aus fl. 18046·58,
hiervon erhielten 28 Studirende für Berufsstudien Stipendien à fl. 120
= fl. 3360, 44 Hörer der Philosophie à fl. 80 = fl. 3520, 88 Gym-

nasialschüler à fl. 50 = fl. 4400 und 28 Normalschüler à fl. 30
= fl. 840, zusammen fl. 12.120.

Es mag jedoch hervorgehoben werden, dass die stetige Abnahme der Zahl der Studirenden bis inclusive zum Jahre 1787
dauerte, von da ab und weiter stiegen die Zahlen. Wie wir bereits
anführten, betrug die Zahl im Jahre 1787 6560, hingegen im
Jahre 1788 schon 6686, im Jahre 1789 7031 und im Jahre 1790
7484. Die Details aus den zuletzt bezeichneten zwei Jahren liegen
uns vor: Nämlich im Jahre 1789 aus Oesterreich unter der Enns
2024, aus Oesterreich ob der Enns 309, aus Innerösterreich 810,
Triest und Görz 109, Vorderösterreich 660, Böhmen 1989, Mähren
und Schlesien 1130 und im Jahre 1789 Niederösterreich 2050,
Oberösterreich 314, Innerösterreich 965, Triest und Görz 113,
Vorderösterreich 746, Böhmen 2107, Mähren und Schlesien 1189.

Wir greifen vor, wenn wir berichten, dass die Studien-Hofcommission über diese Angelegenheit am 5. Mai 1791 Vortrag an
den Kaiser Leopold, erstattete. In demselben hob sie wiederholt das
Moment hervor dass man die Zahl der Studirenden vermindern
wollte, um ein normales Verhältniss »zwischen den Studirenden
und ihrer Bestimmung wieder herzustellen«. Gegen diese Massregel
hatten insbesondere die Bischöfe gemeinschaftliche Sache gemacht
und brachten gegen dieselbe weitläufige Vorstellungen ein, weil
sie durch sie den nothwendigen Nachwuchs an Geistlichen in Gefahr
sahen. Die Studien-Hofcommission habe jedoch durch die Einführung des Schulgeldes noch ein anderes Moment im Auge gehabt,
nämlich, durch dasselbe dürftigen Jünglingen von ausgezeichneten Fähigkeiten (deren Zahl in runder Summe 600 war) ergiebige
Unterstützung zu gewähren. Da überdies die Länderstellen die
Befugniss haben, dürftige Studirende von besserer Verwendung,
denen kein Stipendium gegeben werden kann, von der Bezahlung
des Unterrichtsgeldes zu befreien, so werden dann nur jene Arme
ausgeschlossen, deren Geistesgaben beschränkt sind, deren Köpfe
für die Wissenschaft kein Gewinn, deren Arme und physische Kräfte
aber im Laufe der Zeit, während welcher sie in der Schule sassen,
für den Staat und für sie selbst verloren waren.

Es ist das wie so manches andere heute ein überwundener
Standpunkt. Auch der absolute Staat kann trotz aller Machtmittel,
die ihm zu Gebote stehen, in derartigen Fragen nicht vorschreiben,

und ebensowenig, als es in seinem Belieben steht, zu bestimmen, wie viele Schuster oder Schneider werden sollen, ebensowenig liegt es in seiner Macht, die Zahl der Studirenden zu bestimmen. Das einzige, was er thun kann, was er thun soll, ist, strenge Forderungen an die Studirenden stellen und sie auch handhaben, denn es darf eine laxe Praxis nicht wohlerwogene Lehr- und Studienpläne über den Haufen werfen. Während es sonst der Ruhm einer Universität ist, zahlreiche Studirende zu zählen, suchte man damals den Studirenden alle möglichen Hindernisse in den Weg zu legen. Man hatte dabei ausschliesslich Utilitätsrücksichten im Auge, und da zu viel Fachmänner producirt wurden, so wollte man dieser Productivität Ziel und Schranke setzen. Dass die Universität auch die Wissenschaften zu pflegen habe, daran dachte man nicht. Wohl hatte man bei der Studienverfassung den Zweck der Nationalerziehung, aber man verstand darunter, dass die Universität Beamte, brauchbar für die öffentliche Verwaltung, Männer für die Rathsstube, für das Cabinet bilde, die mit vaterländischen Gesinnungen genährt sind. Es konnte daher, wie sich Gottfried van Swieten (25. Februar 1785) ausdrückt, die wissenschaftliche Erziehung nicht ohne bestimmten Plan und die Wahl und Ordnung der Kenntnisse nicht der Jugend selbst und auch nicht deren Eltern überlassen werden. Die Göttinger Universität, an welcher Lehr- und Lernfreiheit bestand, meinte van Swieten, sei ohne alle Beziehung auf die Nationalbildung und sei eigentlich mehr eine lehrende Akademie der Wissenschaften*), die darauf berechnet ist, Ausländer herbeizulocken, und hielt er die ganze Sache als eine Finanzspeculation. Die Regierung dort brauche Gelehrte von grossem

*) Wie wir in unserem »Oesterreich und Preussen, 1780—1790«, S. 43 berichteten, trug sich Josef mit dem Gedanken, eine Akademie der Wissenschaften zu errichten, der jedoch nicht ausgeführt wurde. Im Jahre 1784 bat die böhmische Privatgesellschaft der Wissenschaft, welche im Jahre 1772 begründet wurde, ihr zu gestatten, den Namen einer öffentlichen Gesellschaft der Wissenschaften, ein eigenes Insiegel zu führen und ihren Mitgliedern gedruckte Diplome auszufertigen. Die Hofkanzlei meinte jedoch (20. October 1784), es sei noch nicht der Moment gekommen, diese Privatvereinigung zu einer Akademie der Wissenschaften zu erheben. Der Kaiser befahl hierauf, der Gesellschaft das allerhöchste Wohlgefallen zu bezeugen und ihr die leeren Räume im Universitätshause einzuräumen, auch werde es ihr gestattet, einheimische und fremde Mitglieder aufzunehmen. — Bezüglich Göttingens verweisen wir auf den interessanten Essay Wahlberg's: »Wien und Göttingen«, in dessen gesammelten kleinen Schriften, III. Bd., S. 324.

Rufe und stellt ihnen die vortheilhaftesten Bedingungen und diese locken wieder die Fremden ins Land, welche ihr Geld dort verzehren.

Das Studium an auswärtigen Universitäten war übrigens auch unter Josef nur ausnahmsweise gestattet. In einem Handschreiben an den Grafen Blümegen vom 22. October 1781 heisst es, dass dies nur solchen Personen zu erlauben sei, die mit ihren Hofmeistern reisen, wenn sie bereits 28 Jahre alt sind, bei welchen angenommen werden kann, dass sie die »innerliche Verfassung« des Vaterlandes bereits kennen zu lernen Gelegenheit hatten. Wohl aber seien Reisen ins Ausland jenen gestattet, die sich in irgend einer Kunst oder in einem Handwerke vervollkommnen wollen, da diese damals in Oesterreich auf einer niedrigen Stufe standen.

Als Cardinal Migazzi ersuchte, seinem Neffen, dem Grafen Migazzi, zu gestatten, die juridischen Studien in Würzburg zu absolviren, rescribirte der Kaiser (24. Juni 1782): »Den Neveu des Cardinals kann die gebetene Erlaubniss ertheilt werden, nur muss den Cardinalen zugleich Meine anderweitige Meinung gegenwärtig gehalten werden, dass jene welche nicht auf einer inländischen Universität ihre Studien vollbracht von aller Anstellung in meinen Diensten ausgeschlossen bleiben.«*)

Der Besuch des *Collegium germanicum* zu Rom wurde schon am 19. October 1781 in Folge kaiserlicher Entschliessung verboten, weil in diesem *Collegio* die Rechte, ja sogar die erzwungenen Rechte der *Curie* als Rechte der *ecclesia romana* gelehrt werden. (Vergl. unsere: »Historische Skizzen« S. 85.)

In dieser Resolution sprach sich auch der Kaiser dahin aus, dass er im Begriffe stehe, in seinen italienischen Staaten eine derartige Einrichtung zu treffen, dass auch arme erbländische Unterthanen, die nämliche unentgeltliche Erziehung erhalten werden, die ihnen in Rom ertheilt wird.

Wie bereits erwähnt, errichtete dann Josef die General-seminarien, über die wir uns ausführlich in der bereits unter diesem

— —

*) Am 17. Juli 1787 erging ein Decret nach Galizien und in ähnlicher Weise nach Mähren, des Inhaltes, dass jene Eltern, welche, ohne die Erlaubniss dazu erhalten zu haben, ihre Kinder im Auslande studiren lassen, 100 Ducaten Strafe zu zahlen haben. Ebenso wurde (5. Juli 1785) angeordnet, dass Zeugnisse ausländischer Gymnasien bei Ertheilung von Stipendien nicht berücksichtigt werden sollen.

Titel angeführten Schrift aussprachen. Sie hatten den Zweck, Gott zu geben, was Gottes und dem Kaiser, was des Kaisers ist. Es ist selbstverständlich, dass der weitaus grösste Theil der Bischöfe gegen sie Klage erhob, wenn auch der Sturm nicht so arg wie in Belgien wurde. Die gepflogenen Untersuchungen ergaben jedoch nichts für sie gravirendes, was nicht auch anderswo unter ganz geregelten Verhältnissen vorgekommen wäre und vorkommt.

Besondere Aufmerksamkeit wendete der Kaiser der medicinischen Facultät, respective der Vervollkommnung des Studiums der Medicin zu. Die Errichtung des Josefinums, des anatomischen Theaters, die Anschaffung der Wachspräparate u. s. w. sind die lebhaftesten Beweise, wie sehr der Kaiser bestrebt war, dieselbe zu fördern. Unter Josef II. wurde auch die Rigorosen-Ordnung auf Grund eines Votums von Störck vom 30. März 1785 verändert, die Inaugural-Disputation hörte auf und an ihre Stelle trat die praktische Prüfung am Krankenbette.*)

Während jedoch die Inaugural-Disputation für die Rigorosanten der Medicin aufgehoben wurde, blieb sie für die Hörer der Rechte weiter in Uebung.

Um den Grad des Doctors der Philosophie zu erhalten, musste man nach einer Entschliessung vom 3. November 1786 ausser den ›Schulprüfungen‹ (den Semestralprüfungen) drei ordentliche Rigorosen ablegen, aus der theoretischen und praktischen Philosophie, aus der Mathematik und Physik und schliesslich aus der allgemeinen Geschichte. Ueber die Nebenfächer konnten die Semestral-Zeugnisse genügen.**)

Am 12. Juli 1784 erschien die Verordnung, dass die Vorträge an der Universität nicht mehr wie bis dahin in lateinischer,

----

*) Im Jahre 1784 wurde aus Galizien gemeldet, es sei zu Smyrna und in Konstantinopel die Pest ausgebrochen. Die Hofkanzlei erstattete hierauf Vortrag (16. September), wegen der Vorkehrungsmittel gegen die Verbreitung derselben. Hierzu bemerkte der Kaiser: ›Da der Ruf von einem hervorbrechenden Pestübel oft aus Eigennützigkeit der Handelsleute, um andre der Contumaz verlängert zu unterziehen, verbreitet wird, und da nicht wahrscheinlich ist, dass der Ausbruch dieses Uebels im Archipelagus zuerst aus Galizien nach Wien bekannt werden soll, ohne dass noch hiervon eine Anzeige durch die Triester Handelsleute oder aus Italien anher gelangt sein sollte, so ist von dieser Anzeige gar kein Gebrauch zu machen, da man nur durch dgl. falsche Nachrichten zu überflüssigen Veranstaltungen irre geführt wird.‹
**) Vergl. Kink I, 568, der diese Verordnung in abfälligem Sinne beurtheilt.

sondern in deutscher Sprache, mit Ausnahme einiger Disciplinen
für Theologen, gehalten werden sollen. Der Vorschlag zu dieser
Reform ging ursprünglich von Heincke aus. Dieser war nämlich
bald nach dem Regierungsantritte des Kaisers beauftragt, die
damaligen drei Gymnasien in Wien (auf der Universität das
akademische Gymnasium, bei St. Anna und bei den Piaristen in der
Josefstadt) in Verbindung mit den Regierungsräthen Freiherrn
v. Stuppan und Josef v. Hacker zu inspiciren. Die Inspection
dauerte 15 Tage. In dem Berichte vom Jahre 1781, der Tag ist nicht
angegeben, erklärt Heincke, er sei mit dem Gymnasial-Lehrplane
nicht vertraut; aus den vorhandenen Lehrbüchern glaube er jedoch
entnehmen zu sollen, dass dieser den Zweck habe, die lateinische
und griechische Sprache in erforderlichem Masse zu lehren und die
Schüler mit jenen Kenntnissen vertraut zu machen, welche zur
Erwerbung höherer Wissenschaften vorausgesetzt werden. Um die
Methode der Lehrer zu erfahren, prüfte er die Schüler, jedoch in
solcher Weise, durch welche der schuldigen Ehrfurcht der Schüler
gegen ihre Lehrer kein Abbruch geschah. Er prüfte auch zumeist
die armen Schüler, um sich zu überzeugen, ob diese nicht etwa
vernachlässigt werden. — Unter den Vorschlägen, die er bezüglich
einer Gymnasial-Reform unterbreitete, betonte er insbesondere die
Pflege der deutschen Sprache, und damit die Schüler die lateinische
Sprache nicht vernachlässigen, sollen sie angehalten werden, auch
ausser der Schule lateinisch zu reden. Damit verband er den Vorschlag, dass an den hohen Schulen, wie in Frankreich und England, und auf den meisten protestantischen Universitäten die
Lehrgegenstände in der Muttersprache, in Oesterreich, deutsch
vorgetragen werden. Und damit die Hörer seiner Zeit die deutschen
Vorträge an der Universität mit Nutzen hören können, sollen sie
schon als Schüler in den Gymnasien in gehöriger Weise in dieser
Sprache belehrt werden.*)

Wir sprachen bereits davon, dass der Kaiser verschiedene
Immunitäten etc. der Universität aufhob und bestätigte er (24. November 1783) ihre Privilegien nur insoweit, als »solche der gegen-

*) Aus der Resolution des Kaisers auf den Vortrag Heincke's heben wir
folgenden Passus hervor: »Muss fördersamst auf die Einführung einer guten Disciplin und Schulzucht das Augenmerk gerichtet werden, da eine gesittete, sitt-
same ordentliche Jugend notwendiger als eine gelehrte ist.«

wärtigen und künftigen Landesverfassung und den zu erlassenden
künftigen höchsten Anordnungen nicht entgegen sind.« Im Jahre
1787 (vergl. Kink I, 600) bestätigte der Kaiser das Recht der
Universität, sechs Canonicate zu verleihen, jedoch sollten zwei derselben an das Capitel in Linz übertragen werden. In der Zwischenzeit schlug das Universitäts-Consistorium im Jahre 1783 den Professor der Mechanik, Dr. philos. Herbert, für das erledigte Canonicat
zu St. Stefan vor. Die Hofkanzlei meinte (16. October), dass man
der Universität das schon ausgeübte Nominationsrecht nicht beschränken könne. Der Kaiser jedoch erklärte, dass er in dem
gegebenen Falle, da Herbert ein besonders verdienstlicher Mann
sei, den Nominirten bestätigen wolle, von nun an aber sei als
Grundregel zu betrachten, dass bei allen landesfürstlichen, bischöflichen Capitular- oder anderen Ernennungen oder Wahlen der Dom-
herrenstellen in allen Erblanden, niemand dazu gewählt werden kann,
der nicht wenigstens zehn Jahre *in cura animarum* gestanden und
sich darin vorzüglich ausgezeichnet hat.

Der Kaiser hob ferner (10. September 1783) die besonderen
Kapellen für die studirende Jugend bei den Universitäten und
Lyceen, sowie alle Marianischen Sodalitäten und Congregationen
auf. Die studirende Jugend sollte in die Pfarr- oder in eine
sonstige öffentliche Kirche zur ordentlichen Verrichtung ihres
Gottesdienstes unter der nöthigen Aufsicht geführt werden.

Der Kaiser hatte auch beabsichtigt, eine Reform in Betreff
der akademischen Behörden einzuführen. Wie wir bereits bemerkten,
war der von Ferdinand I. eingesetzte Superintendent das Organ
des Staates, welchem im Auftrage der Regierung die Ueberwachung
der Universität oblag. Auf Anrathen Gerhard van Swieten's traten
zur Zeit Maria Theresia's an die Stelle desselben die Directoren
der Facultäten, neben welchen die Decane bestanden, welche jedoch
ein Scheinleben fristeten. Nachdem der Director der juridischen
Facultät an der Prager Universität gestorben war, befahl der Kaiser
(30. August 1782), dass fernerhin an den österreichischen Universitäten, wie an den deutschen, Decane fungiren sollen, die von den
Professoren der betreffenden Facultäten nach dem Turnus gewählt
werden, welche alle jene Agenden haben, die in Oesterreich von
einem bezahlten Director versehen werden. Die Directorsstelle in
Prag sollte daher nicht mehr besetzt werden, und dasselbe soll der

Fall sein beim Absterben oder beim Austritte der anderen Directoren an allen österreichischen Universitäten. (Vergl. unsere: »Historische Skizzen«, S. 34.) Vorläufig bestanden jedoch die Directoren nach wie vor. Martini befürwortete ebenfalls in seinem Vortrage vom 24. Juni 1790 die Aufhebung der Studien-Directorate, welches von Kaiser Leopold (4. October 1790) genehmigt wurde, doch wurden sie 1802 wieder eingeführt und bestanden bis zur provisorischen Verordnung vom 30. September 1849. (Vergl. Kink I, S. 597.)

Unter Josef wurden auch die Ferien geregelt. Am 24. Mai 1786 wurden die grossen Ferien, die bis dahin während der Monate September und October waren, auf Juli und August verlegt, und mittelst einer Verordnung vom 12. November 1788 wurde festgesetzt, dass die Weihnachtsferien blos den 25. und 26. December dauern, am 27. sollten die Vorlesungen wieder beginnen.

Wie bekannt, war unter Josef II. der Nachdruck gestattet. Sonnenfels motivirte diesen Vorgang (1784) bezüglich der Lehr- und Hilfsbücher in folgender Weise: »Die Grundsätze Sr. Majestät zeigen überhaupt, dass es ihrer Gesinnung ganz entgegen gearbeitet sein würde, die Fähigkeit der Lehrer, die ein nützliches Werk zum Besten der Jugend und Aufklärung der Nation zu schreiben fähig sein dürften, unter dem allen Muth und Bestreben tödtenden Druck und Monopolium zu bringen und die Wissenschaften zu Frohnknechten des Handwerkes der Buchdruckerei herabzusetzen.« Der Kaiser bemerkte hierzu, dass die Buchhändler überhaupt, wenn der Preis eines Buches zu hoch ist, Nachdruck üben können.

Hält man Umschau über das, was Josef II. auf dem Gebiete der Hochschulen angestrebt und gethan hat, so wird man nicht behaupten, dass er den Anforderungen, die man an Hochschulen zu stellen berechtigt ist, Genüge gethan, oder dass er auch nur die Aufgabe einer Universität als Stätte der Wissenschaft im modernen Sinne erfasste. Will man jedoch den Kaiser gerecht beurtheilen und legt sich die Frage vor, wie es damals in Deutschland und speciell in dem Staate Friedrich des Grossen bestellt war, so wird man zugeben, dass das gesammte Unterrichtswesen zu jener Zeit in Oesterreich besser als in Preussen bestellt war.[*] Ja, es fragt sich, ob, wenn ein Kant an einer österreichischen Hochschule

[*] Vergl. M. Philippson: »Geschichte des preussischen Staatswesens« 1, 125 u. ff.

gelehrt, ob dieser nicht den Kaiser zu einer anderen Anschauung
über die Wissenschaft gebracht hätte. Das, was er vor sich sah
und was man damals als Wissenschaft ausgab, konnte ihm keinen
Respect vor derselben einflössen. Der Kaiser selbst aber war am
wenigsten mit den Erfolgen auf diesem Gebiete zufrieden. Er war
kühn im Entwerfen, rasch in der Ausführung, aber er zagte zurück,
wenn sich ihm Hindernisse in den Weg stellten. Nun hatten sich
Klagen gegen das Unterrichtswesen erhoben: es werde zu vielerlei
gelehrt, der Unterricht laufe auf blosses Memoriren und leeres
Gedächtnisswerk hinaus, rege aber nicht zum selbstständigen Nach-
denken an und führe nicht zu Ueberzeugungen; die jungen Leute
vergessen daher bald, nachdem sie die Studien absolvirt, das was
sie mit vieler Mühe erlernt haben, und seien auch nicht mit dem
für Staatsbeamte nothwendigen Wissen ausgerüstet etc. Es sind
das Klagen, die bekanntlich auch heute, und zwar nicht blos in
Oesterreich gegen das jetzige Lehrsystem erhoben werden. Der
Kaiser beschäftigte sich mit diesen Fragen auf seinem Todtenbette,
und einige Tage bevor er die Augen schloss, am 9. Februar 1790
(vergl. Kink I, S. 589), richtete er diesbezüglich ein Handschreiben
an den Grafen Kolowrat. Um diesem Uebelstande abzuhelfen, über-
sandte er ihm den Plan Heincke's, welcher in einer Commission,
zu welcher Birkenstock, dann Mayer, der nach den Niederlanden
geschickt werden sollte, und andere Männer der Studien-Commission oder sonstige Räthe beigezogen werden sollten, zu berathen
sei. Diese Commission sollte auch Vorschläge erstatten, in welcher
Weise die Volksschule mehr in Verbindung mit den lateinischen
Schulen, diese wieder mit den philosophischen Studien und letztere
mit den anderen Studien gebracht werden, damit mit einem Worte
ein einheitlicher Lehrplan für das gesammte Studienwesen ins Leben
trete. Bevor jedoch der Plan in Berathung gezogen wurde, starb
der Kaiser.

III.

Von 1790 bis 1848.

(Gottfried van Swieten über Kirchenrecht. Rückläufige Bestrebungen.)

Bevor wir über diese Zeitperiode berichten, respective Nachlese halten, haben wir noch eines Momentes zu gedenken, welches
unter Josef II. begonnen und unter Leopold abschloss. Kink I, 575,
berichtet über dasselbe; aber er lässt sich auch in dem gegebenen
Falle von seiner Voreingenommenheit gegen Gottfried van Swieten
und gegen die Sache, die dieser vertritt, leiten. Wir wollen es daher
versuchen, den Sachverhalt objectiv darzustellen.

Es braucht hier nicht des Weiteren ausgeführt zu werden,
wie es kam, dass dem Kirchenrechte ein so weiter Spielraum an
Universitäten gegönnt wurde. Bis auf den heutigen Tag wird in Oesterreich das katholische Kirchenrecht für die Studirenden der Rechte
während zwei Semester in einem wöchentlich fünfstündigen Collegium;
an deutschen Universitäten jedoch wird das katholische und prote-
stantische Kirchenrecht während eines Semesters, und zwar in einem
blos wöchentlich vierstündigen Collegium gelesen. Nicht wenige
sind der Ansicht, dass diese Disciplin thatsächlich in geringerem
Zeitmasse tradirt werden könnte, da die bedeutenden Materien desselben ohnedies bei anderen Disciplinen (beim bürgerlichen Rechte
etc.) vorkommen.

Von diesen Gesichtspunkten ausgehend, wollte van Swieten,
der damalige Präsident der Studien-Hofcommission, dass von dem
Kirchenrechte blos die *Materie de beneficiis* als selbstständige Disciplin und das Staatsrecht als besondere Disciplin behandelt werde,
eine Ansicht, die heute nicht mehr vertheidigt zu werden braucht.

Heincke, der Director der juridischen Studien, war wohl sach-
lich bezüglich des Kirchenrechtes mit van Swieten einverstanden,
jedoch wollte er das Ziel auf anderem Wege erreichen und sollte

das Kirchenrecht von weltlichen Professoren gelehrt werden. Van Swieten expedirte hierauf den diesbezüglichen Vortrag an den Kaiser, wie er ihn concipirt hatte, blos mit seiner Unterschrift versehen, und der Kaiser approbirte denselben. Heincke trat hierauf in einer Immediateingabe an den Kaiser gegen das Project und das Vorgehen van Swieten's auf, und wies darauf hin, dass der Vortrag van Swieten's nicht das Resultat einer Berathung der Studien-Hofcommission war, sondern ausschliesslich die Ansicht des Präsidenten derselben wiedergebe. Hierauf machte der Kaiser die frühere Entschliessung rückgängig, und van Swieten sah sich veranlasst, dem Kaiser eine Gegenvorstellung (19. August 1789) zu unterbreiten. Doch der Kaiser äusserte sein Befremden über das Vorgehen van Swieten's und verlangte, dass für die Zukunft der vorschriftsmässige Gang beobachtet werde. In der betreffenden Resolution heisst es ferner: »Der Unfug, falls er besteht, dass im philosophischen Fache dictirt wird, wo die Schüler ihre Zeit zersplittern und ihre Aufmerksamkeit blos auf den Schall der Worte heften müssen, und dadurch von dem Sinne derselben abgezogen werden, soll nicht mehr stattfinden.«

Van Swieten hielt es nun für seine Pflicht, sich und die Sache, die er vertrat, zu vertheidigen. Wir glauben diese Vertheidigung vom 15. Mai 1790 skizziren zu sollen, um dem *audiatur et altera pars* gerecht zu werden und da der Gegenstand selbst principiell nicht ohne Bedeutung ist.

Van Swieten bemerkt: das Kirchenrecht, wie es in Oesterreich seit mehreren Jahren gelehrt wird, ist von dem eigentlichen Kirchenrechte, welches seit Jahrhunderten unter den gleichbedeutenden Titeln: *Jus Ecclesiasticum, Jus Canonicum, Jus Pontificum* oder auch *Jus divinum* besteht, verschieden. Dieses ist eine ordentliche Herzählung und Erklärung der Decretalen, die im *Corpus juris Canonici* enthalten sind; jenes ist ein Aggregat von Sätzen, die ihren Sitz in verschiedenen Wissenschaften haben, die bezwecken, richtigere Begriffe von den Rechten der Fürsten und des Staates aufzustellen und das Ansehen und den Einfluss des gemeinen Kirchenrechtes zu schwächen und verhältnissmässig zu vernichten.

Bei der Stiftung und ersten Aufnahme der christlichen Religion gab es wenige und einfache Vorschriften, sie bezweckten das Seelenheil der Gläubigen. Als das Christenthum mächtige Bekenner erhielt und die Kirchenvorsteher zu Reichthümern, Ansehen und Macht gelangten, ging die geistliche Stimmung allmälig in zeitliche Absichten über und artete zuletzt ganz in weltliche Herrschaft aus. Die römischen Bischöfe unter dem ausgezeichneten Namen der Päpste brachten in den Zeiten des Aberglaubens und der Schwärmerei, der Anarchie und der Kreuzzüge nach und nach alle Rechte der Nationen und Fürsten an sich und unter sich und stifteten jenes beispiellose Reich von Allgewalt, vor welchem der menschliche Verstand erröthet, welches allein die Barbarei des Mittelalters zu erklären fähig ist. Auf jede Periode geistlicher Anmassungen folgte eine neue Sammlung canonischer Gesetze, welche unter der erdichteten Miene des Alterthums und des göttlichen Ansehens das Band der Unterwürfigkeit stets näher zusammenzog. Hundert Jahre nachdem Alexander VI. in sich die Macht fühlte, eine halbe Welt als sein Eigenthum wegzuschenken und deren Bewohner aus der vermeinten Classe der Affen in die Classe der Menschen zu erheben, trat die Erklärung dieser Gesetze zu Bononien*) als eine päpstliche Erziehungsanstalt und als ein allgemeiner Lehrgegenstand auf, der dem römischen Hofe die Knechtschaft des katholischen Europas auf immer zuführen sollte. .

Die Herstellung der Wissenschaften im Westen und deren stete Pflege hat die dicke Finsterniss der Unwissenheit nach und nach verdrängt und verhalf dem menschlichen Geiste zur Ausübung seiner natürlichen Schnellkraft und Stärke. Die Entdeckung beider Indien und der dadurch erfolgte erhöhte Genuss des Lebens, der stets neue Quellen der Kenntniss öffnete, führte von der Theologie und Polemik zur Naturlehre und Mathematik und machte auf die Anliegen dieser Welt aufmerksam. Die Erfindung der Buchdruckerkunst, die heftigen Religionsbewegungen, die in Deutschland ihren Anfang nahmen etc., mussten die Grundfesten der Hierarchie erschüttern. Die Bemühungen vieler Gelehrter, die mit der Fackel der Kritik das Kirchenrecht beleuchteten, mussten die Wahrheit auch dem minder geübten Auge anschaulich machen.

Diese Bewegung und ihre Folgen konnten nicht spurlos an Oesterreich vorübergehen . . . .

Ein ausgebreiteter mächtiger Orden, der von jeher den Titel der päpstlichen Leibwache mit vielem Rechte führte, suchte noch

---

*) Bologna, wohin bekanntlich Paul III. das Concil zu Trient verlegte.

immer seine Pflicht, die er zum unbedingten Dienste des römischen Hofes beschwor, an jedem Alter, an jedem Stande, bei jeder Gelegenheit zu erfüllen, und der öffentliche Unterricht auf den erbländischen Universitäten war noch um die Mitte des jetzigen Jahrhunderts in einem solchen Grade verwahrlost, dass es zweifelhaft scheint, ob dasjenige, was nicht gelehrt, oder das Geringe, was gelehrt wurde, für die Entwicklung der Seelenkräfte und deren zweckmässige Richtung nachtheiliger heissen könne . . . .

Das Zeitalter der römischen Schule ist vorüber, ihre Lehren sind dahingesunken und der Laut ihrer spätesten Schüler ist kaum mehr vernehmlich. Die Zeugung, die sich mit den Grundsätzen der gallikanischen Kirche genährt hat, ist in ihr volles männliches Alter getreten, und die noch reinere Pflanzschule, welche der neueren österreichischen Gesetzgebung ihre Pflege verdankt, steht in ihrer ganzen jugendlichen Stärke da. Bücher, die ehedem der Index brandmarkte, sind nun sozusagen katechetischer Unterricht, und die Theologie sucht sich allenthalben mit der Vernunft zu versöhnen, und der Gang der Philosophie und ihrer treuen Gefährtin, der Geschichte, ist für Abwege und gegen Rückfälle gesichert. Wenn jetzt ein Mann in dem ganzen Schmucke eines römischen oder bononiensischen Decretisten auftreten und mit der ernsthaftesten Miene der Ueberzeugung das canonische Recht als das Gesetz aller Gesetze verkündigen, dessen genaue Kenntniss als das Studium aller Studien anpreisen und lehren sollte, dass der Papst unfehlbar sei, dass seine Aussprüche die Stelle des allgemeinen Menschenverstandes vertrete und selbst die Gewissheit der mathematischen Beweise übertreffe, dass er Herr des gesammten Erdbodens, und Könige die Kronen, die sie tragen, und Nationen das Land, welches sie bebauen, nur als Lehen seiner Güte geniessen; dass Krieg und Friede die Folge seines Winkes, die Giltigkeit der öffentlichen Verträge und die geschworene Treue der Unterthanen nur das Werk seines Placet sind; — Lächeln, Mitleid oder Unwille und Verachtung wäre die einzige Folge dieses seltsamen Auftrittes. Gegen derartige Vorgänge braucht man heute keine besondere Kanzel zu errichten oder zu erhalten.

Wohl ist es möglich, dass ein irregeführter oder arglistiger Gewissensrath es wagte, die fromme Monarchin in den unverwahrten Stunden der Andacht mit Hildebrand'schen Grundsätzen unter dem

Scheine göttlicher Offenbarungen zu versuchen; allein der Verstand
der einsichtsvollen Fürstin war zu richtig, um anhaltende Neben-
blicke zu dulden, und den Thron umgaben aufgeklärte Männer
genug, die stets den reinen Spiegel der Wahrheit vorhielten. Man
zweifelt nicht, dass einige geistliche Vorsteher jede Gelegenheit
benützten und dringende Vorstellungen machten, um die neuere
Lehre sammt ihren Lehrern zu entfernen; allein sie blieben ohne
Wirkung und nichts kam aus seinem Geleise. Riegger's Lehrbuch
wurde auf den Index gesetzt; er konnte sich jedoch mit der Huld
seiner Monarchin und mit der Achtung der Verständigen trösten.

Wohl ist der Unterricht im Kirchenrechte noch immer von
Wichtigkeit, eine Wissenschaft im eigentlichen Sinne ist es jedoch
nicht. Jede positive Wissenschaft muss vor Allem ein Feld von
Sätzen und Wahrheiten in sich fassen, das ausschliesslich ihr gehört;
sie müssen für sich bestehen, zu allgemeinen Aufschlüssen und
Grundwahrheiten führen. Alles dieses ist beim Kirchenrechte nicht
der Fall, da es blos ein Aggregat ist. Unter *Principia juris eccle-*
siastici versteht man: *Jus naturae, sacra scriptura, traditiones,*
scripta sanctorum patrum, concilia etc. Der menschliche Geist wird
erst dann ungehindert seinen Weg zur Vervollkommnung antreten
können, wenn er das sogenannte Kirchenrecht auf dem Punkte,
auf welchem es bei der Stiftung der christlichen Religion gestanden
hat, zurückgebracht, d. i. wenn es in der Ausübung ganz verschwunden und die Kenntniss dessen vollkommen unnütz sein wird.«

Der Haupteinwurf Heincke's sei, falls die Materie des allgemeinen Kirchenrechtes bei anderen Lehrfächern behandelt würde,
so fiele der wichtigste Theil dem Lehrer der Kirchengeschichte zu,
der geistlichen Standes, leicht den Lehrstuhl missbrauchen könnte.
Die niederländische Geistlichkeit beweise es, wie schädlich sie
wirken könne.

Diese Lehrkanzel sei jedoch nicht ausschliesslich für Geistliche bestimmt. Es wird derjenige gewählt, dessen Kenntnisse und
Grundsätze über allen Zweifel erhaben sind. Manche Geistliche
haben überdies die unzweideutigsten Beweise ihrer lauteren Gesinnung gegeben. Sollte man sich in der Wahl der Lehrer irren, so
wird man es wohl bald erfahren, da die Vorlesungen öffentlich
gehalten werden. Es sei übrigens auch möglich, dass einmal ein
juridischer Director missräth. Der Curialismus hat seine Hauptquelle

in der Herrschsucht und dem Stolze des römischen Hofes und seiner Partei. Dieser entsprang die Errichtung eines besonderen canonischen Lehrstuhles auf der hohen Schule zu Bononien, um das *Decretum Gratiani* zu erklären. Nun erhielten Anmassungen und Erdichtungen das Gewand ordentlicher Rechte, aus einer Sammlung verworrener Sätze entstand ein Universitäts-Studium. Die Anhänger Roms suchten dann die Sache zu fördern und darin thaten es die Weltlichen den Geistlichen zuvor. Die etlichen vernünftigen Sätze des neuen *jus canonicum* verdankt man Geistlichen, und überall ist die gesunde Lehre gang und gäbe, wo nebst den Bischöfen auch ein Clerus lebt, der dem Vaterlande und dem Staate nicht entsagte und seine besondere geistliche Stimme hat. Dies beweist die *Declaratio cleri gallicani* vom Jahre 1682, ferner zeugen dafür Männer wie Petrus de Marca, Bossuet, Sarpi, du Pin, van Espen, Fleury, Febronius etc. Der Hinweis auf die Niederlande ist gehässig genug, aber auch dieser würde beweisen, dass man den Stoff vertheilen soll.

Heincke hatte sich auch gegen die Lehre des besonderen Staatsrechtes ausgesprochen. Es sei dies sehr häklich. Es werde dadurch die Constitution eines Staates untersucht und bestimmt vorgetragen, die wechselseitigen Rechte und Obliegenheiten zwischen dem Landesfürsten und dem Volke beurtheilt und der Welt vorgelegt. Hierzu bemerkte van Swieten: Wenn sich der Director eine juridische, gerichtliche, processartige Untersuchung vorstellt, wenn er sich unter dem ›bestimmt vortragen‹ eine entscheidende gesetzmässige Form denkt, wenn er sich überhaupt dem Wahne hingibt, der Lehrer auf der Universität sei blos das Sprachrohr des Staates, so sind seine Begriffe sehr unrichtig. Es handelt sich lediglich um eine historische, kritische und literarische Untersuchung, die sich auf gelehrte Hilfsmittel stützt, die ›Bestimmtheit‹ des Vortrages betrifft nur die Deutlichkeit, wodurch das Dunkle von dem Bekannten, das Gewisse von dem Ungewissen geschieden, dieses in seinem Werthe dahingestellt, jenes durch Thatsätze aus der Geschichte erhärtet wird, und kommt es darauf an, den künftigen Staatsbeamten über ein Fach zu unterrichten, worin er ohne Schamröthe nicht unwissend sein darf. Man sieht daher nicht ein, was diese Lehren Bedenkliches haben und warum man sie geheimnissvoll zurückhalten soll. Ebenso ungegründet sind die Bedenken bezüglich des äusseren Staatsrechtes. Heincke meinte, für die österreichische Monarchie

kennt man bisher nichts von einem solchen Systeme, und doch hat
Christian Beck das österreichische Staatsrecht an der Theresianischen
Akademie vorgetragen und ein geschätztes Werk: *Specimen pri-
mum et secundum juris publici austriaci, Vienna*, Trattner 1750, 52,
veröffentlicht. Die Werke des Hofrathes Schrötter: Versuch einer
österreichischen Staatsgeschichte, Wien; Krauss 1771, Grund-
riss des österreichischen Staatsrechtes, Wien, Kurzböck 1775,
sind bekannt. Abgesehen von anderen ist auch der Custos der Hofbibliothek, Abbé Heyrenbach, besonders zu nennen, der im Jahre 1778
Vorlesungen über die Ansprüche Oesterreichs auf einen Theil Bayerns
hielt. Wenn diese Disciplin bisher ausgelassen wurde, so gehört
das mit zu dem Verhängnisse, weshalb beinahe Alles, was vater-
ländisch ist, von dem öffentlichen Unterrichte ausgeschlossen blieb.

Was den Einwurf betrifft, es müsse ein gedrucktes, vollständiges und vollkommenes Lehrbuch vorhanden sein, so ist zu
bemerken, dass es sich zunächst darum handelt, für diese Disciplin einen Lehrstuhl zu errichten. Ist diese Frage bejahend entschieden, dann erst kann die Rede von einem Vorlesebuch sein.
Dasselbe kann dann nur von einem praktischen Fachmanne verfasst werden, wobei allerdings da wie anderswo nicht anzunehmen
ist, dass der erste Versuch sofort vollkommen sein wird.

Was das Dictiren betrifft, so ist zu bemerken, dass selbst
das vortrefflichste Vorlesebuch den Lehrer nicht überflüssig macht.
Das Lehrbuch kann die Lehrsätze enthalten, den Commentar muss
der Lehrer geben. Wenn der Lehrer sich, wie es seine Pflicht ist,
für die Vorlesung ordentlich vorbereitet und mit der Wissenschaft
fortschreitet, so wird er oft den Schülern Neues mitzutheilen haben
und wird der gedruckte Leitfaden nie genügen. Der Schüler wird
daher Notizen machen müssen, die ihn auch nach der Vorlesung
beschäftigen werden.

Van Swieten bemerkte ferner, er habe sich stets seit seiner
Ernennung mit der Sache verbunden und habe sich Heincke nach
Monaten erst eines anderen besonnen. Principiell war die Sache
mit dem Vortrage vom 5. August 1785 entschieden.

Kolowrat brachte die Note (3. September 1790) zur Kenntniss
des Kaisers Leopold und dieser bemerkte, da der Martinische
Plan bereits genehmigt sei, so ist van Swieten erkennen zu

geben, »dass Ich seine Rechtfertigung in Gnaden aufnehme und bei derselben es bewenden lasse.«*)

Auf eine Kanzel für österreichisches Staatsrecht soll vorgedacht, zuvor jedoch soll ein zweckmässiges Lehrbuch dazu mit aller Vorsicht verfasst werden. Dem Verfasser kann die diesfällige Professur verheissen werden.

Fahren wir nun in der Nachlese fort.

Wie man weiss, hat sich Josef genöthigt gesehen, den grössten Theil dessen, was er ins Leben gerufen, mit eigener Hand zu zerstören; aber die Widersacher des »Systems«, welches der Kaiser ins Leben gerufen hatte, wollten auch den Rest der Institutionen, die noch aufrecht geblieben waren, vernichten. Es sollte eine vollständige Um- und Rückkehr zu den früheren Verhältnissen stattfinden. So wendeten sich der Rector, der Kanzler, die Directoren und Decane der Wiener Universität, ferner die Senioren und Procuratoren der österreichischen, rheinischen, ungarischen und sächsischen Nation an den Kaiser Leopold um die Wiederherstellung der akademischen Gerichtsbarkeit. Sie erklärten, es sei »zu beweinen«, dass Universitätsmitglieder, denen das Schicksal eine Abstammung von adeligen Eltern missgönnt, eine Herabwürdigung unter die geringste Volksclasse zu erfahren haben. Der persönliche Adel der Doctoren, welcher ihnen gleichsam durch die Gewohnheit ganz Europas zugesichert ist, sei durch die Aufhebung der akademischen Gerichtsbarkeit abgestorben und die Doctorwürde tief gesunken, und derartige Exclamationen mehr, die heute ein Lächeln und nicht Mitleid oder Theilnahme hervorrufen. Doch schlug Kaiser Leopold (12. August 1790) dieses Ansuchen ab, die akademische Gerichtsbarkeit blieb aufgehoben, jedoch erhielten die Criminalgerichte und Polizeibehörden Auftrag, dem Rector die Anzeige zu erstatten, wenn ein Student verhaftet wird.

Auch die Bischöfe blieben mit ihren Klagen, Beschwerden und Bitten nicht zurück, da der Kaiser auf kirchlichem Gebiete thatsächlich grosse und weit ausgreifende Reformen vorgenommen hatte. Sämmtliche Bischöfe in den deutschen Erblanden brachten *gravamina* vor, doch nicht gemeinschaftlich, was zu jener Zeit nicht

---

*) Vergl. damit die gefärbte Darstellung Kink's I, 579.

gestattet war. Es konnte diesfalls auch nicht eine Berathung und ein persönlicher Gedankenaustausch stattfinden, da kein Bischof seine Diöcese verlassen durfte, wenn er nicht die Erlaubniss der politischen Behörde dazu erhalten hatte. In solcher Weise kam es, dass in allen Tonarten geklagt wurde und war auch der Text verschieden. Wohl kam es, dass mehrere Bischöfe die gleiche Beschwerde erhoben, keine jedoch ward von allen gemeinsam ausgesprochen. Man schloss daraus, »dass es sich blos um äusserliche Dinge handle, da der eine Bischof sich über dies und der andere über jenes beklagte. Würde es sich um ein Dogma gehandelt haben, oder wäre etwas gegen die christliche Frömmigkeit und Moralität verordnet worden, so hätten wohl alle zwanzig Erz- und Bischöfe einstimmig dawider streiten müssen.«

Kaiser Leopold übergab die Beschwerden (vergl. Anhang) dem obersten Hofkanzler, Grafen Kolowrat, und der geistlichen Hofcommission zur Begutachtung, da sie eben kirchenpolitische und rein kirchliche Angelegenheiten betrafen. Wir heben hier blos das hervor, was unseren Gegenstand betrifft. Es wurde nämlich von mehreren Bischöfen gewünscht, dass vor Erlangung der Doctorswürde wieder die *Confessio fidei* abgelegt werde. Hierzu bemerkte der oberste Kanzler, Graf Kolowrat (s. d.): »Die ehemals vorgeschrieben gewesene Ablegung des Glaubensbekenntnisses vor Erhaltung der Doctorswürde ist an sich, weil man die Religion desjenigen, der die Doctorswürde verlangt, wohl ohnehin weiss, ganz überflüssig; in einem Staate aber, wo, wie in dem österreichischen, Juden, Griechen und Protestanten tolerirt werden, sei es ganz unthunlich und umso mehr unnöthig, als in Absicht auf die den Juden zu ertheilende Doctorenwürde Sr. Majestät durch die bei Gelegenheit, als der Jude Joel die juristische Doctorenwürde ansuchte, herabgegebene höchste Entschliessung eine umständliche Vorschrift ertheilt hat.«*)

---

*) Wir haben es bereits anderweitig hervorgehoben, dass es jüdische Aerzte, und zwar Doctoren in Wien gab, selbst zur Zeit, als die *professio fidei* abgelegt und der Eid auf die unbefleckte Empfängniss geleistet werden musste, und noch vor der Gründung der Universität gab es 1314 einen jüdischen Arzt, Liebmann, in Wien, der eine Badestube besass. Jüdische Doctoren der Rechte gab es jedoch, so viel uns bekannt ist, nicht. Abgesehen von den äusserlichen gesetzlichen Hindernissen, die jüdischen Studirenden im Wege standen, dachten

Wir fügen hier an, in welcher Weise die geistliche Hofcommission (18. December 1790) sich über die Beschwerde in Betreff der General-Seminarien äusserte. Cardinal Migazzi hatte
besonders hervorgehoben, dass die Untersuchung über die bischöflichen Beschwerden in Betreff der General-Seminarien stets von
der geistlichen Hofcommission geführt wurden, welche sie immer
in Schutz nahm. Hierauf bemerkte die geistliche Hofcommission,
man wisse nicht, was man bei dieser Beschwerde denken soll.
›Nie hat ein Bischof eine specifische Klage gegen ein Seminarium
eingebracht und nie. ist auf Grund einer bischöflichen Klage irgend
ein General-Seminarium untersucht worden. Die Untersuchungen
wurden stets in Folge anderer Anzeigen gepflogen, und zwar von
der geistlichen Hofcommission, weil ihr die Leitung der General-
Seminarien oblag. Wie untersucht wurde, zeigen die vorhandenen
Acten.‹

So sehr die geistliche Hofcommission für die General-Seminarien eintrat, so entschieden trat die Studien-Hofcommission gegen
jeden Unterricht, der in Klöstern ertheilt wurde, auf. Zur Charakteri-
sirung führen wir folgende Sätze aus einem Vortrage der Studien-
Hofcommission vom 7. December 1790 über die Piaristen an:
›Wie wenig diese (klosterähnlichen Anstalten) zur echten und dem
Zwecke des Staates angemessenen Bildung in jeder Rücksicht bei-
trugen, hatte die Erfahrung längst gelehrt. Allein, Gewohnheit und
Vorurtheil und die mit beiden immer verbundene Gleichgiltigkeit
liessen es weder sehen noch empfinden. Unverkennbare Gebrechen,

die Juden selbst nicht daran, sich diesen Studien zu widmen, da sie umso weniger
Aussicht hatten, sie praktisch zu verwerthen, indem sie unter den damaligen Verhältnissen auch darauf gefasst sein mussten, plötzlich den Wanderstab zu ergreifen
und in ein anderes Land zu ziehen, da Judenvertreibungen nichts seltenes waren.
Während jedoch der Arzt aller Orten sein Wissen praktisch verwerthen kann, ist
das bei dem Rechtsgelehrten nicht der Fall, weil die Gesetze in den verschiedenen Ländern auch verschieden sind. Erst nach dem Toleranz-Patente wendeten
sich die Juden auch diesem Studium zu. Genannter Joel hatte Jurisprudenz
studirt, und als es zu den Rigorosen, resp. zur Promotion kam, fragte es sich,
ob man ihm als Juden auch zum *Doctor juris Canonici* machen könne. In Folge
einer kaiserlichen Entschliessung erfolgte hierauf ein Hofdecret vom 25. October 1790 des Inhaltes, dass Juden, wenn sie alle Praestanda prästirt haben,
Doctores juris civilis, aber nicht *juris canonici* werden und in dieser letzteren
Eigenschaft Juden und Christen vertreten können. Besagter Joel war der erste
jüdische Hof- und Gerichts-Advocat in Wien.

wenn sie gleich sich allgemein äusserten, legte man einzig der
Jugend zur Last, und die Entwickelung einiger ausserordentlicher
Talente, deren Haupteigenschaft es aber ist, nicht nur Hindernisse
zu übersteigen, sondern selbst dadurch zum Ausbruche gereizt zu
werden, schrieb man der Anstalt zu.«*)

Wie man weiss, wurde bereits seit Sonnenfels ein besonderer
Werth auf praktischen Geschäftsstyl für Hörer der Rechte gelegt.
In Folge eines Memoires von Professor Hoffman richtete Kaiser
Leopold am 28. October 1791 ein Handschreiben an den Grafen
Kolowrat des Inhaltes, dass das Lehrfach des praktischen Geschäfts-
styles überall als ein ordentliches und für die Hörer des vierten Lehr-
curses geeignetes Lehrfach angesehen werden soll. Es müssen sich
daher die Hörer auch aus diesem Fache einer Prüfung unterziehen
und ist bei Amtsvertheilungen auf die guten Zeugnisse und die
theoretische und praktische Geschäftskenntniss Rücksicht und Acht
zu nehmen.

Unter Kaiser Leopold geschah es auch zum ersten Male,
dass die kaiserlichen Archive zu wissenschaftlichen Zwecken benützt
wurden. Watteroth, Professor der politischen Wissenschaften und
der Statistik in Wien, ersuchte nämlich den Kaiser, zur Beleuchtung
seiner Ausarbeitungen und um seine Vorlesungen desto gemein-
nütziger zu machen, dass ihm alle Verordnungen und Entschliessungen, die auf Länderstellen Bezug haben, mitgetheilt
werden und ihm den Zutritt zu den Archiven und Registraturen,
bei den Hof- und Länderstellen zu gestatten. Um sich Local-
kenntnisse zu erwerben, möge es ihm erlaubt sein, während der
Ferien die Erbländer zu bereisen. In einem Handschreiben an den
Grafen Kolowrat vom 5. December 1791 genehmigte der Kaiser
diese Wünsche, da er bereit sei, dem guten und nützlichen Vorhaben die Hand zu bieten.

Ein Licht auf die socialen Zustände der Universitäts-Pro-
fessoren wirft eine kaiserliche Entschliessung vom 28. December 1792,

*) Es kamen damals manchmal eigenthümliche Anschauungen zum Vor-
scheine. So enthielt das Lehrbuch der christlichen Religion vom Superintendenten
Fock folgende Sätze: »Das Laster des Diebstahls wird auf eine verdeckte Art
durch drückende Auflagen begangen«, ferner: »die Christen können und sollen
nicht in Meinungen und Gebräuchen über die Religion einig sein«, wodurch die
Vereinigung des Glaubens als moralisches Uebel aufgefasst ward. Erst nachdem
diese Sätze entfernt wurden, konnte das Lehrbuch gebraucht werden.

nach welcher die den juridischen Professoren und ihren Frauen ertheilte Begünstigung, ihnen in amtlichen Ausfertigungen den Titel: Herr und Frau zu geben und bei Gericht einen Sitz zu gestatten, auch auf die Lehrer der übrigen Facultäten auszudehnen sei.

Indem wir noch Gelegenheit finden werden, auf einzelne Momente während dieser Periode zurückzukommen, möchten wir hier, wenn auch nur mit wenigen Strichen, ein Gesammtbild der Zustände der Wiener Universität bestand, wie sie zur Zeit, als die Märzrevolution im Jahre 1848 ausbrach, geben. Sie können nicht treffender bezeichnet werden als durch die Worte des ehemaligen Ministers für Cultus und Unterricht, Grafen Leo Thun, vom 11. April 1855, welche lauten: ›Die Zustände der Wiener Universität vor 1848 bieten das Bild einer Einrichtung, die für alles, was das eigentliche Leben einer Universität betrifft, zu bedeutungsloser Form geworden war und für die Universität ganz unwesentlichen Dinge allein Beachtung schenkte.‹

Wir wollen diesen Satz etwas näher illustriren.

Wie wir bemerkten, wollte Kaiser Josef II. nicht die Vertreter der Wiener Universität wegen der Bestätigung der Privilegien empfangen. Nun wissen wir, dass Josef die Privilegien der Universität beschränkte, aber noch besass sie welche. Anders gestaltete sich die Sache unter Kaiser Franz. Dieser erklärte (30. Mai 1832): ›Die Universitäts-Privilegien sind allerhöchste Anordnungen und bedürfen keine Bestätigung, in so lange sie nicht aufgehoben sind.‹

Wir glauben hier die Veranlassung und die Motive, welche zur Resolution vom 30. Mai 1832 führten, angeben zu sollen.

In Folge der Bitte der Wiener Universität: 1. Um Befreiung aller Doctoren und Doctoranden von der Militärpflicht, und 2. um Bestätigung der alten Privilegien forderte Kaiser Franz in einem Cabinetsschreiben vom 19. April 1831 die Hofkanzlei auf, ein wohlerwogenes Gutachten abzugeben. Dieselbe erstattete er (28. April 1832), und zwar überliess sie Punkt 1 dem Hofkriegsrathe, resp. der Hofkanzlei, worüber wir später berichten.

Ad 2 bemerkte sie, hatte der damalige Rector Wagner hervorgehoben, dass seine Vorgänger die Bestätigung der Privilegien nachzusuchen vergessen hatten. Es wurden daher von der Universität die Original-Privilegien zur Einsicht verlangt und man begnügte sich dann mit genauen Copien derselben. Am 20. October 1831 erstattete die n. ö. Regierung im Vereine mit der Kammerprocuratur ihr Gutachten dahin ab, dass die Privilegien, soweit sie durch die nachfolgende Gesetzgebung nicht aufgehoben oder mit der daraus gebildeten gegenwärtigen Staatsverfassung nicht unverträglich geworden sind, keiner Bestätigung bedürfen; so weit aber dieser Fall bei ihnen eingetreten ist, sie zu keiner Bestätigung geeignet sind.

Zu den ersteren gehören die Erectionsurkunden von den Jahren 1365 und 1384, so weit sie die Errichtung, Einrichtung und Verfassung der Universität betreffen, und die kaiserlichen Entschliessungen, welche das Locale der Universität und das ihr vom Staate eingeräumte Eigenthum zum Gegenstande haben. Zu den letzteren sind zu zählen alle Absätze der Erectionsurkunden, womit den Universitätsmitgliedern Vorrechte eingeräumt werden, die sich auf die Immunität ihrer Personen, ihres Vermögens, ja der eigenen Gerichtsbarkeit beziehen und durch die nachfolgende Gesetzgebung aufgehoben sind. Hierher gehört auch das Recht, Statuten mit Rechtskraft zu geben, welche jetzt der kaiserlichen Genehmigung unterlegt werden müssen, und das Recht, Professoren zu ernennen, welche gegenwärtig von der unmittelbaren allerhöchsten Ernennung abhängen.

Das der Universität eingeräumte Recht, Dichter zu krönen und Doctoren zu promoviren, kommt ihr schon aus ihrer eigenthümlichen Bestimmung zu, indessen ist das erstere, sowie das den einzelnen Universitäten ingleichen zustehende Recht, ein eigenes Wappen zu führen, ausser Uebung gekommen.

Was der Universität ferner durch kaiserliche Entschliessung verliehen worden ist, als die Landstandschaft und der Rang derselben als eines geistlichen Körpers, der Titel und Rang der Professoren, die feierliche Begleitung bei der Frohnleichnams-Procession, die Fähigkeit akademischer Bürger zum Besitze bürgerlicher Realitäten, deren Befreiung vom Mortuare gegen eine in der Tagesordnung bestimmte Discretion und der Anspruch auf eine bestimmte Anzahl von Canonicaten bei St. Stefan in Wien, scheinen dagegen keine Bestätigung zu bedürfen, weil sie nicht anders als durch andere kaiserliche Entschliessungen aufgehoben werden können ...

Der Bestand der Universität ist mehr in Gesetzen als in Privilegien begründet.

Die Majorität der Stimmen in der Hofkanzlei fügte dem
noch bei: Die Staatsverwaltung würde sich durch jede neuerliche wie immer geartete Bestätigung sogenannter, aber doch mehr
die Natur von Gesetzen habender Privilegien für die Zukunft, wenn
sie in der allgemeinen Gesetzgebung oder selbst in einzelnen Einrichtungen etwa Veränderungen nothwendig und zweckmässig finden
sollte, nur die Hände binden. Der Kaiser genehmigte diese Ansichten in der angeführten Resolution.

Jede Facultät hatte ferner ihren vom Staate eingesetzten Director,
welcher die Lehrer, die Studenten und die Lehrmittel überwachte;
auch die Lehrtexte waren ein Gegenstand der besonderen Obsorge,
da man verhüten wollte, dass die Jugend nicht etwa Lehren und
Ansichten in sich aufnehme, welche in irgend einer Beziehung für
sie schädlich sein könnten, und was hielt man nicht Alles für schädlich!
Es unterlagen daher die Lehrtexte einer besonders strengen Censur.

Dass unter diesen Verhältnissen die Lehrer sich ausschliesslich nach dem vorgeschriebenen Lehrbuche halten mussten,
ist klar, und nur wenige Professoren gestatteten sich da und dort,
sozusagen auf Nebenwegen, andere Ansichten einzuschmuggeln.
Das wissenschaftliche Streben, das freie Forschen war verpönt und
verlor sich einzelnweise. Die Professoren wurden nicht berufen,
sondern ihre Ernennung erfolgte auf dem Wege des Concurses.
Sie wurden auch nicht sofort definitiv angestellt, sondern sie
hatten ein Probe-Triennium zu machen. Die Kaiserin Maria Theresia
hatte 12. November 1774 angeordnet, dass Professoren weder
Rectoren noch Decane sein sollen, damit sie nicht durch
Amtsgeschäfte verhindert werden, ihrem eigentlichen Lehrberufe
nachzugehen. Die Würdenträger der Universität standen daher
ausserhalb der Universität. Zu all' dem kamen noch die Doctoren-
collegien, welche, fussend auf alten Privilegien, Macht und Gewalt
an der Universität ausübten.

Die Hörer der Universität wurden mehr als Schüler, denn als
Akademiker betrachtet, wenn ihnen auch der Titel »Herr« zugestanden war. Die Hörer erhielten ihre Plätze angewiesen; vor dem
Beginn einer jeden Vorlesung wurde der Katalog gelesen, und
jedes Semester mussten sie ihre Prüfung ablegen, worüber ihnen
ein Zeugniss ausgestellt wurde. In solcher Weise kam es, dass die
jungen Leute zumeist fast ausschliesslich für die Prüfung studirten,

und war diese überstanden, so wurde dann das Erlernte, falls sich nicht die Nothwendigkeit einstellte, auf dasselbe zurück zu kommen, bald wieder »ausgeschwitzt«.

Ein wahres Zerrbild und eine Carricatur bot die philosophische Facultät. Sie, welche nach dem Stiftbriefe: *Pia nutrix ceterarum facultatum universitatis filia, primogenita et ob eius foecunditatem praedilecta*, war thatsächlich *lucus a non lucendo*. Philosophisches Forschen und Denken war zu jener Zeit aufs strengste in Oesterreich verpönt und kaum war das, was geboten wurde, philosophische Propädeutik. Damals bestanden die Gymnasien, welche eigentlich mehr lateinische Schulen waren, aus sechs Classen. Eine Maturitätsprüfung, bei welcher der Abiturient den Beweis eines übersichtlichen Ganzen zu geben hatte, fand nicht statt. Jene Jünglinge daher, welche nicht mit einem besonders glücklichen Gedächtnisse begabt, oder die nicht sehr fleissig waren, hatten Vieles, wenn nicht Alles, was sie in den früheren Classen erlernt hatten, vergessen. Die »Philosophie«, welche damals aus zwei Jahrgängen bestand (der erste wurde Logik, der zweite Physik genannt), war eine Fortsetzung des Gymnasiums und war daher weniger ein selbstständiges Studium und eine Facultät für sich, sondern das vorbereitende Studium für die anderen Facultäten, und konnte niemand medicinische, juridische oder theologische Studien treiben, der nicht früher diese »Philosophie« absolvirt hatte. Während in den anderen Facultäten, ausser selbstverständlich in der theologischen, kein Religionsunterricht ertheilt wurde, bildete dieser in der philosophischen einen Lehrgegenstand wie jeder andere. Charakteristisch ist es auch, dass nur jene Hörer verpflichtet waren, im ersten Jahre Naturgeschichte und im zweiten Weltgeschichte zu studiren, welche nicht in der Lage waren das Schulgeld zu bezahlen.

Von der theologischen Facultät zu schweigen, an welcher die Flucht der Zeiten bis auf den heutigen Tag spurlos vorübergegangen ist, da man hier zunächst den praktischen Zweck vor Augen hatte, Seelsorger zu erhalten, die das religiöse Bedürfniss befriedigen können, wobei es auf Talent, Begabung und Eignung zu diesem wichtigen Berufe nicht immer ankam, war es an der juridischen Facultät um nicht viel besser als an der philosophischen bestellt. Die Hauptaufgabe derselben war, Beamte heranzubilden, für die Rechtswissenschaft liess man wenig oder keinen Raum. Von

diesem Grundsatze ausgehend, liess man das Studium des deutschen
Rechtes fallen, nachdem Kaiser Franz im Jahre 1806 auf die
deutsche Kaiserkrone verzichtet hatte. Man strich nicht das römische
Recht, aber es wurde auch nicht in gebührender Weise gepflegt.
Eine Rolle spielte das Naturrecht, aber von dem Rechte, das mit
uns geboren ward, war nur wenig die Rede.

Verhältnissmässig am günstigsten gestalteten sich die Verhältnisse für die höheren medicinisch-chirurgischen Studien (es gab
auch niedere für Chirurgen), die seit Gerhard van Swieten die Licht-
seite der Wiener Universität waren. Das medicinische Studium wurde
von vier auf fünf Jahre ausgedehnt, von welchen die drei ersten
dem theoretischen, die zwei letzteren dem praktischen Unterrichte
galten; einzelne Lehrfächer, wie Anatomie und Chemie, wurden
vermehrt und ausgebreitet (mittelst Studien-Hofcommissionsdecret
vom 17. Juli 1812 und 30. Juli 1813 war die Creïrung eigener
Doctoren der Chemie gestattet) und kamen specielle Fächer, Augen-,
Zahnheilkunde etc. zur Geltung. Mit Vorliebe wurde die praktische
Seite gepflegt. Männer wie Rokitansky, Skoda etc. verliehen ihr
dann einen besonderen Lustre und wurde die Wiener medicinische
Schule ton- und massgebend.

IV.

Die neue Zeit.

1.

Reformen.

(Die Märztage, die akademische Legion, die freie deutsche akademische Universität, Congress zu Jena, Reformvorschläge, Versammlung der Bischöfe, die philosophische Facultät, Lehramtscandidaten, Seminare, physikalisches Institut.)

Die Zustände an den österreichischen Universitäten überhaupt und jene an der Wiener insbesondere im Jahre 1848, gaben das Spiegelbild der allgemeinen Zustände und Verhältnisse. Personen und Verhältnisse hatten sich überlebt. Wohl war noch die Staatsmaschine in Thätigkeit, aber das ganze Gefüge war morsch und verwittert. Allerdings gab es Personen; welche die Zustände, in welchen sich Oesterreich befand, erkannten, aber den Muth zur That hatten sie nicht. Es graute ihnen, irgendwo die Hand energisch anzulegen, weil sie befürchteten, dass das Gebäude zusammenbricht, falls da oder dort ein Stein losgelöst würde. Die Zahl dieser Personen war überdies sehr klein. Bauernfeld lässt in seinem Lustspiele: »Aus der Gesellschaft« einen Adeligen sagen: »Wir haben nichts gelernt«, und der Civil- und Militär-Gouverneur von Wien, Feldzeugmeister Freiherr v. Welden, schrieb am 15. April 1849, als er das Obercommando über die ungarische Armee nach dem Rücktritte des Fürsten Windischgrätz übernehmen sollte, an den Banus Jellaçiç: »Ich hoffe das Hauptquartier etwas gelichtet zu finden, bis ich angekommen. Dass einige gute Generäle nöthig wären, bin ich ebenfalls der Meinung; allein, wo sie hernehmen weiss ich nicht. Wir haben uns nie mit ihrer Bildung abgegeben.« Und dieser Mangel an Wissen, an Bildung und Erziehung war kein sporadischer, sondern er umfasste das ganze Reich, da das gesammte

Unterrichtswesen von der Elementar- und Volks- bis zur Hochschule faul und morsch war.*) Allerdings war auch auf diesem Gebiete die Ueberzeugung vorhanden, dass Reformen dringend nothwendig seien; es wurden Verhandlungen über Verhandlungen gepflogen, aber wenn es zur That kommen sollte, gab es tausenderlei Bedenklichkeiten; man wurde von des Gedankens Blässe angekränkelt und liess die Dinge gehen wie sie gingen, und mehr als Einer, der damals mit am Staatsruder gesessen, handelte bewusst oder unbewusst nach dem Spruche: *Après moi le deluge.*

Aus diesem Marasmus konnte nur eine Revolution von unten oder von oben retten. An letztere war jedoch nicht zu denken. Kaiser Ferdinand war ein grundgütiger Monarch, aber schon seines körperlichen Leidens wegen war er nicht zur Initiative geschaffen. Er glaubte übrigens, an den Grundsätzen seines Vaters unverbrüchlich festhalten zu müssen. Aber dieses System reichte blos für seine Zeit aus, unter Ferdinand wurde es eine Copie, die zur Carricatur ausartete. Dieser Fall trat umso mehr ein, da Kaiser Ferdinand nicht selbst regierte, sondern sein *alter ego*, der Erzherzog Ludwig, der wieder peinlich darauf achtete, im Sinne seines kaiserlichen Bruders zu handeln. Es häufte sich daher Aengstlichkeit auf Aengstlichkeit und fast trat eine Starre im öffentlichen Leben ein. Noch aber war nicht alles Leben aus Oesterreich verschwunden, und da dieses zur Geltung kommen wollte, so brach die Revolution von unten aus. Von verschiedenen Seiten aus wurde die Behauptung aufgestellt, als wären den Märztagen Conventikel von Studenten etc. vorangegangen, und doch lagen die Dinge ganz einfach. Im Inlande wurde jede Opposition niedergehalten und die Presse war mundtodt. Andererseits konnte man aber nicht Oesterreich hermetisch abschliessen, und *per fas et nefas* drangen Stimmen aus dem Auslande herüber, welche die Schäden und Mängel bloslegten. Als dann die Revolution in Paris ausgebrochen war, überkam gar viele ein Gefühl der Scham. Während in Frankreich im Handumdrehen eine Monarchie in eine Republik umgewandelt wurde, wollte man in Oesterreich nicht die geringste Concession gewähren. Da vollzog sich in der

---

*) Charakteristisch ist die Ankündigung bezüglich des Wiederbeginnes der Vorlesungen an der Wiener Universität, nachdem die Revolution gedämpft war. Der Termin für die weltlichen Facultäten war der 23. März 1849, und wird, wie in der Volksschule, von »Lehrgegenständen« gesprochen.

Stimmung der Wiener ein totaler Umschwung. Woran man früher kaum zu denken wagte, der Rücktritt des Staatskanzlers Metternich, die Entfernung des Chefs der obersten Polizei, des Grafen Sedlnitzki, wurde jetzt laut besprochen. Während jedoch den Alten der Polizeistock sozusagen im Nacken sass und sie es besonnen überlegten, wie und in welcher Weise der Kaiserstaat zu reformiren wäre, griff die Jugend zur That. Doch kam zuerst das Wort. Der Medicinae-Doctor Adolf Fischhof war es, der mit mehreren anderen im Hofe des Landhauses die ankommenden Landstände erwartete, den daselbst befindlichen Brunnen als Rostra benutzte und die anwesende Menge ansprach: »Wer heute keinen Muth hat«, rief er aus, »gehört in die Kinderstube.« Und nun erneuerte sich das Wunder des alten Propheten, es fuhr ein Geist in die todten Knochen und die Revolution begann. Wenn nicht sofort die Männer zur Hand waren, die diesen Staat auf neue Grundlagen stellten, so ist dies begreiflich, da sie, wie bereits bemerkt, in dem alten Oesterreich nicht erzogen wurden. Andererseits wollen wir auch gerne zugeben, dass, selbst wenn die Männer vorhanden gewesen wären, nun, nachdem die Revolution ausgebrochen war, die Verhältnisse nicht so leicht wieder in Ordnung zu bringen waren. Das Werk der Zerstörung ist bald vollbracht, aber der Neubau erfordert Zeit, Arbeit, Ausdauer und vor Allem einen Plan, und wie die Erfahrung lehrt, ist der Plan, wie dieses Oesterreich construirt sein soll, damit es von allen Staatsangehörigen in gleicher Weise geliebt werde und der Bruderzwist keine Stätte finde, bis heute noch nicht gefunden. Doch ist es nicht unsere Absicht, die politischen Kämpfe jener Zeit zu schildern,*) sondern wir wollen blos sagen, was bekannt ist, dass mitten in der damaligen Bewegung, oder sagen wir besser, das bewegende Moment die akademische Legion, die Aula war. Eigenthümlich genug bestand sie jedoch nie zu Recht, und scheint es uns angemessen, dieses Moment etwas näher zu erörtern.

Die akademische Legion war ein militärischer Körper, und in absoluten, wie in constitutionellen Monarchien ist der Landes-

---

*) Zur Kennzeichnung, in welcher Weise sich manchmal im Jahre 1848 die Welt in den jungen Köpfen malte, führen wir an, dass im Juli der Ausschuss der Studenten zu Beiträgen für eine deutsche Flotte aufforderte. Wer monatlich einen Beitrag von vier Kreuzern leistete, sollte Mitglied des zu begründenden Vereines sein.

fürst der oberste Kriegsherr und ist seine Genehmigung zur
Errichtung militärischer Corps nothwendig; diese war jedoch für
die akademische Legion nicht vorhanden. Wir sind zur Kenntniss
dieser Thatsache durch Actenstücke, theils im Originale, theils in
Copien gelangt, in die uns Baron Franz v. Sommaruga, dessen
Vater der erste Unterrichtsminister in Oesterreich war, freundlichst
Einsicht gestattete. Wir wollen dieselben hier skizziren.

Am 14. März 1848 richtete Kaiser Ferdinand an den obersten
Hofkanzler Grafen Inzaghi ein Handschreiben, in welchem es heisst:
»Ich habe die Errichtung einer Nationalgarde zur Aufrechthaltung
der gesetzmässigen Ruhe und Ordnung der Residenz und zum
Schutze der Personen und des Eigenthums, und zwar unter den
Garantien, welche sowohl der Besitz, als die Intelligenz dem Staate
darbieten, genehmigt . . . .«

Der Wortlaut dieses Handschreibens sagt klar, dass die zu
errichtende Nationalgarde der besitzenden und intelligenten Classe
entnommen werden soll, und es ist keine Rede davon, dass die
Intelligenz einen für sich abgesonderten Körper ·zu bilden habe.
Freiherr v. Pillersdorff, der an diesem Tage noch Hofkanzler war
(seine Ernennung zum Minister des Innern erfolgte bekanntlich
Tags darauf, am 15. März), fasste die Sache so·auf, dass die
Studirenden, wenn auch ein Bestandtheil der Nationalgarde, ein
gesondertes Corps zu bilden haben, und erliess daher noch am
14. März (das Concept ist ganz von seiner Hand geschrieben) folgendes Decret an den Regierungsrath und Director des polytechnischen Institutes, ferner an die Vicedirectoren der juridischen,
medicinischen und philosophischen Studien:

»Da Se. Majestät in der Anerkennung des guten Geistes der
Studirenden und der von ihnen an den Tag gelegten rühmlichen
Bereitwilligkeit zur Aufrechterhaltung der Ruhe und Ordnung und
zur Befestigung der öffentlichen Sicherheit in der Residenz mitzuwirken, gestattet haben, dass dieselben, so lange es die dermaligen
Verhältnisse fordern, an der zur Nationalgarde umgestalteten Bürger-
bewaffnung theilnehmen, so wolle der Herr *** den Schülern des
polytechnischen Institutes, resp. der ihnen unterstehenden Studienabtheilung dieses Merkmal des allerhöchsten Vertrauens bekannt
machen und zugleich darauf einwirken, dass durch die Herren Professoren ihre abgesonderte Stellung gehörig geregelt und durch die

Theilnahme der Professoren selbst an diesem Institute, soweit ihnen dieselbe nach ihren Verhältnissen möglich ist, loyale Gesinnungen, Ordnungsliebe und Sittlichkeit unter der Jugend bewahrt werden. In Beziehung auf die Behandlung und Benützung des abgesondert zu bildenden Corps der Studirenden belieben sich die Herren mit dem von Sr. Majestät zum obersten Chef der Nationalgarde ernannten Herrn FML. Grafen Hoyos in das Einvernehmen zu setzen.«

Tags darauf (am 15. März) berichtete Professor Ernst Freiherr v. Feuchtersleben, damals Vicedirector der medicinisch-chirurgischen Studien, dass die Professoren des medicinisch-chirurgischen Lehrfaches sich im Consistorialsaale der Universität versammelt hätten, wo sie den Vicedirector und mehrere Personen trafen und in corpore zum obersten Chef der Nationalgarde, Grafen Hoyos, gingen, um seine Anordnungen in Empfang zu nehmen, den sie jedoch nicht trafen. Die anwesenden Professoren liessen sich ordnungsmässig durch Einschreibung in die Nationalgarde einverleiben. Hierauf kehrten sie zurück zur Universität, wo sich die Mediciner unter Leitung Feuchtersleben's vorläufig in vier Cohorten unter dem Commando von Professor Hyrtl, Assistenten Dr. Schneider, Dr. Fischhof und Dr. Flögl ordneten.

Wie aus dieser Zuschrift hervorgeht, fassten Feuchtersleben und seine Collegen die Angelegenheit ebenso auf, dass die Studirenden wohl ein gesondertes Corps, aber ein integrirender Bestandtheil der Nationalgarde seien. Ueber Nacht wurde aber aus dem gesonderten Corps ein selbstständiger militärischer Körper, »die akademische Legion«, die jedoch weder vom Ministerium und noch weniger vom Kaiser gesetzlich anerkannt war. Dass die akademische Legion dem Ministerium nicht genehm war und sehr unbequem wurde, begreift sich von selbst, aber sie hatte sich sofort in so hohem Grade die Sympathien der Bevölkerung errungen, dass das Ministerium Anstand nahm, gegen dieselbe aufzutreten und sie in die ihr gebührenden Schranken zu weisen. Nachdem jedoch am 15. Mai die Sturmpetition stattgefunden hatte, in deren Folge der Kaiser mit dem Hofe am 17. Mai nach Innsbruck zog, versuchte es das Ministerium, energischer einzuschreiten, und sah sich umso mehr dazu veranlasst, da es annahm, dass der grösste Theil der Studirenden von Agitatoren verhetzt werde. Thatsächlich stellte der damalige *studiosus juris* Josef Unger, nachmals berühmter Rechtslehrer und gefeierter Redner des Herrenhauses, Minister etc., der damals Mitglied des Studenten-Comités und am 15. Mai unter der Deputation war, welche dem Kaiser Ferdinand die Bitte um Eine Kammer vortrug, den Antrag, nunmehr, da Alles erreicht sei, die politische Thätigkeit aufzugeben und sich den Studien zu widmen, zu welchem Zwecke er selbst sofort nach Deutschland ging. Am 25. Mai hielt der Ministerrath eine Sitzung, in welcher die Auflösung der akademischen Legion berathen wurde. Zu dieser Berathung waren der niederösterreichische Landesmarschall und Regierungspräsident Graf Montecuccoli und die Professoren Endlicher und Hye, welche sich der besonderen Sympathien der Studirenden erfreuten, zugezogen. Wir lassen dieses Protokoll, welches die Zahl 960 trägt, das als »Vortrag« an den Kaiser nach Innsbruck gesendet wurde, folgen.

Protokoll der Ministeraths-Versammlung vom 25. Mai 1848, unter dem Vorsitze des prov. Ministerpräsidenten, Ministers des Innern Freiherrn v. Pillersdorf. Gegenwärtig: Freiherr v. Sommaruga, Minister der Justiz und des öffentlichen Unterrichtes; Freiherr v. Krauss, Finanzminister; Graf Latour, Kriegsminister; v. Baumgarten, Minister der öffentlichen Arbeiten, und der interimistische Leiter des Ministeriums des Aeussern, Staats- und Conferenzrath Freiherr v. Lebzeltern.

Der prov. Ministerpräsident und Minister des Innern, Freiherr v. Pillersdorf, brachte zunächst die doppelt wichtige Massregel a) die Schliessung der Universität, des Polytechnikums etc., d. i. der betreffenden Localitäten, und b) die Auflösung der akademischen Legion als eines abgesonderten Bestandtheiles der Nationalgarde in Anregung. Dass die Ausführung beider Massregeln unerlässlich sei, darüber bestehe kein Zweifel. Es handle sich nur um die Frage, ob beide Massregeln zugleich oder abgesondert zur Ausführung zu gelangen haben. Ad a) Was die Schliessung der Räume der Universität und des Polytechnikums (denn als Lehranstalten sind sie bereits geschlossen*) anbelangt, einigte man sich dahin, dass sie ohne Verzug und zwar noch heute um 11 Uhr Nachts auszuführen sei, um der studirenden Jugend ihren Vereinigungspunkt und damit

---

*) Dies geschah durch eine Kundmachung des Unterrichtsministers vom 24. Mai.

den Anlass zu politischen Umtrieben zu nehmen. Werden die
Localitäten, die Aula, geschlossen, so werden sich die Studenten
zerstreuen, ein grosser Theil wird sich auf die Ferien begeben, und
schon auf diese Art wird viel zur Herstellung der Ruhe und Ordnung beigetragen. Zum Behufe der Ausführung dieser Schliessung
wären die nöthigen Aufträge zu erlassen (was auch gleich *ex consilio*
geschehen ist) an die Inspection dieser Gebäude, an das Gardecommando, an den Wiener Magistrat und an diejenige vertraute
und verlässliche Person, welche mit der Ausführung dieser Massregeln beauftragt werden würde.

Diese Aufträge gingen im Wesentlichen dahin. An die
Gebäude-Inspection: Die Thore zu schliessen und geschlossen zu
halten. Es wurde die Vorsicht angedeutet, mit welcher die in den
gedachten Häusern wohnenden Personen aus- und einzulassen sind,
und dass sich die Haus-Inspection in Ansehung der Detailweisungen
an dasjenige Individuum zu wenden hätte, welches mit der Ausführung dieser Massregel beauftragt ist. An das Gardecommando:
Die im Universitäts- und im polytechnischen Institutsgebäude befindliche Wache ist auf die Hauptwache der Nationalgarde in dem
bürgerlichen Zeughause zu verlegen und die Adjutantur in einer
entsprechenden Localität der Bürgermeisterswohnung unterzubringen.
Unmittelbar nach der Entfernung der Wache seien sämmtliche
Localitäten der Universität und des polytechnischen Institutes zu
schliessen und geschlossen zu halten. Der Wiener Magistrat wäre
hievon zu dem Ende zu verständigen, damit er den Sicherheits-
Ausschuss anweise, wenn sich vor diesen Gebäuden grössere
Menschenmassen anhäufen sollten, die nöthigen Massregeln zu
ergreifen. Mit der Ausführung der materiellen Schliessung wurde
der Regierungsrath Professor Endlicher beauftragt; an ihn wurden
die Haus-Inspectionen gewiesen und er hat in vorkommenden Fällen
die einzelnen Anfragen und Bedenken derselben zu lösen. Ad b) Ob
mit der Schliessung der Universität die Auflösung der akademischen
Legion gleichzeitig oder von ihr gesondert zu geschehen habe?
Für die gleichzeitige Auflösung wurden im Wesentlichen folgende
Rücksichten geltend gemacht: So lange die akademische Legion
als ein von der Nationalgarde abgesonderter Körper besteht, werden
immer politische Umtriebe darin stattfinden, sie wird immer der Herd
von Aufregung und Unordnung sein. Es sei daher wünschenswerth,

ja nothwendig, diesem Zustande sobald als möglich ein Ende zu machen. Der gegenwärtige Augenblick sei zu dieser Auflösung ein günstiger, weil die Bürgerschaft wegen der durch die Legion veranlassten Abreise Euer Majestät und wegen der sehr bedauerlichen Vorfälle des 15. Mai d. J. gegen die Studenten eingenommen ist; die Studenten würden dadurch überrascht sein, weil sie die Auflösung jetzt nicht erwarten. Es sei in hohem Grade bedenklich, die Verbindung der Studenten mit den Arbeitern länger zu dulden, welche, wie bekannt ist, von den Studenten mit Geld versehen werden. Der Widerstand der Studenten könnte sich nicht gleich recht organisiren. Im Falle der Auflösung der Legion wäre vorzüglich mit der Nationalgarde der Stadt zu operiren und das Militär consignirt zu halten, damit es sogleich zur Hand sei.

Für die Verschiebung der Auflösung auf einen späteren Zeitpunkt wurde angeführt, dass gegenwärtig noch die meisten Studenten hier seien und Widerstand leisten dürften, dass ein Theil der Nationalgarde das Fortbestehen der Studentenlegion wünscht und mit ihr fraternisirt, dass sie die Arbeiter für sich haben; dass, wenn Widerstand geleistet wird und Blut fliessen sollte, dies die Rückkehr Euer Majestät nach Wien nur erschweren dürfte u. dgl. Diese Massregeln wären daher zu theilen, die Universitäts-Localitäten sogleich zu schliessen und später die Auflösung der akademischen Legion nachfolgen zu lassen.

In kurzer Zeit werden sich die Studenten zerstreuen, hier nur wenige zurückbleiben und es könnte mittlerweile die Anordnung getroffen werden, dass die Nationalgarde nur einen Körper bilde und kein von ihr getrenntes Corps bestehen dürfe, was als Organisirungsact den moralischen Widerstand der akademischen Legion schwächen würde.

Bevor ein definitiver Beschluss in dieser wichtigen Angelegenheit gefasst wurde, glaubte der Ministerrath noch die als Autorität in Angelegenheiten der akademischen Legion und der studirenden Jugend überhaupt anerkannten Professoren Hye und Regierungsrath Endlicher zu vernehmen. Professor Hye erklärte sich unbedingt für die gleichzeitige Auflösung der Legion. Nach seiner Ansicht wäre eine Proclamation an alle Theilnehmer der akademischen Legion zu erlassen, darin des Manifestes Euer Majestät aus Innsbruck, 20. Mai d. J. zu erwähnen und anzuführen, dass die Vor-

gänge vom 15. Mai Grund der Entfernung Euer Majestät von
Wien seien, dass von allen Seiten der Monarchie, von Ständen,
Städten und Corporationen Eingaben und Adressen einlangen, worin
Protest gegen den Euer Majestät angethanen Zwang eingelegt und
sogar der Wunsch ausgesprochen wird, der Reichstag möge sich
unter solchen Umständen nicht in Wien, sondern in irgend einer
anderen Provinz versammeln.

Diese Rücksichten haben den Minister des öffentlichen Unterrichtes bestimmt, dem Ministerrathe vorzuschlagen, und dieser habe
beschlossen: 1. Die akademische Legion von Wien sei als ein von
der Nationalgarde abgesondert bestehender Körper von heute aufgelöst und haben sich die Studenten der Nationalgarde ihrer
Bezirke einreihen zu lassen. 2. Die Mitglieder der Lehrkörper, die
Doctoren und Doctoranden haben ihren Eintritt in die Nationalgarde von heute binnen acht Tagen in Vollzug zu setzen. 3. Den
Studenten als ordentlichen Zuhörern der Facultäten bleibt es freigestellt, ob sie sich der Nationalgarde ihres Bezirkes einreihen lassen
wollen oder nicht. 4. Im ersten Falle ist ihre Einreihung binnen
acht Tagen zu vollziehen. 5. Studenten, welche, um ihren Studien
gehörig obliegen zu können, davon keinen Gebrauch machen wollen,
haben ihre Waffen binnen acht Tagen an das zur Abführung
bestimmte Depôt auszuliefern. 6. Die Gebäude der Universität, des
polytechnischen Instituts und der Akademie der bildenden Künste
sind von heute geschlossen. 7. Andere der akademischen Legion
unbefugt eingereihte Individuen haben ihre Waffen binnen drei
Tagen von heute bei Vermeidung von Zwangsmassregeln abzugeben.
8. Die erweislich an den Gewehren vorgenommenen Verbesserungen
werden den betreffenden Individuen angemessen vergütet. 9. Das
Obercommando der akademischen Legion wird mit der Vollziehung
dieser Massregel betraut.

Regierungsrath Professor Endlicher erklärte sich, was die
Nothwendigkeit der baldigen Auflösung der akademischen Legion
anbelangt, mit den vorstehenden Anträgen einverstanden, und bemerkte,
dass, wenn von der Androhung und nöthigenfalls Vollziehung des
Standrechtes im Falle der Widersetzlichkeit Gebrauch gemacht
werden wollte, Hoffnung vorhanden sei, mit diesem einzigen Worte
diese Massregel zur Ausführung zu bringen; nur wären die Schliessung
der Gebäude und die Auflösung der Legion durch einige Stunden

von einander zu trennen. Die Schliessung der Aula hätte heute in
jener Stunde zu geschehen, wo die Studenten dort nicht mehr versammelt sind (um 11 Uhr Nachts), die Auflösung der Legion dagegen
morgen Früh, wo die Studenten gleichfalls noch zerstreut sind. Es
wäre die Nationalgarde der Stadt dazu zu verwenden, das Militär
consignirt zu halten, die Strassen und Zugänge der Aula zu besetzen
und dergleichen. Professor Hye bemerkte, dass die Kundmachung,
welche die Auflösung der Legion verfügt, schon heute durch den
Druck in Bereitschaft sein müsste, um gleich nach der Sperrung
der Thore der Universität angeheftet zu werden. Hierdurch würde
der Widerstand, der allenfalls geleistet werden wollte, den Charakter
der Ungesetzlichkeit erhalten, weil die akademische Legion schon
als aufgelöst erschiene, und man könnte dann mit dem Standrechte
gesetzlich und wirksam vorgehen.

Mit diesen Modalitäten erklärte sich der Ministerrath für die
unverweilte Auflösung der akademischen Legion einverstanden. Die
nähere Ausführung wurde dem der Ministerrathssitzung in Ansehung
dieses Gegenstandes beiwohnenden Regierungspräsidenten Grafen
Montecuccoli übertragen, welcher sich hierbei der beiden Professoren
Hye und Endlicher bedienen könne. Der Kriegsminister Graf Latour
übernahm es, die erforderlichen Weisungen dem Commandirenden
Grafen Auersperg zu ertheilen.«

Die Proclamation an die Studenten wurde sofort in Druck
gelegt. Sie trug die Unterschrift des Grafen Montecuccoli und begann
mit den Worten: »Im Auftrage des Ministerrathes.« Noch vor
Tagesanbruch des 26. Mai war sie am Universitätsgebäude angeheftet; aber schon um 4 Uhr Morgens wurde sie von einem vorüber-
gehenden Nationalgardisten bemerkt, welcher es nicht unterliess,
die Kunde weiter zu tragen. Der Tag war dem Unternehmen günstig;
die Sonne schien, während es in den vorhergegangenen Tagen
geregnet hatte, und die Sonne beschien — den Barricadentag. Pillersdorf sah sich daher am 26. Mai, 4 Uhr Nachmittags veranlasst,
einer Deputation zu erklären (und selbstverständlich wurde diese
Erklärung sofort gedruckt): »Die Zusicherungen des Kaisers vom
15. und 16. Mai stehen in ihrer ganzen Ausdehnung aufrecht«,
und die akademische Legion wurde zunächst nicht aufgelöst. Dieses
geschah erst am 28. December 1848, wie wir das in unserer Schrift:
»Der neue Universitätsbau in Wien«, S. 21, berichteten. In einem

Circulare des damaligen Ministers des Innern, Grafen Stadion, in dessen Ressort auch das Unterrichtswesen gehörte, heisst es nämlich: »Der Waffendienst, der mit den Studien nicht vereinbarlich ist, hat aufzuhören, und ist die akademische Legion aufzulösen.«

Nachdem Fürst Windischgrätz Wien »erobert« hatte, musste die Aula und Alles, was zu ihr gezählt werden konnte, hart und schwer büssen, und Jeder, der auch nur einen Calabreserhut trug oder lange Haare hatte, war verdächtig. Das Kriegsgericht waltete, man könnte sagen unbarmherzig, seines Amtes. Wir haben in der Schrift: »Der neue Universitätsbau in Wien«, die Kämpfe geschildert, welche geführt wurden, bevor es überhaupt möglich war, die Vorlesungen im Jahre 1849 wieder zu beginnen, und unter welchen Verhältnissen dieses geschah. Wie wir daselbst, S. 14, erwähnten, erliess auf Grund einer allerhöchsten Entschliessung vom 7. Mai der Unterrichtsminister Freiherr v. Sommaruga am 24. Mai 1848 eine Kundmachung des Inhaltes, dass das Studienjahr in Folge der eingetretenen Verhältnisse abschliesse, und wurden den Studirenden alle jene Beneficien eingeräumt, welche ein mit gutem Erfolge absolvirtes Studium gewährte. Zu diesen gehörte auch die zeitliche Befreiung von der Militärpflicht. Fürst Windischgrätz erliess jedoch, 9. December 1848, an das Kriegsministerium: »Auf Andringen des Studenten-Comités hat sich das bestandene Ministerium des Innern bewegen lassen, zu Gunsten der Universität durch zeitliche Befreiung von Schülern von der Militärdienstpflicht Ausnahmen zu gestatten, welche mit den dermaligen Normen unvereinbar und nicht zu rechtfertigen sind, da sie Sr. Majestät nicht zur Kenntniss gebracht wurden und mithin aller Legalität entbehren.«[*])

---

*) Nach vielfachen Bemühungen ist es uns gelungen, den Vortrag Sommaruga's vom 4. Mai und die kaiserliche Resolution vom 7. Mai 1848 in der Registratur des Ministeriums für Landesvertheidigung zu finden, die wir hier ihrem vollen Wortlaute nach folgen lassen. Sie beweisen, in welch' — um einen gelinden Ausdruck zu gebrauchen — leichtfertiger Weise Fürst Windischgrätz und Baron Welden (vergl. unser: »Der neue Universitätsbau etc.« S. 19) den Unterrichtsminister Sommaruga verdächtigten.

Der Vortrag vom 4. Mai 1848 lautet: »Die hier anliegende ehrfurchtsvolle Bitte der akademischen Legion um die Suspension des Recrutirungsgesetzes für die diesjährige Stellung ihrer Mitglieder erlaube ich mir unterthänigst mit Zustimmung des hohen Ministerrathes aus den in dem Gesuche angeführten Gründen und zwar umsomehr zu unterstützen, als mir aus zuverlässiger Quelle bekannt ist, dass der

In gleicher Weise sprach sich Fürst Windischgrätz in einem
Schreiben an den damaligen Ministerpräsidenten Fürsten Schwarzenberg (Felsö-Galla, 2. Jänner 1849) aus und erklärte, dass Studirende
»unter keiner Bedingung« vom Militärdienste befreit werden können.
In diesem Schreiben sprach sich auch der Fürst gegen den Wieder-
beginn der Studien an der Universität aus. Er empfahl diesen
Gegenstand dringend der Aufmerksamkeit des Ministerpräsidenten,
»damit dieses Institut, von dem in der letzten Zeit so viel Uebles
ausgegangen ist, nicht abermals zum Herde erneuerter Unruhen
werde.«

Aber schon vor dem erwähnten Erlasse erging von Seite des Fürsten
Windischgrätz am 11. November 1848 der Auftrag an das Kriegsministerium, die *ex offo*-Stellung zum Militär aller pass- und aus-
weislosen Individuen vorzunehmen, vorzugsweise aber jener, welche
Legionäre oder Proletarier, die bei der Mobil- oder Nationalgarde
waren. Mittelst Befehles vom 2. September 1849 wurde angeordnet,
jene Individuen, welche, wie z. B. die Mitglieder der polnischen
und der Wiener Legion, sich nach Ungarn begaben und daselbst
im Rebellenheere als Unterofficiere oder Gemeine am Insurrections-
kampfe sich betheiligt haben, in die Strafcompagnien einzutheilen,*)
und am 17. November 1849 erfolgte ein weiterer Erlass: »Studirende,
welche sich an der Insurrection in Ungarn betheiligt haben, sind
bei Beseitigung jeder übertriebenen Rücksicht und Nichtbeachtung
unbedeutender körperlicher Gebrechen für den Militärdienst sogleich
assentiren zu lassen.«

Wir müssen übrigens dem Fürsten Windischgrätz die Gerechtigkeit widerfahren lassen, dass er auch manchmal mässigend ein-

---

Magistrat und der provisorische Bürgerausschuss beschlossen hat, die nach dem
bisherigen Recrutirungsgesetze recrutirungspflichtigen Mitglieder der akademischen
Legion zwar vorzurufen, jedoch keines derselben wirklich auszuheben.«

Hierauf erfolgte die kaiserliche Resolution vom 7. Mai 1848: »Ich überlasse Ihnen, das anliegende Gesuch in der Ihnen angemessen scheinenden Art zu
berücksichtigen und demgemäss einvernehmlich mit Meinem Minister des Innern
das Erforderliche zu veranlassen.«

Wie hinzugefügt werden mag, wurde diese Begünstigung dann auch den
Studirenden zu Prag, Brünn, Graz, Laibach etc. gewährt.

*) Am 9. Februar 1849 richtete der Abgeordnete Franz Schuselka im
Reichstage zu Kremsier eine Interpellation in dieser Angelegenheit an das Ministerium und nannte diesen Vorgang ein »Gewaltverfahren«.

griff. So erbat sich der Civil- und Militär-Gouverneur von Wien,
Freiherr v. Welden, 23. December 1848, ihm zu gestatten, »eine Masse
ungarischer Studenten und anderlei Gesindel«, welches sich täglich
mehrt, zu den ungarischen Regimentern abstellen zu dürfen. Hierauf
erwiderte der Fürst am 24. December, dass er gegen diese Massregel, dort wo ein legaler Grund zu diesem Verfahren vorliegt,
nichts zu bemerken finde, »dass wir aber, wie sich von selbst
versteht, auch hierbei uns vom gesetzlichen Boden nicht entfernen
dürfen, um nicht zu unliebsamen Rückschritten genöthigt zu
werden.«

So hart aber auch das Geschick derjenigen war, die man in
das Militär oder gar in Strafcompagnien einreihte, wo man sie als
Auswürflinge der Gesellschaft betrachtete, so waren doch jene
Studirenden, die in kriegsrechtliche Untersuchung gezogen wurden,
in einer noch viel ärgeren Lage. Rache und manchmal blutige Rache
war nur zu oft der einzige Gedanke, der diese Gerichte beseelte.

Doch lenken wir von diesem Wege ab und wenden wir uns
der Universität zu.

Am 23. März 1848 wurde das Unterrichtsministerium ins
Leben gerufen*) und wie bereits bemerkt, war Franz Freiherr v.
Sommaruga der erste Unterrichtsminister, und schon am 30. März
erliess er ein Rundschreiben, in welchem er die Universitäten und
sonstige wissenschaftliche Corporationen aufforderte, ihm Vorschläge
bezüglich der Reform des gesammten Unterrichtes zu machen. (Der
Text dieses Schreibens ist nicht vorhanden.)

Während in Wien die Studien zuerst in Folge der Revolution
und dann in Folge des Belagerungszustandes sistirt waren, wurden
Universitätsfragen vielfach in Deutschland ventilirt.

---

*) Am 26. März erschien der Minister des Innern, Freiherr v. Pillersdorf,
an der Universität und sprach dem Lehrkörper gegenüber den Wunsch aus, dass
über einige Lehrfächer ausserordentliche Vorlesungen an der Universität ehe-
möglichst eröffnet werden. Hierauf erbot sich der Universitätsprofessor der Religions-
wissenschaft, Dr. A. Füster, unverweilt Vorträge über die Erziehungskunde zu beginnen. Vicedirector Heintl empfahl am 31. März dieses Anerbieten. »Diese Vorlesungen,
meinte er, werden unter der akademischen Jugend einen guten Anklang finden,
indem Füster vielseitige Kenntnisse besitzt, nachdem sein guter Lehrvortrag und
Methode bekannt sind und weil sich Füster durch sein Benehmen (vorzüglich
während der letzten beweglichen Wochen) die Achtung und Liebe unserer Studirenden
in einem hohen Grade erworben hat.«

In Frankfurt a. M. constituirte sich ein Ausschuss, welcher beschloss, eine freie akademische deutsche Universität ins Leben zu rufen. § 2 des Statutenentwurfes lautete: »Die akademische Universität scheidet die Wissenschaft nicht in Facultäten, sondern sie sucht das Leben in seiner ganzen Wirklichkeit zu erkennen, das Positive im Lichte des Gedankens darzustellen und dadurch die Jugend zu einem selbstbewussten Wirken in der Gesellschaft nach deren sämmtlichen Thätigkeitszweigen zu befähigen. Sie überlässt die seitherigen Hochschulen dem Schicksale ihrer bevorstehenden Reform und stellt sich selber im Voraus als das hin, was jene in längerer Entwicklung werden sollen.« Am 30. August 1848 wendete sich der Ausschuss*) von Frankfurt a. M. aus an das Ministerium des Innern in Wien mit dem Antrage, daselbst die akademische Universität zu errichten, welche zeigen soll, »wie unsere Hochschulen reformirt werden müssen, wenn sie ferner bestehen sollen.«**)

Es ist heute überflüssig, dieses Project einer Kritik zu unterziehen, und haben wir es als Symptom dessen angeführt, was Alles im Jahre 1848 geplant wurde. Das Ministerium in Wien war damals auch anderweitig mit Fragen beschäftigt.***) Allerdings wurde

*) Die Mitglieder des Ausschusses waren: Dr. A. Adler in Worms; Dr. Mor. Carrière, Docent der Philosophie an der Universität zu Giessen; Robert Giseke aus Breslau, Abgeordneter der Vorortebehörde der deutschen Studentenschaft; Dr. Carl Grün in Trier; Gottfried Kinkel, Professor in Bonn; Dr. Friedrich Kapp, Gymnasialdirector in Hanau; Dr. Ludwig Noak in Oppenheim am Rhein; Dr. Adolf Peters in Dresden; Dr. K. Nauwerck aus Berlin, Abgeordneter zur deutschen Nationalversammlung; Dr. Vischer, Professor in Tübingen, Mitglied der deutschen Nationalversammlung.

**) Nicht ohne Interesse ist die Mittheilung folgender Thatsache: Sonntag, am 2. April 1848 zogen die Studirenden in Massen auf den Stefansplatz und begrüssten die deutsche Reichsfahne am Stefansdom, indem sie das Lied von Arndt sangen. Hierauf liess sie der Kaiser einladen, bei der Hofburg zu erscheinen. Mit tausendstimmigen Jubel wurde der Kaiser, der auf den Balcon hinaustrat, begrüsst, und als er um eine der dreifarbigen Fahnen herabsandte und sie dann selbst hoch in den Lüften schwang, erdröhnte die Luft von den Vivatrufen für den Kaiser.

***) Am 17. Juli 1848 trat das Ministerium Dobblhoff-Bach ins Leben. Dobblhoff war Minister des Innern und des Unterrichtes. Für das letztere Ressort wurde Ernst Freiherr v. Feuchtersleben, bis dahin Professor der Psychiatrie, der bekannte Verfasser des Werkes: »Die Diätetik der Seele«, welcher das richtige Verständniss für Studienfragen hatte, zum Unterstaats-Secretär bestellt. In dem

auch dieser Frage, trotz all' der Sorgen, mit welchen das Ministerium überbürdet war, Aufmerksamkeit zugewendet*) und sah sich auch das Ministerium veranlasst, Delegirte zum Congresse nach Jena, welcher die Universitätsfrage besprechen sollte, zu schicken, und sendete die Wiener Universität den damaligen Professor, später Ministerialrath und jetzt Mitglied des Herrenhauses, Tomaschek, und das Unterrichtsministerium den damaligen Professor Hye, nachmals Justizminister und Leiter des Unterrichtsministeriums.

Wir entnehmen dem Berichte dieser Herren an das Unterrichtsministerium vom 18. November 1848 folgendes Resumé über die zu Jena gefassten Beschlüsse:

1. Das Universitäts-Plenum besteht aus den ordentlichen und ausserordentlichen Professoren und einer Deputation der Privat-Docenten. Dieses wählt den Rector und ernennt die akademische Executivbehörde, den Senat.

Bei Angelegenheiten, welche die Studentenschaft im Allgemeinen und unmittelbar betreffen, soll auch eine Deputation der Studirenden mit entscheidender Stimme beigezogen werden.

Die Wiener, Münchner und Würzburger Deputirten beantragen, dass in allen Angelegenheiten, insbesondere und mindestens bei der Wahl des Rectors den Studirenden eine entscheidende Stimme einzuräumen sei.

Doctoren-Collegien, wie sie in Wien bestehen, werden als etwas unbegreifliches befunden.

Entwurfe: »Die Grundzüge des öffentlichen Unterrichtswesens in Oesterreich« vom 18. Juli 1848 bezeichnete er klar die Zielpunkte der angestrebten Reform des gesammten Unterrichtswesens und seiner Verwaltung. Er plaidirte für die Herstellung einer eigentlichen philosophischen Facultät. Nach § 92 hatten die gewählten Senioren der Studenten das Recht, bei den Facultäten, welchen sie angehörten, bei allen Wahlen zu erscheinen und mitzustimmen.

*) Anfangs October sollte eine Studentenversammlung zu Eisenach stattfinden. Studirende der Universität, der Akademie der bildenden Künste und des polytechnischen Institutes in Wien baten an dieser Versammlung Theil nehmen zu dürfen und wünschten eine Subvention von Seite des Staates à fl. 100 für 20 Delegirte. Die Sache wurde *breri manu* zugesagt, und als es dann zur Ausführung kam, fragte Feuchtersleben bei Dobblhoff an, was thun, und dieser antwortete (s. a.): »Verehrtester Freund! Es ist wohl nichts anderes zu thun, als die fl. 2000 für die Eisenacher zu bewilligen und anzuweisen. Nur diese wenigen Worte vorläufig, da ich gerade in Interpellationen stecke.«

2. Universitäten haben ihre Autonomie und sind durchaus keine Prüfungsanstalten für Privatzwecke.

3. Jedem Studirenden steht es frei, sich seine Bildung an einer in- oder ausländischen Universität oder durch Privatstudien zu verschaffen, ohne an irgend einen gesetzlichen Studienplan in der Zeitordnung, Ausdehnung oder Reihenfolge seiner Studien gebunden zu sein.

4. Hingegen wird es nicht als Beschränkung der Lehrfreiheit betrachtet, wenn der Staat für Staatsprüfungen den Nachweis über eine bestimmte Anzahl von Universitätsjahren fordert.

5. Jeder Professor oder Privat-Docent an einer deutschen Universität ist berechtigt, über Alles, ohne weiteren Habilitationsact, an jeder deutschen Universität Vorlesungen anzukündigen.

6. Herbstferien sind vom 15. August bis 15. October, Osterferien so, dass das Studienjahr in zwei möglichst gleiche Hälften getheilt wird.

Wir haben es hier mit praktischeren Vorschlägen zu thun als jene sind, welche von der Errichtung einer freien akademischen deutschen Universität handeln. Allerdings trägt auch dieses Project Spuren des Jahres 1848 an sich.

Inzwischen war auch von Seite des Universitäts-Consistoriums*) in Wien der Bericht vom 23. September 1848 über die Reorganisation der Universität in Folge des erwähnten Auftrages des Unterrichtsministers Sommaruga vom 30. März 1848 eingelaufen.

Zunächst wurde in dem Votum des Universitäts-Consistoriums der Satz aufgestellt: ›Die Universität ist der Vereinigungspunkt der höheren Wissenschaften und ihre Tendenz ist rein wissenschaftlich.‹

Während die ›akademische Universität‹ ausschliesslich auf die Wissenschaft Rücksicht nahm, erschien in Wien (1848) eine Schrift: ›Ideen über die Reform der Universität‹, von Dr. Anton Massari, welche befürwortete, dass die Universität die administrative Central-Schulbehörde des Staates werde, und gegen diese Anschauung machte

---

*) Der akademische Senat in Wien führte früher den Titel: ›Universitäts-Consistorium‹, und zeigt diese Bezeichnung auf den Ursprung der Institution hin. Man übertrug auch früher kirchliche Benennungen auf Personen und Gegenstände, die mit der Kirche nichts zu thun hatten. So führten die deutschen Oberrabbiner, welche von Ruprecht von der Pfalz eingesetzt wurden, den Titel: ›Hochmeister‹ und ›Judenbischöfe‹.

das Universitäts-Consistorium entschieden Front. Ebenso erklärte es sich gegen die Vorschläge der medicinischen Facultät und der ungarischen Nation, die Universität mit dem Polytechnikum oder mit der Akademie der bildenden Künste in Verbindung zu bringen, da dadurch heterogene Lehrzweige miteinander verbunden würden.

Das Consistorium sprach sich ferner gegen die Einverleibung der protestantisch-theologischen Facultät in die Universität aus, da diese katholisch sei. Ueberdies müsste man dann, dem Principe der Gleichberechtigung der Confessionen entsprechend, auch eine griechisch-nichtunirte, eine armenische und israelitisch-theologische Facultät errichten. Es sei daher besser, diesen Facultäten eine gesonderte Stellung einzuräumen.

Von der Ansicht ausgehend, dass die Wiener Universität katholisch sei, sprach sich auch das Consistorium dafür aus, dass die Stelle des Kanzlers, der, wie wir bereits zu bemerken Gelegenhatten, den Papst bei den Universitäten zu vertreten berufen war, gegen welchen sich alle Facultäten, mit Ausnahme der katholischen, ausgesprochen hatten, beibehalten werde, da der Wirkungskreis desselben mit kirchlichen Functionen in Verbindung stehe und diese Stelle durch einen 500jährigen Zeitraum, während dessen sie besetzt war, ehrwürdig geworden sei.

Hingegen wünschte das Consistorium, dass den Bedürfnissen der Zeit nach Freiheit und Selbstständigkeit*) Rechnung getragen werde. Das Consistorium soll daher möglichst frei und selbstständig sein. Es führe von nun an wie in Deutschland den Namen ›Akademischer Senat‹ und unterstehe unmittelbar dem Ministerium und nicht wie bis dahin der Statthalterei, damals niederösterreichische Regierung genannt.

Die Würdenträger der Universität sollen dem Lehrkörper entnommen werden. Ausgeschlossen von dem akademischen Senate sollen sein: die vier Facultätspräsides, der Gymnasial-Studiendirector, die vier Senioren der Facultäten und die Procuratoren der Nationen, die bis dahin Sitz und Stimme im Consistorium hatten. Bezüglich der ›Nationen‹, bemerkte das Consistorium, dass die öster-

---

*) Die Professoren der medicinischen Facultät verlangten in ihrem Gutachten vom 21. August 1848, dass der Universität auch das Recht eingeräumt werde, vacante Kanzeln durch Berufung auf Grund eines Gremialbeschlusses selbst zu besetzen.

reichische und die italienisch-illyrische Nation bereits beschlossen haben, sich aufzulösen.

Schliesslich sprach sich das Consistorium auf das entschiedenste gegen die Landsmannschaften aus, welche von der medicinischen und philosophischen Facultät zur Sprache gebracht wurden, die es geradezu als gefährlich erklärte, da sie leicht zu Verbrüderungen bedenklicher Art oder zu den berüchtigten Burschenschaften auswärtiger Universitäten führen können.

Das Schriftstück ist gezeichnet von Prorector Johann v. Kremer. Rector in dem Sturmjahre war Dr. Sebastian Jenull.

Wir werden Gelegenheit haben, auf die hier vorgebrachten Momente zurückzukommen, und wollten sie zunächst hier skizzirt haben.*)

Während jedoch die Wiener Universität feierte oder zu feiern gezwungen war, begannen an den anderen österreichischen Universitäten regelrecht im Studienjahre 1848/49 die Vorlesungen. Eigenthümlich genug ging man überall von dem Principe der Lehr- und Lernfreiheit aus, das man auch praktisch zur Geltung brachte. Trotz unserer eifrigen Nachforschungen fanden wir jedoch diesbezüglich keine kaiserliche Entschliessung, und diese wäre doch zu einer derartigen Reform nothwendig gewesen. In der Rede, welche

---

*) Feuchtersleben zog sich in den Octobertagen von seinem Amte als Unterstaats-Secretär zurück und übernahm die früher innegehabte Stelle eines Vicedirectors der medicinisch-chirurgischen Facultät. An seine Stelle trat unter dem Ministerium Schwarzenberg-Stadion Josef Alexander Helfert, ehemals Professor des Kirchenrechtes an der Krakauer Universität. Beim Beginne des Jahres 1849 ersuchte Feuchtersleben, ihn vom Vice-Directorat zu entheben, und Graf Stadion, Minister des Innern, befürwortete am 22. Jänner 1849 dieses Ansuchen. Er schrieb: »Schritte rücksichtlich des medicinisch-chirurgischen Lehrkörpers, die ihm seine Anstellung im Ministerium des öffentlichen Unterrichtes zur verantwortlichen Pflicht machten und die, einzelnen Mitgliedern schmerzlich fallend, eine Rückwirkung ausübten, die jeder höher gestellte Staatsmann als Dank meist für diejenigen Verfügungen zu erfahren pflegt, die ihm an sich schon die unangenehmsten sind und manche Selbstüberwindung erfordern, haben ein Verhältniss hervorgerufen, das ihm eine erfolgreiche Amtsthätigkeit unmöglich macht. Gewöhnt, nur dort an der Stelle zu bleiben, wo eine solche möglich ist, und nicht mit einer Scheindienstleistung den Staat und sich zu täuschen, die nur Rang und Einnahme, aber nicht die Möglichkeit mit Ehre und nach seiner Ueberzeugung zu wirken, veranlassen Feuchtersleben, um die Enthebung von dieser Stelle zu bitten.« Am 3. Februar 1849 gewährte der Kaiser die Bitte Feuchterslebens mit dem Vorbehalte dessen Verwendung in einer seinenKräften und Kenntnissen zusagenden Sphäre.

Sommaruga am 30. April 1848 in der Aula hielt, verhiess er blos Lehr- und Lernfreiheit. In dem Vortrage des Grafen Thun vom 30. September 1849 wird ebenfalls darauf hingewiesen, dass die Lehr- und Lernfreiheit bewilligt sei, doch fragt es sich, von wem? Erst § 44 der Studienordnung vom 29. September 1850 hat derselben den legalen Boden gegeben.

Unter den Stimmen, die sich über den Entwurf der »Grundzüge des öffentlichen Unterrichtes« bemerklich machten, müssen wir das Votum der medicinischen Facultät zu Prag vom 15. Juni 1849 hervorheben. Sie bestritt zunächst, dass die deutschen Universitäten, nach welchen die österreichischen reformirt werden sollten, als mustergiltig anzusehen seien, da auch da das Bedürfniss nach Reformen sich geltend mache, wie dies die Versammlung zu Jena bewiesen habe. Sie polemisirte ferner gegen die Anschauung, als würden schriftstellerische Leistungen zumeist von Professoren ausgehen, was die Literaturgeschichte beweise. Es komme sogar nicht selten vor, dass die literarische Fruchtbarkeit mit der Berufung auf die Lehrkanzeln wenn nicht ganz versiegt, so doch auffallend abnehme. Ebenso verwahrt sie sich gegen die Ansicht, als würde die Praxis das Grab aller Wissenschaftlichkeit sein, da speciell auf dem Gebiete der Medicin die Wissenschaft nur auf Grund der Praxis sich entwickeln könne.

Sie sprach sich ferner für die Einverleibung der »Technik« als fünfte Facultät aus, und für die philosophische Facultät wäre der ehemalige Titel: *Facultas scientiarum et artium liberalium* passender; oder es könnte die philosophische Facultät folgende Sectionen umfassen: 1. Die eigentlich philosophische, 2. die naturwissenschaftliche, 3. die mathematisch-physikalische, und 4. die historisch-philosophische.

Sie schloss mit dem Satze: »Die Universitäten sind nicht blos Bildungsanstalten, sondern sie sind der Mittelpunkt aller im Lande zur Pflege und Verbreitung der Wissenschaften vorhandenen geistigen und materiellen Kräfte.«*)

---

*) Diese Facultät befürwortete ferner, das Schulgeld in Volks- und Mittelschulen aufzuheben, da diese Anstalten die allgemeine Bildung des Volkes fördern, hingegen das Collegiengeld an Universitäten einzuführen, und um dem Denunciantenthum, das früher blühte, zu begegnen, wünschte sie, dass die Negation der Unbescholtenheit sich auf ein richterliches Urtheil gründen müsse.

Viel wichtiger als dieses Votum war die Denkschrift der Bischöfe. Wie man weiss, waren die Bischöfe Oesterreichs im Sommer des Jahres 1849 in Wien versammelt, um über kirchliche Angelegenheiten zu berathen. Diese überreichten am 15. Juni 1849 eine Denkschrift, der wir folgende Sätze entnehmen:

›Der Unterricht vermag seine Kraft nur aus der Religion zu schöpfen, und wenn die Staatsgewalt über den Unterricht selbstständig zu verfügen unternimmt, so zerstört sie, anstatt zu bauen.

Der Staat kann die Religion so wenig entbehren, dass es nicht einmal der Frankfurter Versammlung gelungen ist, sich ganz von derselben loszumachen, denn so viele Mühe sie sich gibt, einen atheistischen Staat zu bauen, sie wagt es doch nicht, für diesen ihren Musterstaat des Eides zu entbehren.

Die Hegel'sche Philosophie hat den Atheismus mächtig gefördert . . .

Der Staat kann nicht mehr verkennen, dass die sittlichen Ueberzeugungen nur in der Religion dauerhafte Bürgschaft finden, und muss darauf Verzicht leisten über den Unterricht, insoweit derselbe die sittlichen und religiösen Ueberzeugungen zum Gegenstande hat, selbstständige Verfügungen zu treffen.

Während der Protestantismus der Auflösung rasch entgegen geht, steht die katholische Kirche unerschütterlich auf dem Felsen, welchen Gottes Hand gebaut hat . . .

In die theologischen Studien sind nur solche Candidaten aufzunehmen, welche das Unter- und Ober-Gymnasium mit hinreichendem Erfolge zurückgelegt haben.

Die Theologie zerfällt in vier Jahrgänge und wird von wenigstens sechs Professoren vorgetragen.

Das preussische Unterrichtswesen verdient wenig Beachtung, denn es hat die Probe der Erfahrung nicht bestanden. Der Staat der Intelligenz trug die kläglichste Ohnmacht und Zerrissenheit der sittlichen Ueberzeugungen zur Schau.

Der Entwurf der Grundzüge des Unterrichtswesens in Oesterreich, der dem preussischen nachgeahmt ist, entstand, als die Fieberwuth der Revolution sich ihrem Höhepunkte näherte.

Die Besetzung der Lehrkanzel für katholische Religion an der philosophischen Facultät ist dem Bischofe vorzubehalten, und wo das nicht schon der Fall ist, da ist ein Universitätsprediger zu bestellen.

Die katholische Kirche nimmt hinsichtlich der katholischen Jugend nicht nur den Religionsunterricht allein in Anspruch.«

Nachdem die Berathungen der Bischöfe gepflogen worden waren, unterhandelte man mit dem Grafen Leo Thun, das Unterrichts-Portefeuille zu übernehmen. Zu jener Zeit gehörte der Cultus in das Ressort des Ministeriums des Innern. In Folge der Denkschrift der Bischöfe, glaubte Graf Thun nur dann mit Erfolg das Unterrichtswesen leiten zu können, wenn ihm auch das Portefeuille des Cultus übertragen würde, und so wurde Graf Thun Minister für Cultus und Unterricht (vergl. G. Wolf, Geschichte der k. k. Archive in Wien, S. 197).

Es sind heute Jahre über das Ministerium Thun hinweggegangen und gehört dasselbe der Geschichte an. Das Urtheil über die Wirksamkeit dieses Mannes ist sehr verschieden. Will man jedoch unparteiisch sein, so wird man zugeben, dass er auf dem Gebiete des Unterrichtswesens viel Gutes, ja man darf sagen, Grosses geleistet hat. Er hat die Mittelschulen vom Grunde aus reformirt und die Universitäten ihrem eigentlichen Berufe, als Stätten der Wissenschaft, zugeführt. Allerdings hat er gar oft als Cultusminister seine Wirksamkeit als Unterrichtsminister geschädigt. In der guten Absicht, etwaigen unmässigen oder übermässigen Ansprüchen des Episcopates auf dem Gebiete des Unterrichtes entgegen zu treten, hatte er verlangt, das Portefeuille des Cultus mit dem des Unterrichtes zu vereinen, und doch hätte es zu jener Zeit, als noch die Josefinischen und Franziscanischen Traditionen lebendig im Episcopate vorhanden waren*), wenig Bischöfe gegeben, die in solcher Weise die wichtigsten Rechte des Staates, die auf dem Gebiete des Unterrichtes mit eingeschlossen, der Kirche überantwortet haben würden, wie dies Graf Thun that.

Dieser Zustand entwickelte sich jedoch erst im Laufe der Zeit und der Umstände. Als Graf Thun ins Amt trat, war der Unterrichtsminister in ihm der dominirende und nicht der Minister für Cultus.

Fassen wir nun die Sachlage, wie sie Graf Thun vorgefunden

---

*) Vergl. das Votum des Grafen Hohenwart, Erzbischofs von Wien, in unseren: »Historische Skizzen«, S. 11.

hatte, zusammen,*) als er daran ging, die Reform der Universität
ins Leben zu rufen, und was zur Sanirung der Missstände
geschehen.

Die Leitung der österreichischen Universitäten lag bis zum
Jahre 1848 ausschliesslich in der Hand der Regierung. Inhalt,
Umfang und Reihenfolge aller Lehrfächer wurde durch die Studienpläne vorgeschrieben und die Thätigkeit einer jeden Studienabtheilung durch einen von der Regierung bestellten Director oder
Vicedirector überwacht und geleitet. Diese Verfassung drückte die
österreichischen Universitäten zu dem Range von Schulen herab,
an denen eine kräftige Entfaltung, ein freier Aufschwung der
Wissenschaft im Ganzen nicht möglich war, und wurde daher sofort
im Jahre 1848 verworfen, indem das Princip der Lehr- und Lernfreiheit ausgesprochen und die unmittelbare Leitung der Universitätsstudien ihrem Wesen nach den bisherigen Studiendirectoren
abgenommen und in die Hände des Lehrkörpers gelegt wurde. Es
fehlten aber ausreichende Bestimmungen darüber, wie die Lehrkörper mit consequenter Festhaltung des Grundsatzes, der ihnen
die Leitung zuerkannte, sowohl sich einzeln zu constituiren, zu
bewegen, als auch aus sich die oberste akademische Behörde als
Leiterin der ganzen Universität zu bilden haben. Das bisher Bestandene war entfernt, aber keine feste Einrichtung an dessen Stelle
gesetzt.

Ein Gesetz über die Organisirung der akademischen Behörden
war daher ein dringendes, da es keine andere Bürgschaft für die
Trefflichkeit des Unterrichtes gibt, als die, welche in der Tüchtigkeit und dem guten Willen der Lehrer liegt. Es war daher von
Wichtigkeit, diesen Willen für die Erfolge des Unterrichtes verantwortlich zu machen, und dies war nur dann möglich, wenn den
Lehrern die Leitung des Lehrinstitutes anvertraut wurde. Deshalb
wurde schon im Jahre 1848 der Grundsatz ausgesprochen, dass
die bis dahin von Regierungsorganen besorgte Leitung für die
Zukunft dem Lehrkörper zu übertragen sei. Selbstverständlich
erwuchs daraus die Aufgabe, dass die Leitung an Männer komme,
welche ihre Wissenschaftlichkeit und ihren Charakter in einer

---

*) Dankbar mag auch der Männer gedacht werden, die ihm zur Seite
standen. Es waren zuerst Hofrath Exner, welcher in grundlegender Weise mitwirkte, dann Unterstaats-Secretär Helfert und Ministerialrath Tomaschek.

längeren öffentlichen Wirksamkeit erprobt haben, welche in der
Regel die ordentlichen Professoren sind. Da jedoch die Lehrkörper
noch lückenhaft waren, so sollten den ordentlichen auch ausserordentliche Professoren beigegeben werden; hingegen sollten sich
Privat-Docenten nicht an der Leitung betheiligen, da sie einerseits
Privatlehrer sind, andererseits aber sich erst zu bewähren haben.
Wohl aber konnten Privat-Docenten anwesend sein, um ihre Interessen
zu vertreten. *) Die akademischen Aemter sollten nicht mehr Ehren-
ämter sein und daher musste die akademische Oberbehörde aus den
Lehrern selbst, welche die Zustände und die Bedürfnisse der Universitäten kennen, hervorgehen.

In Wien und Prag hatten sich besondere Verhältnisse durch
die Doctoren-Collegien herausgebildet, welche die Facultäten aus-
machten. So kam es, dass die Unterrichtsanstalt eigentlich ausserhalb der Universität stand, dass die Universität als solche und ihre
Behörden mit dem Unterrichte, sonst der alleinige Zweck der Universitäten, nichts zu schaffen hatte, und dass die Lehrer theils von
den Universitätswürden gesetzlich ausgeschlossen waren, theils auf
dieselbe nicht als Lehrer, sondern nur, wenn sie zugleich Doctoren
und als solche einer Facultät immatriculirt waren, einen Anspruch hatten.

Um der Geschichte gerecht zu werden, sollten daher die
Doctoren-Collegien in der obersten Behörde nach wie vor vertreten
sein und die Decane der Doctoren-Collegien in den leitenden Lehr-
körpern Sitz und Stimme haben und als Mitglieder der obersten
akademischen Behörden ihren Einfluss auf alle Unterrichtsangelegen-
heiten zu üben berechtigt sein.

---

*) Bezüglich der Privat-Docenten wurden die Lehrkörper, welchen die
unmittelbare Leitung der Lehranstalten anvertraut war, dafür verantwortlich, dass
jeder Docent, wie die Professoren, dem Zwecke der höheren Unterrichtsanstalten
entsprechend lehren und in seinem Verhältnisse zu den Studirenden sich benehmen
werde. »Der Inhalt der Vorlesungen sollte daher nicht auf geistreiche Unterhaltung
oder rednerische Erregungen abzwecken, sondern er hat Wissenschaft zu sein,
und sein Zweck ist, wissenschaftliche Einsicht den Zuhörern beizubringen.
Der Docent hat ferner den Geist echter Freisinnigkeit und darum zugleich den
Geist strenger Gesetzlichkeit, so weit dies in seinem Gegenstande liegt, zu nähren
und darf diesem nie und nirgends feindlich entgegentreten. Die Lehrkörper waren
verpflichtet, hierauf mit Ernst zu sehen und nöthigenfalls mit sofortiger Suspension
vom Lehramte vorzugehen.«

Graf Thun unterbreitete diese Vorschläge behufs Umgestaltung der akademischen Behörden am 19. September 1849 dem Kaiser mit dem Bemerken, da diese Einrichtungen zu wichtig seien, so sollten sie vorläufig provisorisch, und zwar für vier Jahre sein, damit sie sich inzwischen erproben. Es war auch in Aussicht genommen, Specialgesetze für jede Universität, mit Berücksichtigung ihrer historischen Verhältnisse, zu erlassen.

Einige Tage hernach (am 30. September 1849) unterbreitete er neuerdings einen Vortrag bezüglich der Einführung des Collegiengeldes, und sollte eine gänzliche oder theilweise Befreiung von der Entrichtung desselben nur in seltenen Fällen wahrer Dürftigkeit, verbunden mit ausgezeichneter wissenschaftlicher Verwendung, stattfinden. Eine Ausnahme hiervon könnte blos für die Studirenden der Theologie Platz greifen, für welche die Befreiung vom Collegiengeld als Regel zu gelten hätte, da das Bedürfniss, der Seelsorge die nöthige Zahl von Individuen dieser Disciplin zuzuführen, eine solche Massregel erheischte.

Für die weltlichen Facultäten wurden ferner folgende Anordnungen festgesetzt: Das Studium im Auslande, das bis zum Jahre 1848 verpönt war (das betreffende Verbot wurde über einen Antrag des philosophischen Lehrkörpers der Wiener Universität mittelst Erlasses des Unterrichts-Ministeriums vom 14. Juli 1848 aufgehoben), wurde gestattet, jedoch sollte ein Theil der Studien, und zwar für die philosophische Facultät Ein Jahr und für die anderen Facultäten zwei Jahre, an einer österreichischen Universität absolvirt werden müssen. Privatstudien aber wurden ganz aufgehoben.*)

Aus der provisorischen Disciplinar-Ordnung heben wir hervor: § 6, nach welchem die Studirenden an einer Universität oder Facultät in ihrer Gesammtheit keine Corporation bilden, und § 11 des Inhaltes: Studentenverbindungen sind nicht gestattet.**) (Vergl. Reichsgesetzblatt 1849, Nr. 416, wo sich auch der Vortrag des Ministers befindet.)

---

*) Am 19. Jänner 1850 erfloss wiederholt die Anordnung, den Besuch auswärtiger Universitäten den Studirenden nicht zu erschweren.

**) Als die Studenten der Wiener Hochschule im Jahre 1859 eine selbstständige Schillerfeier veranstalten wollten, wurde ihnen diese nur in Verbindung mit dem Gesammtkörper der Universität gestattet. Seit dem Vereinsgesetze vom 15. November 1867 wurden Studentenverbindungen gestattet. (Vergl. Lemayer, Verwaltung der österreichischen Hochschulen, S. 79.)

Indem wir bezüglich der weiteren Reformen der Universität von 1848—1850 auf Lemayer's: »Die Verwaltung der österreichischen Hochschulen«, S. 30, u. s. w., hinweisen, möchten wir hier einige Ergänzungen beifügen und deren Genesis darstellen.

Zunächst war es wichtig, tüchtige Gelehrte als Lehrkräfte für die Universität zu gewinnen, denn wohl hatte die medicinische Facultät in Wien auch vor dem Jahre 1848 einen weithin tönenden Namen und Ruf; anders war dies bei den anderen Facultäten, wo die Celebritäten nur sehr spärlich oder gar nicht vorhanden waren. Das Ministerium wendete sich daher am 16. December 1848 an die kurz zuvor ins Leben gerufene Akademie der Wissenschaften, deren Mitglieder, wie angenommen werden musste, die Spitzen und Leuchten der Wissenschaften waren, mit dem Ersuchen, Vorlesungen zu halten. In der betreffenden Zuschrift heisst es: »Wenn die Wissenschaften zu allen Zeiten ihren schönsten Ruhm darin fanden, dass sie den Geist der Menschen erhellend, die Leidenschaften derselben mässigten, so ist es gegenwärtig von höchster Wichtigkeit, dass der vielfach bewegten Jugend die Wissenschaft in ihrer ganzen Kraft, Grösse und Würde vorgeführt werde, auf dass sie ihren Geist mit edlen Banden zu fesseln und in die Bahn ernster Selbstbildung und Selbstveredlung zu leiten vermöge, auf welcher allein ihr Heil und das des Vaterlandes zu finden ist.«

Diese Aufforderung hatte den besten Erfolg und es erklärten am 15. Jänner 1849 21 Mitglieder der Akademie der Wissenschaften, Vorträge über verschiedene Disciplinen halten zu wollen.*)

Wie wir jedoch bemerken müssen, wurde im Laufe der Zeit von Seite der Akademiker immer weniger von diesem ihnen eingeräumten Vorrechte Gebrauch gemacht und im Jahre 1872 beschloss die Akademie der Wissenschaften mit 23 gegen 13 Stimmen, dass der § 12 des Ministerial-Erlasses vom 9. December 1848, nach welchem die Mitglieder der Akademie der Wissenschaften die Berechtigung haben, auf jeder österreichischen Universität öffent-

---

*) Eine Verordnung vom 3. October 1848 hob mit Rücksicht auf die schon ins Leben getretene Lehr- und Lernfreiheit die bis dahin vorgeschriebenen Concurse um erledigte Lehrkanzeln auf, und behielt sich das Ministerium vor, die Absetzungen und Berufungen im geeigneten Wege auf Grundlage erwiesener Befähigung und ohne Prüfungen einzuleiten. Eine Verordnung vom 6. October 1848 estzte fest, erledigte Stellen an Gymnasien vorläufig durch Supplenten zu besetzen.

liche Vorträge zu halten, aufzuheben sei. Mittelst Erlasses vom 19. März 1872 hob daher das Ministerium diese Bevorzugung auf.*) Anknüpfend hieran wollen wir hervorheben, dass am 6. August 1854 die Norm festgesetzt wurde, dass die Cumulirung einer Professur mit einem systemisirten Posten in einem anderen Zweige des Staatsdienstes unzulässig sei.

Die Veranlassung hierzu war folgende: In Folge einer kaiserlichen Entschliessung vom 1. Mai 1848 wurde im Justizministerium zur Beihilfe für die Organisirungs-Arbeiten, die, wie begreiflich, damals, als Oesterreich zu einem Rechtsstaate umgestaltet werden sollte, ungeheuer gross und zahlreich waren, ein Generalsecretär bestellt und mit diesem Amte der damalige Professor des Vernunft- und österreichischen Criminalrechtes an der Wiener Universität, Anton Hye, den nicht blos die Märztage an die Oberfläche brachten, sondern der sich bereits als Gelehrter einen Namen erworben hatte, betraut. Da dieser sich jedoch von der ihm lieb gewordenen Kanzel nicht trennen wollte, wurde ihm mittelst allerhöchster Entschliessung vom 1. Mai 1848 (vergl. ›Wiener Zeitung‹ vom 4. Mai) gestattet, die Professur beizubehalten, und versah er dieselbe unentgeltlich. Im August 1848 wurde das General-Secretariat aufgehoben und in Folge einer kaiserlichen Entschliessung vom 25. August trat Hye als Ministerialrath ins Justizministerium, mit Vorbehalt des Rücktrittes zur Professur an der Universität in Wien, ein. Später (19. April 1849) wurde diese Ministerialstelle, welche Hye verliehen wurde, systemisirt, und nach wie vor setzte er seine Vorlesungen, die sich eines grossen Zuhörerkreises erfreuten, fort.

Graf Thun hielt wohl den Ministerialrath Hye für einen Mann von ungewöhnlicher Thätigkeit und Gewandtheit in der Führung der Geschäfte wie im öffentlichen Vortrage und in schriftstellerischen Arbeiten, nichtsdestoweniger fand er die Cumulirung einer Professur mit einem systemisirten Posten in einem anderen Zweige des Staatsdienstes für unzulässig. Thatsächlich erschien das diesbezügliche Gesetz im Reichsgesetzblatte**).

---

*) Die gleiche Bevorzugung, wie die Mitglieder der Akademie der Wissenschaften, genossen die Mitglieder der böhmischen Gesellschaft der Wissenschaften in Prag, welche ebenfalls in Folge des citirten Ministerial-Erlasses aufhörte.

**) Wie es scheint, haben in diesem Falle persönliche Motive mitgewirkt. Bei der feierlichen Inauguration Hye's zum Rector, am 9. October 1871 nämlich,

Während jedoch Hye der Professur enthoben wurde, gestattete man anderen Professoren eine derartige Amts-Cumulirung, und bis auf den heutigen Tag gibt es thatsächlich Professoren, welche Ministerialräthe, wenn auch *extra statum*, sind. Man hatte und hat nämlich keinen Ueberschuss an bedeutenden Männern.

Von diesem Momente abgesehen, geben wir nur der Wahrheit die Ehre, wenn wir sagen, dass Graf Thun redlich bemüht war, die tüchtigsten Kräfte nach Wien zu ziehen, und sprach er am 21. October 1849 im Allgemeinen die Absicht aus, dass insbesondere die literarische Productivität der Professoren Berücksichtigung zu hoffen habe. Von nun ab hörten auch die »systemisirten« Lehrkanzeln auf und es wurden die für nothwendig anerkannten Lehrkanzeln errichtet. In gleicher Weise wurde auch die Institution der Supplenten aufgehoben, an deren Stelle die Docenten traten.*)

---

begrüsste ihn nach damaliger Sitte der zu jener Zeit fungirende Doctoren-Decan der juridischen Facultät, Hof- und Gerichts-Advocat Dr. Josef Kopp. Dieser gedachte der Wirksamkeit Hye's im Jahre 1848, und dass er, trotzdem er Ministerialrath wurde, die Professur unentgeltlich beibehielt, von welcher er jedoch unfreiwillig scheiden musste. »Der damalige Unterrichtsminister wollte nicht,« sagte Kopp, »dass Naturrecht und nun gar philosophisches Staatsrecht an der Wiener Universität gelehrt werde.« Um aber einen formellen Grund für Hye's Beseitigung von der Lehrkanzel zu schaffen, wurde das oben citirte Gesetz erlassen. Während jedoch für andere Professoren, welche von diesem Gesetze ebenfalls betroffen wurden, die Dispens erwirkt wurde, blieb für Hye dieses »Leoninische Gesetz« aufrecht. (Vergl. Taschenbuch der Wiener Universität 1872, S. 19.) Wahrscheinlich hat sich Hye das Uebelwollen Thun's dadurch zugezogen, dass er sich im Professoren-Collegium gegen die Berufung ultramontaner Professoren aussprach.

*) Am 30. März 1848 bat Dr. Karl Giskra, welcher dann, wie man weiss, eine so hervorragende Rolle als Staatsmann einnahm, damals Supplent der politischen Wissenschaften an der Wiener Universität, ihm zu gestatten, Vorlesungen über constitutionelles Staatsrecht zu halten. Diese Bitte wurde gewährt, in Betracht, dass Dr. Giskra vermöge seiner hohen wissenschaftlichen Ausbildung, vermöge der Lebendigkeit und Correctheit seines Vortrages jedenfalls zu den ausgezeichnetsten Lehramts-Candidaten gehöre, endlich des Umstandes, dass nach seinen bisherigen Vorträgen eine Ausartung in für das constitutionelle Oesterreich gefährliche Grundsätze, ein Missbrauch der Lehrfreiheit nicht zu befürchten sei. Die Bedingung des Referenten, dass Giskra seine Vortragshefte dem Unterrichtsminister vorlege, wurde nicht berücksichtigt. — Im Jahre 1848 habilitirten sich ferner die nachmaligen Minister Rudolf Brestel für Meteorologie, J. N. Berger für Rechtsphilosophie und Leopold v. Hasner für Geschichte der Nationalökonomie.

Gewissermassen eine Ausnahmsstellung hatte die theologische Facultät. Für Studirende der Theologie wurde in besonderer Weise das Studiengesetz angewendet (vergl. Lemayer, S. 34). Am 23. April 1850 wurde festgestellt, es sei ein Unterschied zwischen den theologischen Diöcesan- und Kloster-Lehranstalten einerseits und dem theologischen Facultätsstudium andererseits zu machen. Nur an den Facultäten galten die akademischen Gesetze; kein Hörer an der Universität sollte jedoch angestellt werden, wenn nicht früher die Verständigung mit dem Bischofe erfolgt ist. Der Wunsch, eine Lehrkanzel für Religion an der Universität zu systemisiren, wurde nicht berücksichtigt, wohl aber sollte ein Mann, der die christliche Ueberzeugung auf dem Gebiete der Wissenschaften zu vertreten im Stande ist, einen angemessenen Gehalt beziehen.*)

Eine vollständig neue Schöpfung war die philosophische Facultät.

Die bis dahin bestandenen zwei Jahrgänge der philosophischen Studien bildeten zugleich die philosophische Facultät. Eigentlich waren sie blos propädeutische Studien und wurden deshalb bei der neuen Organisation der Gymnasien mit letzteren als siebente und achte Classe vereinigt, wie dies bereits in den »Grundzügen« in Aussicht genommen war.

Um den Bedürfnissen und Anforderungen des Unterrichtes zu entsprechen, wurden in Folge eines Vortrages des Grafen Thun vom 4. November 1849 die philosophischen Disciplinen als eigentliches Facultätsstudium auf den Universitäten ins Leben gerufen und die dieser Facultät zugezählten Wissenschaften vollständig und von tüchtigen Lehrern vertreten.

Unter diesen Wissenschaften nahmen die Naturwissenschaften einen wesentlichen Platz ein. Von ihnen wurde bis dahin blos die allgemeine Naturgeschichte und Physik zur philosophischen Studienabtheilung gezählt, Chemie und specielle Naturgeschichte aber der medicinischen Facultät zugetheilt, ein Uebelstand, dessen sofortige Hebung bei der Regelung der Facultätsstudien unabweisbar war.

---

*) Bezüglich der Religionslehrer an Mittelschulen wurde als wünschenswerth bezeichnet, dass sie auch aus einem anderen Fache geprüft sind, in welchem Falle sie der Staatsgewalt unterstehen, von der sie die Anstellung erhalten. Die Erfahrung hatte nämlich gelehrt, dass die Ordinariate mitunter Männer als Religionslehrer vorschlugen, die auch angestellt wurden, welche sich dieses Amtes in jeder Beziehung unwürdig zeigten.

Es wurden daher die Professoren der Chemie und der speciellen Theile der Naturgeschichte von der medicinischen Facultät getrennt und der philosophischen Facultät zugewiesen.

Aber durch blosse Uebertragung der bis zu jener Zeit an der medicinischen Facultät systemisirt gewesenen naturwissenschaftlichen Lehrkanzeln in die philosophische Facultät würde die Naturgeschichte in dieser noch keineswegs dem jetzigen Stande der Wissenschaft entsprechend gewesen sein, da diese in neuerer Zeit nicht nur durch Entdeckungen in allen drei Naturreichen, insbesondere mit Hilfe des Mikroskopes an Umfang ausserordentlich gewonnen, sondern zugleich die wissenschaftliche Forschung von der blossen Betrachtung des äusseren Habitus auf den inneren Bau und das Leben der Organismen gewendet und dadurch zu den wichtigsten Resultaten geführt.

Deshalb war es unerlässlich, dass wenigstens an den grösseren Universitäten die einzelnen Gebiete der Naturgeschichte abgesondert vertreten werden, um den Professoren die Förderung der Wissenschaft möglich zu machen und um den Studirenden einen gründlichen Unterricht zu bieten. Es waren daher je ein Professor für Mineralogie und Zoologie und zwei Professoren der Botanik nothwendig, und zwar einer für Classification und Systematik der Pflanzen und der andere für Physiologie und Morphologie derselben.

Zwar stellten sich in Beziehung auf Mineralogie auch abgesonderte Vorträge über ,Krystallographie, Geologie und Paläontologie, sowie rücksichtlich der Zoologie der Unterricht in der vergleichenden Anatomie als sehr wünschenswerth und zur vollständigen Vertretung der naturhistorischen Wissenschaften als nothwendig heraus. Um jedoch die Finanzen nicht zu sehr in Anspruch zu nehmen, wurden vorläufig ausserordentliche Vorträge einzelnen Professoren oder Privat-Docenten überlassen.

Zunächst wurden daher für obengenannte Fächer Professoren für die Wiener und Prager Universität ernannt.

Selbstverständlich ging mit der Pflege der Naturwissenschaften auch die der Mathematik Hand in Hand und wurde im Jahre 1877 sogar eine dritte Lehrkanzel für Mathematik errichtet.

Ausser für die Naturwissenschaften war es dringend nothwendig, tüchtige Kräfte für Geschichte und classische Philologie zu gewinnen und diese Studien der Würde der Universität entsprechend einzurichten.

Wie bereits angedeutet, wurde das Studium der Geschichte vor 1848 fast gänzlich vernachlässigt. Wohl war an der Wiener Universität ein Professor für Geschichte bestellt. Dieser hatte die ganze Weltgeschichte im Laufe eines Studienjahres vorzutragen. Selbstverständlich konnte Specialgeschichte, Cultur- und Literaturgeschichte gar nicht berücksichtigt werden. Es ist daher begreiflich, dass unter diesen Verhältnissen in Oesterreich auch kein Historiker entstehen konnte. Man musste deshalb daran denken, eine Schule für historische Studien zu begründen, geeignet, die strebsamen Kräfte des Vaterlandes zu leiten und zu entwickeln und dadurch die historischen Bestrebungen, die häufig unfähig, sich über einen engen provinciellen Gesichtskreis zu erheben, in falsche Bahnen geriethen, auf einen höheren Standpunkt zu heben.

Da man auf Oesterreicher nicht zählen konnte, so musste man den Blick nach dem Auslande richten und fand Grauert in Münster, der überdies Katholik war. Dieser wurde am 15. December 1849 zum Professor der Geschichte ernannt, und zwar sollte er nicht nur die allgemeine Geschichte in ihren Hauptmomenten vortragen, sondern er war auch berechtigt, speciell historische Gebiete mit kritischer culturhistorischer Rücksicht zu umfassen.

Man erkannte aber auch als eine der dringendsten Aufgaben, eine gründliche Bearbeitung der österreichischen Geschichte zu fördern, junge Kräfte zur Erforschung und Benützung der Quellen derselben anzuleiten und so österreichische Geschichtsforscher und Professoren der Geschichte für die österreichischen Universitäten heranzubilden. Diese Disciplin konnte jedoch nur einem österreichischen Gelehrten anvertraut werden. Es wurde daher Albert Jäger, bis dahin Professor in Innsbruck, am 23. Mai 1851 nach Wien berufen und wurde sofort in Aussicht genommen, dass unter seiner Leitung eine Schule für österreichische Geschichte errichtet werde.

Es waren nun zwei Lehrkanzeln für Geschichte, die später noch vermehrt wurden, so dass die Kanzel für österreichische Geschichte allein mit zwei Professoren besetzt wurde.

Ausser für Geschichte, musste gesorgt werden, tüchtige Kräfte für classische Philologie zu finden. Die Wahl fiel zunächst

(6. Februar 1849) auf Bonitz, bis dahin Oberlehrer am Gymnasium zu Stettin. Man hoffte, dass die Ausbildung der künftigen Gymnasiallehrer in die Hände eines Mannes käme, der die Bedürfnisse der gelehrten Schulen genau kennt. Von ihm erwartete man auch eine kräftige Unterstützung bei der geplanten Reorganisation der Gymnasien, da man sonst Jemanden ausschliesslich zu diesem Zwecke aus dem Auslande hätte berufen müssen.

In welcher Weise Bonitz die Hoffnungen, die man an seine Berufung knüpfte, erfüllte, ist bekannt.

Bald zeigte es sich, dass die eine Kraft allein nicht genügte. Die Wahl war aber schwer, da auch ausserhalb Oesterreichs in den katholischen Ländern Deutschlands das classische Studium mit weit geringerem Eifer als in den protestantischen betrieben worden ist. Einen Protestanten wollte man jedoch nicht berufen, da Bonitz Protestant war. Es wurde daher Karl Grysar, bis dahin Oberlehrer am katholischen Gymnasium zu Köln, zum Professor der classischen Philologie und Literatur berufen. Während Bonitz sich zumeist der griechischen Philologie zuwendete, sollte Grysar's wissenschaftliche Thätigkeit der lateinischen Philologie gewidmet sein.*)

Wir glauben hier beifügen zu sollen, dass schon am 14. April 1849 »in Anbetracht des unabweisbaren Bedürfnisses einer zeitgemässen Cultur und Vertretung der slavischen Sprachen und ihrer Literatur an der Wiener Universität« und in Berücksichtigung, dass die Verfassung vom 4. März 1849 die Gleichberechtigung aller Nationalitäten aussprach, Franz Miklosich, bis dahin Amanuensis in der Hofbibliothek, zum Professor dieses Faches berufen wurde. Tags darauf (am 15. April) erfolgte die Berufung Johann Kollar's für slavische Alterthümer und Archäologie. Ihm wurde nachgerühmt, dass er seiner Zeit, als er zu Jena lebte, die Bekanntschaft Goethe's machte, der slavische Volkslieder, welche Kollar geschrieben hatte, ins Deutsche übertrug. Zum Professor der böhmischen Sprache wurde A. Sembera (29. November 1849) ernannt, der bekanntlich die Echtheit der Königinhofer Handschrift bezweifelte.

Am 28. Juni 1850 wurde Anton Boller, bis dahin Privat-Docent, zum Professor für vergleichende Sprachen und Sanscrit

---

*) Nach dem Tode Grysar's wurde Vahlen berufen (Juli 1858), der unter der geringen Zahl katholischer Gelehrter dieses Faches einen der ersten Plätze einnahm.

ernannt. Goldenthal lehrte semitische Sprachen. Für die persische, arabische und armenische Sprache trat erst im Jahre 1860 Friedrich Müller als Docent auf.

Last not least müssen wir auch der Errichtung einer Lehrkanzel für deutsche Sprache und Literatur gedenken. Graf Thun hielt die Errichtung derselben nicht minder unerlässlich, ja insofern noch wichtiger, als dieser Gegenstand bis dahin jeder Pflege an den österreichischen Hochschulen entbehrte und die deutsche Literatur die slavische, für welche bereits Lehrkanzeln errichtet wurden, an Reichthum und Bedeutung weit übertrifft. Für diese Lehrkanzel wurde (28. October 1849) Wilhelm Wackernagel berufen. Nachdem dieser jedoch verzichtet hatte, trat an seine Stelle Theodor v. Karajan, der später Präsident der Akademie der Wissenschaften war, welcher jedoch im Jahre 1852 von der Lehrkanzel schied. Da die Ursache dieses Rücktrittes principieller Natur war, so wollen wir ihrer gedenken.

Wie wir bereits in unserer Studie: »Der neue Universitätsbau«, S. 63, mittheilten, wurde Professor Bonitz vom Professoren-Collegium der philosophischen Facultät zum Decan für das Jahr 1851/52 gewählt. Gegen diese Wahl erhob das Doctoren-Collegium der theologischen Facultät Protest, da die Universität einen katholischen Charakter habe, Bonitz aber Protestant sei. — Diesem Proteste schloss sich das gesammte Universitäts-Consistorium bis auf eine Stimme an. Graf Thun meinte wohl auch, dass der historische Charakter der Universität katholisch sei, er hielt damals jedoch diese Anschauung für eine unklare Auffassung der jetzigen Universitätsverhältnisse, da die Universität schon verstaatlicht war. Nichtsdestoweniger glaubte er, den Protest berücksichtigen zu sollen und bestätigte nicht die Wahl Bonitz'. Da Karajan selbst griechisch-katholisch war, so erklärte er, dass er unter diesen Verhältnissen, da ihm versagt sei, die Ehre und Würde eines Decans zu bekleiden, auf die Professur verzichte.

Sein Nachfolger war Karl Aug. Hahn, bis dahin Professor in Prag, und nach dessen Ableben nahm der Germanist Franz Pfeiffer dessen Stelle ein. Auch der Dichter der »Amaranth«, Oscar v. Redwitz, hielt einige Zeit Vorlesungen an der Wiener Universität.

Es kann selbstverständlich nicht unsere Absicht sein, sämmtliche Lehrkanzeln, die errichtet, und alle Professoren, die berufen

wurden, zu nennen. Wir wollen blos im Ganzen und Grossen ein
Bild geben von dem, was geschaffen wurde, und ist es zu betonen,
dass Graf Thun nicht nur Bedürfnisse zu befriedigen suchte, sondern von dem Gedanken geleitet war, dass der geistige Aufschwung
und Glanz eines Landes davon bedingt sei, dass es ungewöhnliche
Talente unterstützt und ihnen die Gelegenheit gibt, sich mit
ungetheilter Kraft ihrem speciellen Berufe zu widmen. Dies war
der Grund, weshalb z. B. Graf Thun im Jahre 1857 dem bekannten
Musik-Referenten Ed. Hanslick eine Lehrkanzel für Geschichte der
Musik errichtete, da Hanslick durch literarische Leistungen auf
seinem speciellen Gebiete sich Anerkennung erworben hatte und
durch seine Vorträge selbst ein hochgebildetes Auditorium zu
fesseln verstand.

Verhältnissmässig am schwächsten erwies sich die Berufung
für die Lehrkanzel der eigentlichen Philosophie.

Die neu entstandenen philosophischen Facultäten hatten, wie
aus dem Gesagten hervorgeht, auch den grossen Zweck, tüchtige
Gymnasiallehrer, wie sie nun auf Grund der neuen Organisation
gefordert wurden, heranzubilden.

Bis dahin bestanden nämlich für Aspiranten dieses Faches
Concursprüfungen, bei welchen es sich darum handelte, ob der
Candidat für eine bestimmte, eben erledigte Stelle geeignet sei, und
er hatte, selbst wenn durch seine Arbeiten seine Tüchtigkeit er-
wiesen war, für jede andere Stelle von Neuem die Prüfung zu
bestehen.

Indem sich die Concursprüfung auf eine in enger Zeitgrenze
zu fertigende Clausurarbeit beschränkte, musste sie ebenso das
Gebiet, aus welchem geprüft wurde, in enge, zufällig passende oder
nicht passende Grenzen einschränken und konnte den Prüfenden
nicht zu einiger Sicherheit des Urtheils gelangen lassen. Das meiste
hing von Glück und Zufall ab.

Diesen Uebelständen wurde in folgender Weise abgeholfen: Der
Lehramts-Candidat hatte sich von nun an nicht einer unbestimmten
Anzahl von Prüfungen zu unterwerfen, sondern, wenn er einmal seine
wissenschaftliche und didactische Fähigkeit constatirt hatte, so genügte
dies, um ihn für eine Reihe sich eröffnender Lehrstellen wählbar
zu machen. Diese eine Prüfung wird aber, um die Gründlichkeit
der Studien des zu Examinirenden sicher zu ermitteln, in grösserer

Ausdehnung und mit mehr Mitteln, als die ehemaligen Concurs
prüfungen vorgenommen. Sie zerfällt in einen schriftlichen und in
einen mündlichen Theil, wovon der erste sowohl häusliche, in längerer Zeit und mit Benützung aller literarischen Hilfsmittel zu
fertigende Aufsätze, als auch in kürzerer Zeit und unter strenger
Aufsicht zu vollendende Clausurarbeiten umfasst; während der
zweite Theil die Erforschung der wissenschaftlichen Befähigung des
Candidaten zu ergänzen und zugleich die praktische Befähigung
desselben zum wirklichen Auftreten in einer Schule darzuthun hat.

Eine derartige Prüfung war im Interesse des Gymnasiums,
aber auch zum Vortheile der Candidaten, welche sich auf ihren
Beruf mit ernstem Fleisse vorbereitet haben, empfehlenswerth. Diesen
kann es nur erwünscht sein, dass man von dem Umfange und der
Tiefe ihrer wissenschaftlichen Bildung eine genaue Kenntniss zu
erlangen sich die Mühe gibt, dass sie nicht dem Zufalle weniger
Stunden überlassen und in die Möglichkeit gesetzt sind, den etwa
ungünstigen Eindruck des einen Theiles der Prüfung durch den
günstigeren eines folgenden Theiles zu verbessern. Als eine Haupt-
ursache des früheren mangelhaften Ergebnisses des Gymnasial-
Unterrichtes galt, dass mit Ausnahme der Religionslehrer alle
übrigen Lehrer in sämmtlichen Lehrgegenständen Unterricht zu
ertheilen genöthigt waren; bei solcher Zersplitterung der Kräfte
konnte keiner der Gegenstände zu derjenigen Behandlung gelangen,
welche zu einem befriedigenden Erfolge unerlässlich ist.

Es war daher eine Hauptforderung an die Einrichtung der
Gymnasien, dass jedes Lehrfach mit gründlichem Wissen und mit
ausreichender Kraft vertreten werde.

Die Prüfungsvorschrift forderte daher nicht die gleiche Gründlichkeit für alle Gegenstände von den Candidaten, um dadurch im
Vorhinein die Oberflächlichkeit zu sanctioniren; sie setzte vielmehr
voraus, dass der Candidat nur auf ein bestimmtes Gebiet sein
eigentliches Studium werde gerichtet haben, und machte die vollständige Tüchtigkeit in diesem Gebiete zur Hauptbedingung für
das Bestehen des Examens. Zur ausschliesslichen Bedingung konnte
sie jedoch nicht gemacht werden, wenn die Gymnasien nicht in
eine andere der bisherigen entgegengesetzte Gefahr kommen sollten.

Aus diesen im Wesen des Gymnasial-Unterrichtes beruhenden
Gründen wird von den Candidaten ausser der speciellen Tüchtigkeit

für ein bestimmtes Unterrichtsgebiet eine allgemeine Bildung auch in den übrigen Gebieten verlangt, ja es wird vorausgesetzt, dass das Gebiet, für welches er sich speciell vorgebildet, nicht blos einen einzigen Lehrgegenstand, sondern einige unter sich nahe verwandte umfasse.

Die Prüfungen, wie sie von nun an stattfanden, stellten nämlich häufig heraus, dass der Candidat, wenn er auch nur auf ein bestimmtes Gebiet seine Hauptstudien gerichtet hat und nur in ihm die Befähigung zum Unterrichte durch das ganze Gymnasium erhält, doch in einem oder dem anderen unter den übrigen Gegenständen ausreichende Kenntnisse besitzt, um den Unterricht in ihnen auf einer niederen Stufe oder theilweise übernehmen zu können.

Abgesehen vom Religions-Unterrichte, der nicht in das Ressort dieser Prüfungs-Commission gehört, muss der Gymnasiallehrer entweder auf dem philologischen, oder historisch-geographischen, oder auf dem mathematisch-naturwissenschaftlichen Gebiete, den drei Hauptgebieten des Gymnasiums, ganz einheimisch sein.

Anderseits aber wäre es eine die Seichtigkeit der Bildung begünstigende Bevorzugung gerade der Gegenstände, welche in geringstem Masse jeder Gebildete sich aneignen wird, wollte man dem Studium der Philosophie oder dem der Muttersprache ein solches Gewicht beilegen, dass auf sie allein unter der hinzu kommenden Bedingung sonstiger allgemeiner Kenntnisse sich die Lehrfähigkeit für das Gymnasium begründen liesse. Ausserdem würde sich für einen Fachlehrer der Philosophie nicht genügende Beschäftigung am Gymnasium finden, und für den Fachlehrer der Muttersprache würde es bei der Last, welche hier die Correctur der schriftlichen Arbeiten auflegt, unausführbar sein, dass er alle seine Lectionen in diesem Gegenstande ertheile. Doch wurde jedem dieser beiden Gegenstände sein Werth dadurch gesichert, dass sein gründliches Studium die Anforderungen an den Umfang der übrigen Kenntnisse des Candidaten ermässigt.

An die Stelle der bis dahin üblichen provisorischen Anstellung trat nun das Probejahr. Jene konnte den bei ihrer Einrichtung gestellten Zweck darum nur zum geringsten Theile erreichen, weil es aus praktischen Gründen kaum ausführbar ist, einem Lehrer nach dreijähriger provisorischer Anstellung, wenn sich auch über seine Lehrfähigkeit Bedenken ergeben haben sollten, die definitive

Bestätigung zu versagen. Anders beim Probejahr; es ist noch keine Anstellung, sondern die nothwendige praktische Ergänzung des theoretischen Examens, der Candidat ist im Interesse seiner eigenen Ausbildung beschäftigt und nur zu einer geringen Stundenzahl verpflichtet, wodurch er im Stande ist, die andere Zeit wissenschaftlichen Studien oder erwerbender Beschäftigung zu widmen. Der Candidat hat daher keinen Anspruch auf definitive Anstellung an der Schule, welche ihn beschäftigt, kann aber doch durch die Tüchtigkeit seiner Leistungen sich die Anerkennung verschaffen, dass bei vorkommender Eröffnung einer Lehrerstelle an dieser Schule, der Director ihn zur Wahl in Antrag bringt, oder dass er ihn anderen Schulen empfiehlt. (Weiteres findet sich in unseren historischen Skizzen, S. 25.)

Wie gering man von den ehemaligen Gymnasial- und philosophischen Studien dachte, mag daraus hervorgehen, dass die Prüfungsnormen für Lehramts-Candidaten, sowohl die vom Jahre 1853, wie die folgenden ausdrücklich hervorheben: »§ 2. Zeugnisse über die sechs ersten Classen des Gymnasiums und die vormaligen philosophischen Obligatcurse berechtigen die Candidaten nicht, auf die Zulassung zur Prüfung unbedingten Anspruch zu machen.« *)

Von grosser Wichtigkeit, die wir weiter nicht zu erörtern brauchen, war die Begründung der Seminare, die zuerst an der philosophischen Facultät entstanden. Schon am 21. September 1849 wurde das philologische Seminar begründet, welches am 13. Oct. 1850 in ein philologisch-historisches Seminar umgewandelt wurde, an dessen Spitze Grauert**) und Bonitz standen.

_____

*) Eine Ministerial-Verordnung vom 16. December 1854 setzte fest, dass auch da, wo die deutsche Sprache nicht ausschliesslich Unterrichtssprache sein kann, der Unterricht in allen Gymnasien, mit Ausnahme jener in den lombardisch-venetianischen Kronländern, in dem Masse, als es einer gründlichen Bildung dienlich ist, und daher jedenfalls in den höheren Classen vorherrschend in deutscher Sprache, welche ohnehin ein obligater Lehrgegenstand sein muss, zu ertheilen ist. Nach der Prüfungsnorm für Lehramts-Candidaten an Gymnasien vom Jahre 1856 wurde die Kenntniss der deutschen Sprache von jedem Candidaten gefordert und sollte die möglichst grösste Zahl der Candidaten in den philosophischen Fächern, welche bei weitem am meisten Lehrkräfte erfordern, ausgebildet und für diese Disciplinen verwendbar sein.

**) Schon im Jahre 1847 hat Chmel über die Pflege der Geschichtswissenschaft in Oesterreich in der Akademie der Wissenschaften gesprochen und die Stiftung eines historisch-archäologischen Vereines befürwortet. Grauert veröffent-

Wie begreiflich, machen jedoch Philologie und Geschichte jede für sich eine grosse und weit umfassende Wissenschaft aus, die ihrer selbstständigen Pflege bedürfen. Thatsächlich verfolgten die Seminare ihre Ziele selbstständig und ihre Verbindung war nur eine äusserliche, dass sie nämlich am Schlusse jedes Semesters die übrigens völlig selbstständigen Anträge der Directionen beider Abtheilungen in einem Bericht an die oberste Unterrichts-Verwaltung vereinigten. Es entstanden daher im Jahre 1872 eigene Seminare für Geschichte und für Philologie. Für letztere Disciplin wurde im Jahre 1869 ein Proseminar begründet und auf Grund einer Vorstellung des Vereines »Mittelschule« in Wien entstanden auch Seminare für die deutsche, französische, italienische und englische Sprache.

Aber auch die historische Abtheilung des genannten Seminars zweigte sich bald ab in zwei Sectionen, für die allgemeine und für die österreichische Geschichte und in Folge kaiserlicher Entschliessung vom 20. October 1854 entstand die Schule für österreichische Geschichtsforschung, welche das für Oesterreich werden sollte, was die *école des chartes* für Frankreich ist. Um die Schöpfung dieses Institutes erwarb sich der bereits genannte Benedictiner Professor Jäger besondere Verdienste und erhielt das historische Seminar eine ausgezeichnete Kraft durch die Berufung Aschbach's im Jahre 1853, der bis dahin Professor in Bonn war.

Wie wir vorgreifend hinzufügen wollen, wurde Dr. Theodor Sickel am 15. August 1856 zum Professor für Paläographie ernannt.

Während der Wirksamkeit des alten Studiensystems hatte man für diese Partie (Hilfswissenschaften der Geschichte) dadurch gesorgt, dass demjenigen Professor, welcher die österreichischen Staaten- und die Weltgeschichte zu lehren hatte, auch noch die Abhaltung specieller Vorträge über die historischen Hilfswissenschaften, worunter man jedoch nur ein beschränktes Mass der nöthigsten Notizen über Diplomatik, Sphragistik, Numismatik und Heraldik verstand, in der Regel übertragen wurde. Diese Einrichtung war sehr mangelhaft

lichte den Plan zu einem philologisch-historischen Seminar in der »Gymnasial-Zeitschrift«, 1850, S. 322, und zwar mit Rücksicht auf Gymnasial-Lehramts-Candidaten, da die Zahl derer, die sich vorzugsweise und berufsmässig der gelehrten Forschung widmen wollen, immer und überall sehr klein ist. Helfert publicirte die Schrift: »Ueber Nationalgeschichte etc. in Oesterreich« 1853.

und zwar schon deshalb, weil ein einziger Professor in allen diesen umfassenden Gebieten nicht gleichmässig orientirt und somit nicht in der Lage sein konnte, den höheren Anforderungen in irgend einem derselben zu genügen. Doch war es immerhin ein Vortheil, dass die Hilfswissenschaften überhaupt, wenn auch eigentlich nur nominell, berücksichtigt und vertreten waren.*)

Nun wurde Weltgeschichte und österreichische Geschichte von verschiedenen Professoren gelehrt und machte sich der Mangel für Hilfswissenschaften desto fühlbarer. Sickel war jedoch mit einem Makel behaftet, er war Protestant, und damals war das Concordat dem Abschlusse nahe. Doch meinte man, dass ein evangelisches Glaubensbekenntniss für den Unterricht in der Quellenkunde und Paläographie um so weniger als ein Hinderniss angesehen werden dürfe, als es sich in diesen Zweigen um keine solchen Fragen handelt, auf deren Lösung die confessionelle Ansicht irgend einen Einfluss üben könnte.

Die Aufgabe dieser Schule für österreichische Geschichtsforschung ist, ihrem Zwecke, der Heranbildung junger Männer zur tieferen Erforschung der österreichischen Geschichte entsprechend, eine zweifache. Sie hat nämlich ihre Zöglinge mit dem gelehrten Materiale und mit den nothwendigen Hilfswissenschaften zum Verständnisse desselben bekannt und weiterhin auch mit den Grundsätzen und der Methode der wissenschaftlichen Geschichtsforschung vertraut zu machen, um sie auf diesem Wege zu selbstständigen Forschungen anzuleiten.

Diese Schule, meinte man, werde ihrem eigentlichen Zwecke nur dadurch möglichst nahe kommen, dass sie junge Talente aus den verschiedenen Kronländern des Kaiserstaates in sich vereinigt und dieselben dadurch jenem vagen Anschauungskreise entrückt, welcher nicht selten sonst talentvolle Kräfte unter dem Einflusse nationaler Bestrebungen von dem rechten Ziele der Geschichtsforschung ablenkt und zu blossen Parteimännern macht.

---

*) Es ist heute kaum fassbar, wie man diese Verhältnisse bis zum Jahre 1848 fortbestehen lassen konnte und trotz besserer Ueberzeugung, die in gebildeten Kreisen immer mehr zur Aufnahme kam, den Schlendrian unangetastet liess. Allerdings rächte sich diese Unwissenheit, und alle Gebiete des staatlichen Lebens hatten diesen Mangel zu fühlen.

Zur Förderung dieses Institutes wurden 6 ordentliche Stipendien zu fl. 400 und 2 ausserordentliche zu fl. 300 festgesetzt, und wurde es ausdrücklich betont, dass es sich nicht darum handle Studirende der Stipendien willen heranzuziehen, sondern wahrhaft Befähigte und Berufene mit den Stipendien zu betheiligen. Diese Stipendien wurden dann im Jahre 1857 von fl. 400 auf fl. 600 erhöht.

Es mag hier beigefügt werden, dass Graf Thun mit ausserordentlichem Eifer dafür sorgte, diese Schule, auf welche er grosse Hoffnungen setzte, ins Leben zu rufen.

Zum Director derselben wurde Albert Jäger ernannt und trat sie mit dem Studienjahre 1855/56 ins Leben. Die ersten Stipendisten waren Ottokar Lorenz und Franz Krones.

Behufs der praktischen Ausbildung und Uebung wurde den Zöglingen dieser Anstalt die Benützung der Handschriften der Hofbibliothek und der Urkunden im geheimen Haus-, Hof- und Staatsarchive gestattet.

Nachdem Sickel seine Wirksamkeit als Lehrer an der Wiener Universität begonnen hatte, trug er sich 1856 mit dem Gedanken, Hilfswerke für das Studium der Paläographie zu veröffentlichen, und zwar durch photographische Nachbildungen älterer Schriftproben. Eine der vortrefflichsten Quellen zur Förderung dieses Zweckes waren die Urkunden, welche sich im geheimen Haus-, Hof- und Staatsarchive befinden. Doch das Ministerium des Aeussern und des kaiserlichen Hauses wollte, 26. Jänner 1857, trotzdem Fachmänner wie Redtenbacher und Auer erklärt hatten, dass die Urkunden durch die chemische Präparirung keinen Schaden leiden werden, in Folge des Gutachtens eines Historikers höchstens gestatten, von Urkunden gleichgiltigen Inhalts und in jedem Falle mit Ausschluss der Kaiser und Landesherren, photographische Abzüge zu nehmen. Erst am 25. October 1869 gestattete das genannte Ministerium die uneingeschränkte Benützung des ihm unterstehenden Archives zu dem bezeichneten Zwecke.*)

Wir würden jedoch von der Wahrheit abweichen, wenn wir sagen wollten, dass der Zulauf der Studierenden zu dem Institute,

---

*) Anfangs des Jahres 1858 waren zwei Hefte der »Monumenta graphica medii aevi« erschienen; das ganze Werk war auf zehn Hefte berechnet, und erschien das letzte in jüngster Zeit.

das von vortrefflichen Kräften geleitet, und trotz der Stipendien ein grosser war. Oesterreichische Geschichte wurde nun aber obligater Lehrgegenstand für die Hörer an der juridischen und philosophischen Facultät.

Um das historische Studium zu heben, wurde von betheiligten Kreisen befürwortet, den Zöglingen des Institutes, die oft aussichtslos dastehen, weil Bibliotheken oder Archive nur selten eine Anstellung darbieten, Anstellungen im öffentlichen Dienste zu gewähren. Allerdings wurde andererseits geltend gemacht, dass die Existenz des Institutes nicht von der Creirung derartiger Stellen abhänge, da nicht jeder Zögling die Absicht habe, eine Anstellung in einem Archive oder in einer Bibliothek zu suchen; die Studien am Institute seien auch Selbstzweck, also eine historische Schule, die mit besonderer Rücksicht auf die vaterländische Geschichte ebenso anregend als bildend auf junge Männer einwirken soll.

Die praktische Anschauung überwog und man wendete sich diesbezüglich an den damaligen Minister des Innern, Freiherrn v. Lasser. Doch sagen wir es offen, dieser Mann hat in ausgezeichneter Weise sein Amt verwaltet, aber er war durch und durch Praktiker und hatte weniger Sinn für die idealen Aufgaben des Staates. Er erklärte daher (7. März 1864), dass bei der gegenwärtigen Einrichtung des Manipulationsdienstes für Zöglinge des Institutes kein Raum sei, ausser sie reflectiren auf eine Kanzlistenstelle mit jährlich fl. 500 Gehalt und fl. 100 Quartiergeld, in welchem Falle sie sich vor Vollendung ihrer Studien melden mögen.

Die Hoffnung jedoch, dass das historische Seminar und die Schule für österreichische Geschichtsforschung zahlreich von jenen besucht werden, welche diese Studien als Selbstzweck betrachten, hat sich nicht ganz erfüllt. Die Hörer und Zöglinge dieser Anstalten recrutirten sich fast ausschliesslich aus angehenden Lehramts-Candidaten, von denen allerdings manche mit grossem Erfolge auf literarisch-historischem Gebiete thätig sind, und von welchen einige, wie Zeissberg etc. sich einen Ruf erworben haben.

Es traten jedoch auch Momente ein, wo klaffende Lücken im Lehrkörper vorhanden waren. So ertönte beim Beginn des Studienjahres 1867/68 der Schmerzensruf: Bonitz ist abgegangen, Jäger auf Urlaub, kein einziges germanistisches Collegium wird gelesen, und da das Seminarwesen von der Regierung in die eigene Vor-

sorge genommen ist, so kündigt kein anderer Fachprofessor Vorlesungen über Geschichte an. Man könne daher nicht behaupten,
dass die Gelegenheit, sich allseitig und gründlich auszubilden und
zu entwickeln, für die Candidaten des Lehramtes der Mittelschulen
in einem stetigen Fortschritte begriffen wäre.

Nachdem im Jahre 1869 das philologische Proseminar
errichtet worden war, erfolgte im Jahre 1872 die räumliche Trennung des historischen vom philologischen Seminare und fand die
feierliche Eröffnung am 18. October 1872 statt.

Im Jahre 1874 wurden die Disciplinen erweitert und das
Studium der Kunstdenkmale einbezogen; das neue Statut datirt
vom 22. September 1874. Bei Gelegenheit des 25jährigen Bestandes
dieses Institutes wurde eine Jubelschrift veröffentlicht und seit dem
Jahre 1880 erscheinen die Mittheilungen des Institutes für österreichische Geschichte.

Grösser als in diesen Instituten war der Zuspruch der
Studirenden zum physikalischen Institute, dessen Errichtung am
17. Jänner 1850*) genehmigt wurde und welches am 1. December 1852 ins Leben trat. Als im Jahre 1868 dasselbe von
70 Studirenden und 2 Artillerie-Oberlieutenants frequentirt wurde,
stellte der Vorstand desselben, Professor Stefan, den Antrag, dasselbe in zwei unabhängige Collegien, für Theorie und Praxis, zu

---

*) Zu jener Zeit wurde Physik blos von einem Lehrer vorgetragen. Bei
dem Fortschritte jedoch, welchen die Naturwissenschaften machten, konnte ein
Lehrer überhaupt nicht alle Disciplinen dieser Wissenschaft gründlich umfassen,
und reicht die Zeit nicht aus, sie alljährlich vorzutragen. Der blosse Vortrag
konnte auch nicht für Jene genügen, die sich selbst für dieses Lehrfach vor-
bereiten, welche tiefer in die Sache eingehen müssen, die eine genaue
Kenntniss der physikalischen Apparate und ihrer Behandlungsweise und die
manuelle Fertigkeit beim Experimentiren haben sollen. Dieses Bedürfniss war
um so dringender, da seit 1849 auch in den Gymnasien Physik gelehrt wurde.
Es wurde daher ein physikalisches Institut gegründet, an welchem sich die Lehramts-Candidaten gründlich ausbilden konnten.

Christian Doppler, Mitglied der Akademie der Wissenschaften, der zahlreiche werthvolle wissenschaftliche Schriften veröffentlichte, wurde mit der Leitung
dieses Institutes betraut.

Zum Unterrichte der Lehramts-Candidaten wurde das vorhandene physi-
kalische Museum, welchem Baumgarten und Ettingshausen über 20 Jahre vor-
standen, als vollkommen geeignet befunden.

sondern, welcher Antrag genehmigt wurde. Um dem Mangel an tüchtigen Lehrkräften für Physik zu begegnen, wurden überdies höhere Stipendien gewährt. Die praktischen Uebungen auf naturwissenschaftlichem Gebiete zur Vorbildung tüchtiger Lehrer für Naturwissenschaften unter der Leitung Unger's begannen ebenfalls im Jahre 1851. Die Verordnung, betreffend die praktische Ausbildung von Lehramts-Candidaten iu den Naturwissenschaften, datirt vom 30. April 1851.

Die kaiserliche Akademie der Wissenschaften hatte schon im Jahre 1849 beschlossen, ein System der meteorologischen Beobachtungen, welches nach und nach alle Länder der Monarchie zu umfassen hätte (in Oesterreich gab es damals blos in Prag, Mailand, und Kremsmünster magnetische Anstalten), ins Leben zu rufen. In Wien sollte die Centralanstalt sein, welcher auch die Aufgabe zufiele, die von den anderen Stationen einlaufenden Daten zu bearbeiten etc. An dieser Anstalt sollte nach Antrag der Akademie ein Director, ein Adjunct und ein Diener angestellt werden und das Observatorium wäre auf dem Gebäude des polytechnischen Institutes, wo zu jener Zeit die Akademie der Wissenschaften provisorisch untergebracht war, zu errichten.

Das Unterrichts-Ministerium erkannte (30. April 1849) in vollem Masse die Nützlichkeit des Projectes an. Es ging jedoch von dem Standpunkte aus, dass die Einrichtung einer derartigen Anstalt den Anforderungen der jetzigen Wissenschaften entsprechen müsste. Innerhalb des Bereiches einer grossen Häusermasse eigne sich aber der Standort für diese Institution nicht. Nur die Erbauung eines zweckmässigen eisenfreien Gebäudes ausser dem Bereiche der Stadt und ihres störenden Einflusses würde dem Zwecke entsprechen und könnte diese Anstalt mit der Sternwarte vereinigt werden. In diesem Sinne befürwortete Graf Thun am 8. Juli 1851 das Project, welches der Kaiser am 23. Juli genehmigte, und wurde Karl Kreil, bis dahin in Prag, zum Director der Centralanstalt für Meteorologie und Erdmagnetismus (ursprünglich hatte sie den Namen: Meteorologisch-magnetische Centralanstalt) und zum Professor der Physik an der Wiener Universität ernannt.*) (Ueber

---

*) Es wurden auch meteorologische Jahrbücher veröffentlicht, deren Kosten anfänglich von der Akademie der Wissenschaften bestritten wurden. Als jedoch

das Weitere vergl. unser: ›Der neue Universitätsbau in Wien‹,
S. 37 u. ff.)

Im Laufe der Zeit reihten sich an diese Institute und
Seminare: das archäologisch - epigraphische Seminar und das
Seminar für die deutsche und das bereits erwähnte Seminar für
die englische und französische Sprache. Bezüglich der englischen
Sprache hat das Ministerium im Jahre 1872 die Errichtung einer
Lehrkanzel für dieselbe in Verbindung mit der angelsächsischen
für nothwendig befunden, die bis dahin keine Vertretung an den
österreichischen Universitäten hatte, und fanden bis dahin keine
Vorträge über die für die Kenntniss der Rechtsgeschichte so wichtigen nordischen Rechtsalterthümer, über die Erklärung der Edda,
über die älteren englischen Dichter oder über die Shakespeare-
schen Dramen statt.*) Es entstanden ferner das germanistische,
pädagogische und mathematische Seminar etc.

In Betreff des pädagogischen Seminars gilt der Satz: *ad-
huc lis sub judice est.* Die Einen meinen, Pädagogik sei überhaupt
keine Wissenschaft; die Universität jedoch habe blos Wissenschaften zu lehren und sich nicht um praktische Disciplinen und

---

die Akademie diese Kosten weiter nicht bestreiten wollte, wurde die Herausgabe
dieser Jahrbücher sistirt. Der Director der Centralanstalt, Karl Jellinek, erklärte
jedoch, die Herausgabe der Jahrbücher sei eine Lebensfrage für die Anstalt. Es
erfolgte hierauf die kaiserliche Entschliessung vom 12. Jänner 1866, dass die
Kosten dieses Jahrbuches dem niederösterreichischen Studienfonde, der damals
anch die Kosten der Anstalt bestritt, entnommen werden sollen. Seit dem Jahre 1873
wird das Erforderniss vom Staatsschatze gedeckt.

*) Für die ungarische Sprache bestand bis zum Jahre 1873 eine Lehr-
kanzel. Nachdem im genannten Jahre der Lector Remele gestorben war, wurde
diese Lehrkanzel in Folge der inzwischen eingetretenen Veränderung auf staats-
rechtlichem Gebiete, nach welcher die ungarische Sprache nicht mehr zu den Landes-
sprachen der diesseitigen Reichshälfte gezählt werden konnte, aufgehoben. Wie
hinzugefügt werden mag, wurden bereits in Folge einer kaiserlichen Entschliessung vom 4. März 1848 Lehrkanzeln für die polnische Sprache zunächst
auf drei Jahre an den Universitäten zu Wien, Prag und Olmütz errichtet. Im
Jahre 1879 wurden mit dem berühmten Orientalisten Nöldeke Verhandlungen
wegen Uebernahme einer Professur an der Wiener Universität gepflogen, die sich
jedoch zerschlugen. Bei dieser Gelegenheit sprach er sich am 12. Jänner 1880
dahin aus: ›Gerade Wien, die Hauptstadt des Kaiserreiches, das so enge Beziehungen zum Morgenlande hat, der Ort, an dem sich so grosse orientalische
Sammlungen befinden, eignet sich ganz vorzüglich zu einem Sitze orientalischer
Philologie.‹

Fertigkeiten zu kümmern (bekanntlich hat die Professoren-Versammlung zu Bonn diesen Standpunkt eingenommen). Andere
wieder haben der Pädagogik den wissenschaftlichen Charakter
zuerkannt. So viel jedoch ist gewiss, dass das Unterrichts-
Ministerium von Lehramts-Candidaten für Mittelschulen den Besuch
dieses Seminars nicht unbedingt verlangt, wohl aber die Absolvirung eines Probejahres unter der Leitung eines tüchtigen Lehrers;
obschon die Gymnasial-Enquête im Februar 1870 sich einstimmig
dafür aussprach, dass an den Universitäten Lehrkanzeln für Pädagogik und in Verbindung mit denselben pädagogische Seminarien
errichtet werden. Mit Hinblick auf § 42 des Volksschulgesetzes
vom 14. Mai 1869 fasste auch der Reichsrath eine Resolution,
ein Universitäts-Seminar zur pädagogischen Ausbildung der Lehrer
ins Leben zu rufen; aber auch diese Resolution hatte weiter keine
Folgen und scheint man im Ganzen und Grossen die Ansichten
der bezeichneten Professoren-Versammlung in Bonn zu theilen.

Wenn die philosophische Facultät vom Grunde aus errichtet
werden musste, so war die rechts- und staatswissenschaftliche
Facultät, an welcher blos zwei Männer von Bedeutung wirkten
(Kudler, den die heranwachsende Generation kaum mehr kennt, da
er wissenschaftlich wenig geleistet hat, dessen Vortrag jedoch sehr
anregend war, was zu jener Zeit viel sagen wollte, und der durch
Gelehrsamkeit und Eloquenz ausgezeichnete Hye), nicht minder einer
gründlichen und durchgreifenden Reform bedürftig.

Zunächst ward der Rechtswissenschaft ein anderer Boden
bereitet, als der, welchen sie bis dahin an österreichischen
Universitäten eingenommen hatte. Während nämlich früher die
wenigen Rechtsgelehrten, welche die Jurisprudenz als Wissenschaft
betrieben, zumeist die Exegese pflegten, sollte sie nun auf philosophisch-historische Basis gestellt werden und hielt man
überhaupt die bodenlose doctrinäre Forschung, wie sie seit Decennien
auf diesem Gebiete gepflegt wurde, nur geeignet, selbst in wohl-
gesinnten Geistern eine bedenkliche Verwirrung der Anschauungs-
weise rechtlicher und staatlicher Verhältnisse zu erzeugen und zu
nähren und einen leeren Formalismus auf Kosten des Rechtes und
der Geschichte zu schaffen. Dieser ›gefährlichen Richtung‹ sollte
durch die Förderung ernster, geschichtlicher und rechtshistorischer
Forschungen und Lehren entgegen getreten werden. Die Rechts-

geschichte, welche seit 1810 nicht mehr an der Universität gelehrt
wurde, sollte daher wieder als wissenschaftliche Disciplin aufgenommen werden.

Um diese Ziele zu erreichen, wurden, so weit dies thunlich
und möglich war, die vorzüglichsten Kräfte nach Wien berufen,
und zwar Philipps im Jahre 1851 für Kirchenrecht und Rechtsgeschichte. Für den Lehrstuhl des römischen Rechtes wurde 1855
Arndts berufen, der durch seinen Vortrag die Hörer zu fesseln verstand. Bei dieser Berufung war auch massgebend, dass Arndts
katholischer Romanist und ganz durchdrungen von katholischem
Geiste war. Um zu bezeichnen, in welcher Weise diese Disciplin
damals brach lag, mag darauf hingewiesen werden, dass seit dem
Jahre 1830, da Professor Heinberger ein Compendium des römischen
Rechtes veröffentlichte, nichts auf diesem Gebiete innerhalb des
Kaiserstaates erschien.

Einen grossen Zuwachs an hervorragenden Kräften erhielt
die juridische Facultät 1856 durch Wahlberg, Glaser und Unger.
Durch Wahlberg und Glaser gelangte in glücklicher Weise eine
wissenschaftliche systematisch-historische Richtung und Behandlungsweise zu einer tüchtigen Vertretung. Wahlberg ist noch im Lehramte und wirkt durch Wort und Schrift. Die Vorliebe Glaser's für
die wissenschaftliche Forschung und das Lehramt hielt ihn ab, sich
eine praktische Laufbahn zu eröffnen, welche durch glänzende
pecuniäre Aussichten und eine äussere unabhängige Stellung die
damals insbesondere bescheidenen Aussichten im Lehramte zu verdunkeln nur zu sehr geeignet war. Wie man weiss, glänzt Glaser
durch Genialität und literarische Productivität, sowie durch Viel-
seitigkeit theoretischer und praktischer Bildung. Was Unger betrifft,
der 1857 aus Prag nach Wien berufen wurde, so war er es, der
auf der Lehrkanzel einer bis dahin in Oesterreich neuen Methode der
Behandlung des Civilrechtes Bahn gebrochen, die namentlich gegenüber von Studirenden, welche die seit dem Jahre 1855 eingeführte
rechtshistorische Vorbildung erhalten hatten, vorzugsweise geeignet
war, ein wissenschaftliches Studium des österreichischen Rechtes
einzuführen. Unger war es, der in Oesterreich die rechtshistorische
Begründung und systematische Behandlung des Civilrechtes schuf,
und muss ihm nachgerühmt werden, dass er auf diesem Gebiete
Schule machte.

9*

Eine andere Lücke oder, sagen wir richtiger, Kluft musste ausgefüllt werden, da das Fach der politischen Oekonomie ohne alle Vertretung an der Wiener Universität war. (Nach der aus früherer Zeit herrührenden Einrichtung umfassten die politischen Wissenschaften: die politische Oekonomie, die Volkswirthschaftslehre, Nationalökonomie nebst Finanzwissenschaft und die sogenannte Polizeiwissenschaft.) Wie sehr dieses wichtige, in die praktischen Lebensverhältnisse auch unmittelbar so tief eingreifende Lehrfach vernachlässigt war, ist wohl am schlagendsten daraus zu entnehmen, dass dafür bis zum Jahre 1848 das in den Siebzigerjahren des vorigen Jahrhunderts erschienene Lehrbuch von Sonnenfels vorgeschrieben war und dass seit dem Erscheinen jenes Werkes die Literatur dieses Gegenstandes in Oesterreich, ausser einem Handbuche von dem bereits genannten Kudler und einigen kleinen Monographien, nichts aufzuweisen hatte, weshalb auch in Oesterreich ein hervorragender Lehrer dieses Faches nicht gefunden werden konnte. Für diese Lehrkanzel wurde (Mai 1855) Lorenz Stein, früher Professor in Kiel, berufen.*)

Am besten war die medicinische Facultät bestellt, an welcher damals Hyrtl,**) Rokitansky und Skoda wirkten; aber auch hier waren mannigfache Ergänzungen und eine gewisse Auffrischung nothwendig.

Schon unter dem Grafen Stadion (9. Februar 1849) wurden Lehrkanzeln für Syphilis und Hautkrankheiten errichtet und Sigmund und Hebra mit dem Lehramte betraut. Diese waren es, welche den Zug der Studirenden dieser Disciplinen von Paris nach Wien ableiteten. ***)

Es wurde dann das Princip aufgestellt, dass die klinischen Anstalten sich auf den Höhepunkt der Wissenschaft in dem Zweige

---

*) Diesem wurde unter dem Minister Hasner 1868 Schäffle beigesellt, der österreichische Verhältnisse kannte und politisch conservativ war. Schäffle las über politische Oekonomie und Stein über Verwaltungslehre.

**) Hyrtl war ursprünglich zum Professor der menschlichen Anatomie ernannt. Der berühmte Gelehrte erweiterte jedoch seinen Kreis und hielt Vorträge über comparative Anatomie. Zur Zeit, als Ritter v. Schmerling Staatsminister war, wurde er (29. Juli 1863) auch zum Professor dieser Disciplin ernannt.

***) Hebra und Sigmund wurden zur Zeit, als v. Hasner Unterrichtsminister war (29. September 1869), zu ordentlichen Professoren ernannt.

der Medicin, den sie vertreten, zu stellen haben, den Fortschritt der Wissenschaft fördern und die für das praktische Wirken gewonnenen Resultate durch Lehre und Ausübung verbreiten. Der klinische Lehrer sollte daher durch Schrift, Lehre und die Ausübung der Kunst, für die Wissenschaft, den Unterricht und das Wohl der Leidenden wirken. Da überdies ausgezeichnete Kliniker nur seltene Erscheinungen am medicinischen Horizonte sind, so suchte man durch eine Lichtgestalt, wie sie Oppolzer war, die Nebel, welche den alten Ruhm der Wiener medicinisch-klinischen Lehranstalt zu verdunkeln drohten, zu zerstreuen (1849).

Nach dem Austritte Wattmann's und der Aufhebung der Josefs-Akademie zur Heranbildung von Militärärzten wurden (17. October 1848) zwei ordentliche Lehrkanzeln für praktische Chirurgie errichtet, und Dr. Franz Schuh und Dr. Johann v. Dumreicher zu Professoren der bezeichneten Disciplinen ernannt. Wie wir sofort hinzufügen wollen, drohte die Chirurgie im Laufe der Zeit in eine einseitige Richtung zu verfallen, indem sie gerade zu einer Zeit, da die massgebenden Doctrinen glänzende Fortschritte machten, die ihr in dieser dargebotenen histologischen, physiologischen und pathologischen Grundlagen und Behelfe in ganz ungenügender Weise verwerthete.

Die Wichtigkeit und Bedeutung der Lehrkanzel für Chirurgie bedarf nicht der weiteren Erörterung. Sie hat den Unterricht in der Erkenntniss und Behandlung der sogenannten chirurgischen Krankheiten, jener Leiden des Menschen zum Gegenstande, von denen eine grosse Anzahl zu den empfindlichsten an und für sich sowohl, wie in Hinsicht auf ihre zum guten Theile in der Hand des Arztes liegenden Folgen zu den schwersten gehören, und ist in Hinsicht auf die durch sie gesetzte Gefährdung physischer und intellectueller Erwerbs- und Leistungsfähigkeit zu den für das Individuum, die Familie, den Staat und die Gesellschaft, im Frieden oder im Kriege zu den wichtigsten zu zählen.

Die Erkenntniss und Behandlung derselben gehört, indem sie nebst der gründlichsten Kenntniss der internen Medicin auch ein umfassendes histologisches, pathologisches und physiologisches Wissen voraussetzt, indem sie technische Gewandtheit, eine mit Unerschrockenheit und Charakterstärke gepaarte Humanität erfordert, zu den schwierigsten Aufgaben. Dieser Unterricht erheischt mehr als irgend ein anderer unermüdliche und unverdrossene Widmung.

Erwägungen dieser Art führten nach dem Tode Schuh's, als Graf Beust Leiter des Unterrichts-Ministeriums war (12. Mai 1867) zur Berufung Billroth's.

Grosse Hoffnungen wurden auf den Augenkliniker Arlt (1856) gesetzt, dem im Jahre 1857 v. Stellwag und Ed. Jäger zugesellt wurden.

Dringend Noth that es, das gesunkene Studium der Chemie an der Wiener Universität zu heben, zu welchem Zwecke (4. März 1849) Redtenbacher berufen wurde, und eben so dringend war es für die Physiologie, die sich an deutschen Universitäten zu einer Höhe emporgeschwungen hatte, welche man in Oesterreich nur mühsam anstrebte, eine tüchtige Kraft zu gewinnen. Diese fand sich (4. März 1849) in Brücke, bis dahin in Königsberg, von welchem Hyrtl sagte, dass dessen Vorträge, was Sachkenntniss, Originalität und Macht der Rede anbelangt, ihresgleichen suchen. Man erwartete, dass Brücke dem physiologischen Unterrichte in Wien die Gediegenheit, das Leben und die Frische verschaffen werde, die demselben Noth thaten.

Wir könnten noch weiter den Satz illustriren, wie sehr man bestrebt war, die tüchtigsten Männer der Wissenschaft nach Wien zu bringen und durch sie die Universität zu einer der besten zu erheben. Wir denken jedoch, dass die angeführten Beispiele genügen werden.

Das Universitäts-Gesetz.

(Lehr- und Lernfreiheit, Staatsprüfungen, römisches Recht, Confessionelles, ver-
änderte Prüfungsvorschriften für Rechtshörer, Opposition gegen die Universitäts-
Reform, die Doctoren-Collegien, die »Nationen«, Verlängerung des Provisoriums,
Grundzüge, der Kampf Thun's gegen reactionäre Bestrebungen, Staatsminister
Schmerling, der Unterrichtsrath, die 500jährige Jubelfeier, Ehren-Doctoren, das
· Universitäts-Gesetz.)

Noch wurden in Folge des Belagerungszustandes keine Vorlesungen an der Wiener Universität gehalten und schon machte
die Lehr- und Lernfreiheit Schwierigkeiten im praktischen Leben.
Bis dahin legte derjenige, der in ein Amt treten wollte, der betreffenden Behörde seine Zeugnisse vor, aus welchen die Anhalts-
punkte geholt wurden, ob der Candidat für den vacanten Posten
tauglich sei. In Folge der eingeführten Lehr- und Lernfreiheit und
des Wegfalls der Semestral- und Fortgangs-Prüfungen fehlte der
Behörde bei der Aufnahme junger Leute in ihren Geschäftskreis
jeder Anhaltspunkt zu deren Beurtheilung. Das Ministerium des
Innern trug daher schon am 5. Februar 1849 darauf an, für
Studirende der Jurisprudenz theoretische und praktische Staatsprüfungen einzuführen.

Das Unterrichts-Ministerium wendete sich hierauf an die
Minister des Innern, des Aeussern und der Justiz, die betreffenden
Kriterien für die Staatsprüfungen bekannt zu geben.

Der Minister des Innern, Graf Stadion, äusserte sich am
17. Februar 1849:

Jene, die in den Staatsdienst treten wollen, sollen frequentirt
haben: *a)* Encyklopädie der Rechts- und Staatswissenschaften;

b) das natürliche Privat- uud öffentliche Recht; *c)* allgemeine
Statistik; *d)* politische Oekonomie uud die Grundsätze der Finanzwissenschaft; *e)* das allgemeine österreichische Strafgesetz; *f)* das
Bergrecht; *g)* das canonische Recht; *h)* die österreichisch-politische
Gesetzkunde. Ferner, wofür bisher jedoch keine Lehrkanzeln bestehen: *a)* Theorie der inneren Verwaltungspolitik; *b)* Theorie
des constitutionellen Staates. Nicht obligat aber empfehlend sind:
a) österreichische Staatengeschichte; *b)* österreichische Finanzgesetz-
gebung; *c)* Handels- und Wechselrecht; *d)* das positive europäische
Völkerrecht.

Bezüglich der Studirenden der Medicin bemerkte das genannte
Ministerium nachträglich: 1. Mai 1849: ›Der mannigfaltige und
meistens tief in die Verhältnisse der Menschen eingreifende Einfluss, den ein Arzt in seiner bürgerlichen Stellung hat und zu
nehmen vermag, macht es nicht nur wünschenswerth, sondern
sogar nothwendig, dass auf seine Bildung eine besondere Sorgfalt
verwendet werde, da er in seinem Berufe nicht blos als Techniker
wirken kann, sondern zugleich als Mensch wirken muss. Da die
geistige und sittliche Bildung, die er sich angeeignet hat, selbst
auf sein ärztliches Thun und Lassen wesentlichen Einfluss nimmt,
so ist klar, dass sich jene Sorgfalt ebenso auf die Geistes- und
Charakter- als auf die Fachbildung des künftigen Arztes erstrecken
muss (um dieses Ziel zu erreichen, wird eine bessere Einrichtung
der Gymnasien befürwortet), und jener Arzt ist der tüchtigste, der
die grösste praktische Brauchbarkeit an den Tag legt. Da die
Lehr- und Lernfreiheit besteht, müssen auch für Studirende der
Medicin Staatsprüfungen eingeführt werden.‹

Das Ministerium des Aeussern verlangte (26. April 1849):
Geschichte in ihrer politischen Bedeutung aufgefasst; diplomatische
Geschichte Oesterreichs, namentlich die Darstellung seines Ent-
stehens und Statistik; Völkerrecht, und zwar natürliches und positives; Gesandten-, See- und Handelsrecht; ferner die Errichtung
einer Kanzel für österreichisches positives Staatsrecht, nämlich für
das Studium der Verfassung und die Kenntniss der Hauptsprachen
Europas, da für orientalische Sprachen ohnedies die orientalische
Akademie besteht.

Nachdem am 2. October 1855 die rechts- und staatswissenschaftlichen Studien neu geregelt wurden, schlug das Ministerium

des Aeusseren (2. December 1855) vor, dass ein Candidat, der sich der Diplomatenprüfung unterzieht, mindestens drei Semester an einer Universität frequentirt und über österreichische Geschichte, Statistik der österreichischen Monarchie, österreichische Verwaltungsgesetzkunde, österreichisches Civil- und Strafrecht und Nationalökonomie bei einem ordentlichen Professor ein Privatissimum gehört haben muss. Das Unterrichts-Ministerium war geneigt (16. März 1856), auf diesen Vorschlag einzugehen, jedoch sollten auch die Privatstudien während eines Quadrienniums absolvirt werden, da sonst jeder privatim studiren würde. Dieses Programm hatte überdies auch Lücken. Es fehlten nämlich römisches, deutsches und canonisches Recht, die wohl nicht für den praktischen Dienst der Diplomaten nöthig sind, welche jedoch die Basis des neuen Studienplanes waren, der — wie bereits hervorgehoben — den Zweck im Auge hatte, dass die Studirenden, erst nachdem sie gründlich mit den Fundamenten der Rechts- und Staatswissenschaft (auf historischem und philosophischem Wege) vertraut gemacht wurden, zu den speciellen Fächern der anderen und einheimischen Gesetzgebung herbeigeführt werden, denn nur auf diese Art hoffte man der Gefahr oberflächlicher, oft sogar grundschlechter und verderblicher Anschauungen vorzubeugen. Die Erfahrungen früherer Zeiten (des Jahres 1848) schienen für das Vorhandensein einer solchen Gefahr die nur zu nahe liegenden Beweise geliefert zu haben.

Das Ministerium des Aeussern stimmte (11. März 1856) im Allgemeinen diesen Anschauungen bei, doch meinte es, dass auch Ausnahmen stattfinden müssen, da der diplomatische Dienst in seiner hohen Sphäre einen höhern Grad von Gewandtheit im Verkehre, einen höhern Tact und Ueberblick in Beurtheilung von öffentlichen wie von Privatverhältnissen erheische, Eigenschaften, welche sich durch das blosse wissenschaftliche Studium nicht aneignen lassen; auch müssen Ausländer berücksichtigt werden. Angehende Diplomaten sollen daher die rechtshistorische und staatswissenschaftliche Prüfung, aber nicht die judicielle ablegen.

Indem wir glauben, diese Angelegenheit, betreffend die Diplomatenprüfung, erledigt zu haben, kommen wir wieder auf das Jahr 1849 zurück.

Das Justizministerium verlangte (8. Juni 1849) strenge Prüfungen, »denn bei einem so wichtigen Interesse des Staates

muss die Nachsicht und Commiseration für Personen, welche ohnehin
in letzter Auflösung nur dem Unfleisse und der Mittelmässigkeit,
ja nicht selten selbst der Imbecilität zu Gute kommt, schon an sich
vor dem heiligen Ernste der Sache zurückweichen, und das Ministerium hat es sich hierbei vor Allem zur unverrückbaren Pflicht-
aufgabe zu machen, dass wenigstens für die Zukunft die Unfähig-
keit und Indolenz von dem höheren Staatsdienste ferngehalten
und dass sofort jenem trostlosen Zustande ein Ziel gesetzt werde,
der in der Erfahrung der Gegenwart nur zu häufig einen
völligen Mangel an gehörig unterrichteten Capacitäten für die
höheren Functionen des Staatsdienstes darbietet. Diesem vorzugsweise in wissenschaftlicher Beziehung so auffallenden Zurück-
gebliebensein eines grossen Theiles der Beamten könne für die
Zukunft nur durch eine allseitige und gründliche Verbesserung
des so arg verwahrlosten öffentlichen Unterrichtswesens überhaupt
und durch strenge Anforderungen an die neu einzuführende Staatsprüfung insbesondere abgeholfen werden.‹

Die jungen Leute sollen nachholen, ›um hiernach mit dieser
flachsten Oberflächlichkeit und Leichtigkeit des Wissens wenigstens
nicht zur Staatsprüfung zu kommen, und sollen gemischte Prüfungs-
Commissionen eingesetzt werden, um die Doctrinen unserer Hochschule praktischer und die Praxis unserer Behörden wissenschaftlicher zu gestalten.‹

Nachdem diese Stimmen gesammelt waren, ging Graf Thun
daran, die Staatsprüfungen zu activiren, da er die Nichtigkeit und
Hohlheit des ehemaligen Prüfungswesens genau kannte.

Die bestandenen Semestral- und Annualprüfungen hatten, wie
man weiss, abgesehen von dem Zwange, den sie ausübten und der
die Studirenden ohne Ausnahme hinderte, sich selbstständig zu
bewegen und ihren individuellen Bestrebungen und Anlagen gerecht
zu werden, den wesentlichen Mangel, dass sie nur Belege eines
in den verschiedenen Prüfungsstadien erprobten successive ange-
eigneten Erlernens der einzelnen Lehrfächer gewährten. Wie viel
davon der Studirende am Schlusse seiner Studienlaufbahn noch
behalten, wie viel er davon schon wieder der Vergessenheit überantwortet hatte, das waren sie nachzuweisen nicht geeignet, ja sie
verleiteten geradezu den Studirenden, immer nur einzelne Gegen-

stände des Unterrichtes für die Prüfung zu studiren, um sie, nachdem diese überstanden war, nicht mehr zu beachten.

Durch die vor dem Eintritt in den öffentlichen Dienst abzulegende Staatsprüfung sollte dagegen das Gesammt-Ergebniss der erworbenen Bildung erprobt und dadurch ein sicherer Massstab für die Befähigung des zu Prüfenden erlangt und zugleich der Vortheil erreicht werden, dass die Studirenden sich angeregt fühlen, den inneren Zusammenhang der Wissenschaften, welche das Gebiet ihrer Berufstudien bilden, zu erfassen und das Erlernte mit gehöriger Selbstthätigkeit sich wahrhaft anzueignen, ohne gleichwohl die Freiheit ihrer Thätigkeit während der Studienzeit durch die engere Schranke einförmiger Regeln gelähmt zu sehen. Es sollten aber auch nicht diese Prüfungen vervielfältigt werden, denn je mehr dies der Fall ist, desto mehr geht das wissenschaftliche Studium verloren und desto breiter macht sich das Lernen für die Prüfung, »das Bestehen« der Prüfung, nicht das Wissen und die Bildung wird der Zweck des Studiums. Die ganze Errungenschaft eines solchen Einlernens ist bekanntlich eine Eintagsfliege. Der eigentliche Werth der Staatsprüfungen im Vergleiche mit den Annual- und Semestral-Prüfungen liegt jedoch eben in der Gleichzeitigkeit des Wissens. Dieses geht desto mehr verloren, in je mehr Gruppen sich das Ganze der Prüfung auflöst.

Auf Grund dieser Anschauungen erstattete Graf Thun am 13. Jänner 1850 den Vortrag, welcher am 30. Juli die kaiserliche Genehmigung erhielt (vergl. R. G. Bl., Gesetz vom 30. Juli, Z. 327). Bezüglich der Prüfungs-Commissionen wurde festgestellt, dass ausser den Professoren auch hochgebildete Männer beigezogen werden, damit die Staatsprüfungen nicht in Studienprüfungen ausarten, und soll der Candidat nie mit Sicherheit auf gewisse Examinatoren rechnen können.*)

---

*) Schon die provisorische Studienordnung, 1849—50, stellte die facultativen Prüfungen und das Privatstudium für Hörer der rechts- und staatswissenschaftlichen Facultät ab. Wie jedoch bemerkt, wurden für angehende Diplomaten Ausnahmen gemacht. Auf eine Anfrage, ob die früheren philosophischen Studien den Hörern der Rechte angerechnet werden sollen, erklärte das Unterrichtsministerium am 1. November 1850: Es liegt im Wesen der neuen Universitäts-Einrichtungen, dass die Hörer der Rechte zugleich philosophische Collegien hören.

Zum Präses der ersten Staatsprüfungs-Commission wurde Professor Kudler, der einzige, welcher damals auf nationalökonomischem Gebiete als Schriftsteller thätig war, ernannt.

Es ist begreiflich, dass auf die Saat nicht sofort die Ernte folgte. Die neuen Einrichtungen zeitigten nicht unmittelbar die Talente und noch weniger die Genies. Es meldeten sich im Jahre 1851 bei der allgemeinen Abtheilung der Staatsprüfungen 42 Candidaten, von welchen 14 reprobirt wurden. Kudler bemerkte hierzu, die Ursachen dieser Erscheinung lägen nicht sehr verborgen. Abgesehen von dem sich öfter zeigenden jugendlichen Leichtsinne, der mehr als billig auf gutes Glück rechnet, und sich bei der Vorbereitung zu einer Prüfung nur zu leicht mit Wenigem befriedigt, war bei einem guten Theile der Reprobirten die Verwendung in ihren früheren Studienjahren zu oberflächlich, der echt wissenschaftliche Geist wurde bei ihnen zu wenig geweckt, und war insbesondere ihre philosophische Bildung zu mangelhaft, wie denn auch schon früher in den höheren Studien-Abtheilungen sehr häufig über zu wenig Uebung in logischem Denken der Studirenden geklagt worden war.

Aber nicht blos die Hörer, sondern auch manche der damaligen Lehrer — da man doch die alten nicht sofort ihres Amtes entheben konnte*) — liessen Manches oder Vieles zu wünschen übrig. Manche hatten entschieden kein Verständniss für die neuen Verhältnisse, da ihnen wissenschaftliche Forschung etwas ganz Fremdes war, die Anderen wieder brachten den neuen Institutionen geradezu eine feindselige Stimmung entgegen, da ihrer Ansicht nach das System, wie es bis dahin bestand, vorzuziehen war; einige wieder standen sozusagen den Zuständen, die ihnen selbst noch neu waren, ganz unbeholfen gegenüber. So wurde das Recht der Lernfreiheit, § 44 der Studienordnung, die »im Allgemeinen« zugestanden wurde, absolut unvernünftig aufgefasst, und

---

*) Die Verleihung einer Professur an der Wiener Universität wurde früher oft als eine Belohnung und Auszeichnung für Professoren, die längere Zeit an Landes-Universitäten gewirkt hatten, betrachtet. Es trat daher nicht selten der Fall ein, dass auf den Wiener Kanzeln alte, abgelebte und manchmal überlebte Männer lehrten, welche nicht über ein ausgiebiges Mass körperlicher und geistiger Frische und Rührigkeit zu verfügen hatten.

stand es oft im Widerspruche mit den Bestimmungen über die theoretischen Staatsprüfungen, wie mit der natürlichen Reihenfolge der wissenschaftlichen Disciplinen, die nur von offenbarem Unverstande ignorirt werden konnten. Andererseits wieder griff eine zu weit gehende Bevormundung Platz, wodurch das Wesen der Lernfreiheit zerstört und dessen eigentlicher Nutzen, nämlich die den strebsamen Studirenden gewährte Möglichkeit, die Studien ihren individuellen Bedürfnissen, Neigungen und Vorkenntnissen gemäss einzurichten, vernichtet wurde.

Es musste aber auch insbesondere an den rechts- und staatswissenschaftlichen Facultäten dafür Sorge getragen werden, bei der Entwerfung des Lections-Kataloges darauf Rücksicht zu nehmen, dass durch die Anordnung der Vorlesungen die Studirenden in ihrer fortlaufenden Vorbereitung für die Staatsprüfungen nicht nur nicht gestört, sondern möglichst gefördert werden, und dass sie daher jene Disciplinen, welche Prüfungs-Gegenstände einer Prüfungs-Abtheilung waren, möglichst fortlaufend hören konnten. Diese Collegien durften daher nicht nur nicht in den Stunden collidiren, sondern sich thunlichst ohne Zwischenräume aneinanderreihen, um nicht die Zeit der Studirenden zu zersplittern.

Von der Lehr- und Lernfreiheit wurde auch von Seite der Studirenden an der rechts- und staatswissenschaftlichen Facultät der Gebrauch gemacht, dass zahlreiche Studirende die Vorlesungen »schwänzten«, da nicht mehr, wie bis zum Jahre 1848, der Katalog gelesen wurde. Man gab sich damals der Meinung hin, dass dies die Folge der turbulenten Zeit in den Jahren 1848 und 1849 war; man hoffte auch, dass die eingeführten theoretischen Staatsprüfungen sowie die Collegiengelder, die ebenfalls mit der neuen Reform ins Leben traten, diesbezüglich eine Remedur herbeiführen werden.

Da dieser Uebelstand an der medicinischen Facultät nicht bestand, so schloss man folgerichtig, dass dies davon herrühre, weil den Studirenden der Medicin der Besuch der Vorlesungen ein nothwendiges Förderungsmittel ihrer Ausbildung, welches durch blosses Selbststudium nicht zu erreichen sei, und führe dieses Moment zur weiteren erfreulichen Consequenz, dass die Studirenden in nähere Berührung mit den Docenten kämen. Es wurde daher gewünscht, die demonstrativen Collegien an der rechts- und staatswissenschaftlichen Facultät in anderer Weise zu ersetzen, und zwar durch Examinatorien, Repetitorien und Conservatorien, insoferne sie wirklich geeignet sind, die Vorträge zu ergänzen und zu beleuchten. Diese Momente würden dann auch den Docenten die Mittel verschaffen, die Individualitäten der Studirenden näher kennen zu lernen.

Da nach dem § 54 der Studienordnung vom 1. October 1850 den Docenten nicht nur die Berechtigung eingeräumt, sondern die Verpflichtung auferlegt wurde, jene Massregeln zu ergreifen, welche insbesondere bei einem auffallend lückenhaften Besuche der Collegien für nothwendig erachtet werden, um die Bestätigung der Frequentation nicht zu einer leeren Formel herabsinken zu lassen (da die Lernfreiheit nicht als eine gesetzliche Gestattung akademischer Indolenz, als die Freiheit des literarischen Müssigganges aufgefasst oder vielmehr zu ihr herabgedrückt werden dürfe), so wurde ihnen empfohlen, in ähnlichen Fällen von dem Mittel des Kataloglesens Gebrauch zu machen. Doch kam dasselbe, so viel bekannt, wenig oder gar nicht in Anwendung.

Zu unserem Bedauern müssen wir sagen, dass alle diese Mittel nichts gefruchtet haben, und sind bis auf den heutigen Tag die Lehrsäle an der rechts- und staatswissenschaftlichen Facultät zumeist sehr spärlich besucht. Doch wir kommen noch auf die Frage zurück und wollen wir zunächst damit fortfahren zu berichten, wie sich die Verhältnisse einzelweise gestalteten.

Bis zum Jahre 1848 gewohnt, in Allem und Jedem von der Regierung bevormundet zu werden, waren die akademischen Behörden Anfangs der neuen Aera ängstlich, von der ihnen eingeräumten freieren Bewegung Gebrauch zu machen, und mussten sie dazu erst mittelst eines besonderen Ministerial-Erlasses vom 5. Juli 1851 ermuthigt werden. Andererseits wieder wurden die Professoren darauf aufmerksam gemacht, ihren Pflichten bezüglich der Stundenzahl nachzukommen und keine auffallenden Abkürzungen der einzelnen Vorlesestunden eintreten zu lassen. Ebenso wurde es ihnen zur Pflicht gemacht, wenn angekündigte Vorlesungen im Lections-Kataloge aus irgend einem Grunde unterbleiben, davon dem Unterrichts-Ministerium die Anzeige zu erstatten.

Da das neue Studiensystem in der rechts- und staatswissenschaftlichen Facultät der historisch-philosophischen Richtung huldigte, berührte es desto unangenehmer, dass das Studium des römischen Rechtes arg vernachlässigt wurde.

Der Unterrichts-Minister forderte daher in einer besonderen Currende vom 17. December 1851 die Decanate auf, dem Uebelstande zu steuern, und gab ihnen praktische Gründe an die Hand, welche sie den Studirenden gegenüber geltend machen sollen, um sie zum Besuche der Vorlesungen über die genannte Disciplin zu veranlassen, dass nämlich das Gesetz über die theoretischen Staatsprüfungen und über die praktischen Justizdienst-Prüfungen das Studium dieser Disciplin wünschenswerth machen.

Sehr abfällig über den gesammten Erfolg der Studien in den staats- und rechtswissenschaftlichen Facultäten äusserte sich das Justizministerium (12. September 1851). Es schrieb:

Die Ignoranz des grössten Theiles der dermal aus den Studien tretenden Candidaten des Justizdienstes in allen Zweigen der Rechts- und Staatswissenschaften bildet eine der empfindlichsten Wunden unserer dermaligen Zustände. Seit der Einführung des neuen Studienwesens sind die Justizbehörden nicht im Stande, den Anforderungen um Zuweisung neuer Rechtspraktikanten zu genügen, und seit dem verflossenen Jahre, seitdem die theoretischen Staatsprüfungen eingeführt wurden, hat das Dasein von Candidaten gänzlich aufgehört. Unter den 250 bis 300 Juristen des IV. Jahrganges an der Wiener Universität ist nicht Ein Candidat, welcher die durch die Verordnung vom 21. März 1851, R. G. Bl. Nr. 28, verminderten Erfordernisse von blos zwei theoretischen Staatsprüfungen auszuweisen im Stande wäre, und von den 60 Individuen, welche eine Staatsprüfung gemacht haben, hat sich nicht Einer zur Ablegung der zweiten gemeldet, und man wird müssen sogenannte absolvirte Juristen ohne irgend eine Prüfung aufnehmen, wie dies bereits von Seite der Militär- und Finanzbehörde geschieht. Für Galizien, Bukowina und Krakau musste das Justizministerium einen allgemeinen Dispens ertheilen, da nicht ein einziger Candidat die gesetzlichen Anforderungen nachweisen kann. Aus diesem Grunde wollte das genannte Ministerium nicht die Hebung des Studiums des römischen Rechtes empfehlen.

Wie wir sofort hinzufügen wollen, liess sich das Unterrichts-Ministerium durch diese Anschauungen des Justizministeriums nicht beirren und erkannte nach wie vor das römische Recht und die Rechtsgeschichte als die wissenschaftliche Grundlage der Rechtsgelehrsamkeit. Am 21. März 1853 erliess es ein Circulär an die staats- und rechtswissenschaftlichen Professoren-Collegien der österreichischen Universitäten, in welchem es denselben empfahl, mittelst Anschlages am schwarzen Brette den Studirenden der genannten Facultäten, insbesondere jenen, welche mit dem Studienjahre 1853/54 in diese Facultäts-Studien eintreten werden, und namentlich denjenigen, welche in den öffentlichen Justizdienst einzutreten oder den rechts- und staatswissenschaftlichen Doctorgrad zu erwerben beabsichtigen, den durch viele Rücksichten motivirten Rath zu ertheilen, gleich im ersten Studienjahre über römisches Recht und seine Geschichte wenigstens ein acht- bis neunstündiges oder zwei fünfstündige Semestral-Collegien zu hören und diesem Gegenstande ein ernstes und intensives Studium zu widmen. Diese Erinnerung sollte, um desto wirksamer zu sein, als vom Unterrichts-Ministerium ausgehend gemacht werden.

Wir wollen uns hier auf einen Moment unterbrechen. Die Verhältnisse auf dem Gebiete der Universität in Verbindung mit der octroyirten Verfassung vom 4. März 1849 drängten auch zur Regelung anderer Fragen.

So wollten auf Grund des § 1 der österreichischen Grundrechte und § 28 der Reichsverfassung vom 4. März 1849 die Gerichte Juden zur Richteramtsprüfung und zum Richteramte zulassen. Mit Rücksicht jedoch auf die bis dahin bestandenen gesetzlichen Vorschriften (Hofdecret vom 25. October 1790*), nach welchen Juden vom Studium des canonischen Rechtes ausgeschlossen waren und blos *Doctores juris civilis*, aber nicht *juris canonici* werden durften, verlangte man von israelitischen Candidaten nachträglich den Ausweis über das Studium des canonischen Rechtes durch eine Prüfung oder durch ein Frequentations-Zeugniss.

Der damalige Justizminister Schmerling befürwortete hierauf (30. März 1849), dass in Hinkunft Israeliten von diesem Studium

---

*) Weitere diesbezügliche Verfügungen erflossen: Allerhöchste Entschliessung vom 21. August 1820, 24. Februar 1833, Studien-Hofcommissions-Decrete vom 27. October 1820, 21. April 1829 und 28. Februar 1833, nach welchen der Besuch der Vorlesungen über canonisches Recht, aber nicht die Prüfung aus diesem Gegenstande Israeliten gestattet war.

nicht ausgeschlossen werden. Er schrieb: »Ich vermag kein prin-
cipielles Hinderniss zu erkennen, welches einen israelitischen
Glaubensgenossen von einem Studium der Satzungen, Einrichtungen und den positiven Gesetzen unserer christlichen Kirche
ferne zu halten gebieten könnte; so wenig als Christen von der
wissenschaftlichen Aneignung der für die Judengemeinden bestehenden Anordnungen ausgeschlossen, vielmehr dazu angehalten
wurden, weil sie zu deren Handhabung berufen waren, ebenso
wenig darf den Juden nach den erwähnten Grundsätzen der Verfassung der Weg zur vollkommenen Erlernung aller den Richtern
in Oesterreich nöthigen Kenntnisse versperrt bleiben.«

Das Unterrichts-Ministerium trat diesen Anschauungen bei.
Es erschien ein diesbezüglicher Erlass vom 14. Jänner 1850 und
wurde die Verfügung getroffen, dass jene, welche ihre Studien
bereits absolvirt haben, bei der praktischen Prüfung aus diesem
Gegenstande geprüft werden können.

Es trat hierauf ein besonderer Fall ein. Ein *Doctorandus juris*
jüdischer Confession bestand 1852 an der Wiener Universität die
strengen Prüfungen aus dem Kirchenrechte und bei der öffentlichen Disputation, wie sie damals üblich war, stellte er Thesen aus
der genannten Disciplin zur Vertheidigung auf. Er wurde jedoch
nur zum *Doctor juris*, aber nicht *Doctor juris utriusque* promovirt.
Der Betreffende recurrirte gegen diesen Vorgang beim Ministerium
und dieses forderte das Universitäts-Consistorium zur Begutachtung
dieser Frage auf. Das Professoren-Collegium der rechts- und staatswissenschaftlichen Facultät erklärte, dass den Juden blos unter-
sagt wurde, Thesen auf diesem Gebiete aufzustellen; das Consistorium wollte sie jedoch (19. Juli 1852) auch nicht zu den
strengen Prüfungen aus diesem Fache zulassen. Als Grund für
dieses Votum (Referent war Dr. Mühlfeld) wurde angegeben, es sei
nicht möglich, in den wahren Sinn und in das Verständniss der
Canones einzugehen, für den, der die Glaubenslehre der Kirche
nicht in seine Ueberzeugung aufgenommen. Aeusseres mechanisches
Wirken genüge hier nicht, und wer wird eine überzeugungsvolle
Wissenschaft des canonischen Rechtes demjenigen zutrauen, der
nach seinem Religionsbekenntnisse die Glaubenslehren der Kirche
nicht in seine Ueberzeugung aufgenommen und sie für falsch
und irrig hält und halten muss. Es läge auch darin eine gewisse

Profanation, einen Candidaten aus einer Disciplin zu prüfen, an
die er nicht glaubt, oder es müsste angenommen werden, er sei als
Israelite ein Heuchler.

Es erfolgte hierauf am 21. November 1852 die Entscheidung,
dass Juden wohl aus dem Kirchenrechte geprüft werden können,
jedoch nicht als *Doctores juris canonici* promovirt werden dürfen.

Wir müssen jedoch andererseits der obersten Unterrichtsverwaltung die Gerechtigkeit widerfahren lassen, dass sie bezüglich
der Professoren dem Principe der Gleichberechtigung der Confessionen, welches die Verfassung vom 4. März 1849 gewährleistete,
Rechnung trug. Wie wir bereits berichteten, wurden, wenn auch
mit etwas schwerem Herzen, Protestanten zu Professoren ernannt
und Juden waren ebenfalls nicht ausgeschlossen. So wurde mittelst
allerhöchster Entschliessung vom 31. Mai 1849 Dr. Jakob Goldenthal zum ausserordentlichen Professor der orientalischen Sprache
und Literatur und insbesondere der hebräischen, talmudisch-
rabbinischen, chaldäischen, syrischen und arabischen an der Wiener
Universität ernannt.

Im Laufe der Zeit nahmen Israeliten Lehrstühle an allen
weltlichen Facultäten der Wiener Universität ein. Eine Ausnahme
machte der Lehrstuhl der Geschichte, den man früher überhaupt
keinem Akatholiken anvertrauen wollte. Wie wir wissen, lehrt jetzt an
der Wiener Universität ein Jude (Büdinger) Geschichte, der jedoch,
wie dies vorausgesetzt werden kann, blos die Wissenschaft im Auge
hat. Indem wir jedoch sagten, dass die Juden seit der Märzverfassung (1849) zur Professur zugelassen wurden, so wollen wir
damit nicht sagen, dass ihnen ihr Glaubensbekenntniss zur Em-
pfehlung gereichte, und jene, welche Carrière machen wollten,
suchten Aufnahme in den Schoss der alleinseligmachenden Kirche.*)

Kehren wir nun zu unserem Gegenstande zurück. Das Gesetz
über die theoretische Staatsprüfung wurde auf Grund einer kaiserlichen Entschliessung vom 27. April 1852 modificirt. Zum Theile

---

*) Dr. Wolfgang Wessely, israelitischer Religionslehrer in Prag, wurde in Folge
kaiserlicher Entschliessung vom 29. April 1851 zum ausserordentlichen Professor des
Strafrechtes an der Prager Universität ernannt und 1861 zum Ordinarius befördert. Staatsminister Schmerling, in dessen Ressort das Unterrichtswesen gehörte,
verhehlte sich nicht, dass von mancher Seite das Bedenken angeregt werden
könnte, Wessely sei Israelit; aber er meinte, es dürfte den Forderungen der Billig-

war diese Modification in Folge der inzwischen veränderten politischen Verhältnisse nothwendig. Es gehörte nämlich bis dahin, wie wir wissen, zu den Prüfungsgegenständen auch das Verfassungsrecht. Da jedoch die Märzverfassung am 31. December 1851 aufgehoben wurde, so konnte selbstverständlich österreichisches Verfassungsrecht nicht mehr Prüfungsgegenstand sein. Grosse Meinungsverschiedenheit herrschte, ob Weltgeschichte Prüfungsgegenstand sein sollte. Der Präses der Staatsprüfungs-Commission, Professor Kudler, befürwortete, dieselbe als Prüfungsgegenstand ganz zu streichen, weil die Prüfung der allgemeinen Abtheilung zu sehr mit Doctrinen überladen sei und die anderen Disciplinen mit der Vorbereitung für den Staatsdienst mehr in Beziehung stehen, als

keit und dem Geiste der sanctionirten Staatsverfassung entsprechen, in einem Falle, wie der vorliegende, von der confessionellen Verschiedenheit abzusehen. Die Strafrechtswissenschaft sei überdies ein Lehrfach, in welchem das Religionsbekenntniss des Vortragenden ganz aus dem Spiele bleibt und daher keinen alterirenden Einfluss nehmen kann. Der damalige Professor des Kirchenrechtes an der Prager Universität, Dr. Schulte, dessen streng katholischer Standpunkt allgemein bekannt war (er war zu jener Zeit einer der eifrigsten Vertheidiger des mit Rom abgeschlossenen Concordates), stimmte im akademischen Senate für die Beförderung Wessely's und konnte sie daher auch von dem rigorosesten Verfechter der kirchlichen Interessen keine Anfechtung erleiden. Es mag hinzugefügt werden, dass sich im Laufe der Zeit ein vollständiger Umschwung der Stimmung vollzogen hatte. Anfang 1853 machte nämlich die Prager Polizei Wessely dafür verantwortlich, weil einige jüdische Schriftsteller der Regierung Opposition machten, und sprach sich dahin aus, dass Wessely, der ehemals israelitischer Religionslehrer war, keinen günstigen Einfluss auf die Jugend geübt habe. Es charakterisirt jene Zeit der Reaction, einen Religionslehrer, der dem politischen Leben ganz ferne stand und durch und durch Oesterreicher war, dafür verantwortlich zu machen, weil der eine oder der andere seiner ehemaligen Schüler der Regierung Opposition machte. Wessely war nun Ordinarius, doch war er nicht zur Theilnahme an den Promotions-Acten berechtigt. Die böhmische Statthalterei und der akademische Senat der Prager Universität wollten ihm wohl dieses Recht zugestehen, aber die Decane der theologischen Professoren- und Doctoren-Collegien protestirten dagegen mit Rücksicht auf die Einrichtung bei Promotionen an der Prager Universität und wiesen darauf hin, dass Wessely selbst nur *Dr. juris civilis* sei. Der Erzbischof von Prag, Cardinal Schwarzenberg, dem dieser Protest als Kanzler der Universität mitgetheilt wurde, liess ihn auf sich beruhen. Das Staatsministerium jedoch griff (4. Februar 1863) zu einer halben Massregel und entschied, dass Wessely als *Dr. juris civilis* auch nur in diesen Fällen interveniren könne, worauf Wessely überhaupt bei Promotionen zu interveniren verzichtete.

Geschichte. Graf Thun wollte jedoch zunächst nicht auf diesen Vorschlag eingehen. Er meinte, die historische Bildung sei eine so wichtige, das Bedürfniss, sie in Oesterreich zu fördern, ein so dringendes, sie sei überdies eine so unentbehrliche Grundlage für die wissenschaftliche Behandlung aller Zweige der juridischen und der staatswissenschaftlichen Studien und ein so nothwendiges Mittel gegen die bedenkliche speculative Richtung der Gegenwart, dass man niemals auf einen derartigen Vorschlag eingehen könnte. Wollte man Geschichte als Prüfungsgegenstand auslassen, so müsste das unfehlbar dahin führen, dass das Studium derselben wieder ganz vernachlässigt und der einseitig speculativen Richtung neuerdings Vorschub geleistet werde. Wenn die jetzigen Candidaten wenig von der Geschichte wissen, so sei dies wahrscheinlich aus dem Grunde, weil dieser Gegenstand früher schlecht in den Gymnasien betrieben wurde, ein Uebelstand, der mit der Gymnasial-Reform im Laufe der Zeit behoben werden wird. Es wurde daher ein Uebergangsstadium activirt und verfügt, dass in den Jahren 1852, 1853 und 1854 österreichische Geschichte mit allgemeiner Geschichte geprüft werde. Als Prüfungsgegenstände bei der allgemeinen Prüfung wurden folgende Disciplinen aufgestellt: Rechtsphilosophie, politische Wissenschaften, Statistik, österreichische Geschichte, und betreffend die Administraion, österreichisches Kirchenrecht, österreichische Verwaltungs- und Finanzkunde.

Nicht lange jedoch dauerte es und es fiel die Rechtsphilosophie als Prüfungsgegenstand und die Studirenden waren blos verpflichtet, die Vorlesungen über »praktische Philosophie« zu belegen. Dasselbe war der Fall bezüglich der allgemeinen und der österreichischen Geschichte. Die Folgen, welche Graf Thun vorhersagte, blieben nicht aus, das Studium der Geschichte ward von Seite der Studirenden an der rechts- und staatswissenschaftlichen Facultät, man kann sagen, ganz vernachlässigt, aber von einer speculativen Richtung ist ebenfalls bei den Studirenden nichts wahrzunehmen, denn auch die Collegien über Philosophie werden von diesen Hörern nur selten betreten. Wie heute die Dinge stehen, sind diese Collegien fast ausschliesslich dazu da, dass die Studirenden die Collegiengelder bezahlen, denn die Collegien werden belegt, aber nur von einem minimalen Theile der Studirenden frequentirt. Diese Vorlesungen bieten daher, wie die Verhältnisse nun einmal sind,

keine philosophisch-historische Bildung. Wir beklagen diesen Zustand
sehr, und wahrlich, wir würden lieber bei der Jugend eine speculative Richtung sehen, als jene, die ausschliesslich das Reale und
Praktische ins Auge fasst und nur das studirt, was sie bei der
Prüfung braucht.

Als es sich um die Feststellung einer neuen Rigorosen-
Ordnung für die Hörer an den rechts- und staatswissenschaftlichen
Facultäten handelte, die dann im Jahre 1856 promulgirt wurde,
trat Professor Albert Jäger neuerlich dafür ein, österreichische
Geschichte in die Disciplinen der ersten Staatsprüfung aufzunehmen,
um die Kenntnisse der für die Rechts- und Staatsgeschichte Oesterreichs wichtigen Thatsachen ersichtlich zu machen. Doch waren
alle Bemühungen vergebens. Es blieb dabei, Geschichte wird belegt,
aber nicht gehört.

Es begreift sich übrigens von selbst, dass die Reform der Universität anfänglich mannigfachen Schwierigkeiten, die wir theilweise
bereits berührten, begegnete, und dass es thatsächlich nicht überall in
der Weise ›klappte‹, wie man dies geglaubt und vorausgesetzt hatte.
Man kann sich jedoch nicht vorstellen, welch' eine heftige Opposition, ja welch' ein Sturm sich gegen den Grafen Thun wegen
der Universitäts-Reform erhob. Nicht nur in Eingaben an die Behörden, in Vorstellungen, die am kaiserlichen Throne Halt machten,
sondern auch in Zeitungen und Brochuren wurde ein lebhafter
Kampf geführt.

Die Feinde und Gegner der Universitätsreform recrutirten
sich aus verschiedenen Kreisen. Zunächst aus jenen, die überhaupt
dem Neuen misstrauisch entgegengeben. Ein ›unbekanntes Land‹,
unbekannte Verhältnisse haben etwas Fremdartiges für sie. Sie
rechnen gerne mit bekannten Factoren und trennen sich ungern
von Gewohnheiten, mögen diese nun süss sein oder nicht. Ihnen
erschien es angemessener, wenn die jungen Leute wie ehemals
wieder am Gängelbande gehalten werden. Sie hielten es daher
für besser, wenn fleissig Katalog gelesen wird und die Studirenden
wegen der Semestral-Prüfungen genöthigt sind, zu studiren; die
Lehr- und Lernfreiheit war ihnen ein Greuel.

Da überdies, wie selbstverständlich, die Resultate der Reform
nicht sofort sicht-, greif- und fassbar waren, so wiesen sie auch
auf die Erfolglosigkeit des neuen Systemes hin, und die Erfolge

waren thatsächlich in der ersten Zeit, wie bereits erwähnt, geringe, da die Erschütterung, welche das Jahr 1848 in Studentenkreisen herbeigeführt hatte, noch längere Zeit nachher fortwirkte; abgesehen davon, dass diese Studirenden nicht die genügende Vorbereitung in den ehemaligen Gymnasien genossen hatten.

Zu diesen Gegnern gesellte sich die Bureaukratie. Der Staat, das Land etc. brauchen Beamte; das massgebendste und bequemste Kriterium war die Zeugnissmasse, die der Aspirant beibrachte, und diese war momentan nicht vorhanden. Wir hörten daher die Klagen des Justizministeriums, dem die Sorge vorschwebte, es könnte in nicht allzuweiter Frist der Staat ohne Beamte dastehen.

Zu diesen und ähnlichen Gegnern der Universitäts-Reform gesellte sich eine Phalanx von Feinden, welche alle Mittel der Agitation in Bewegung setzten. An der Wiener und an der Prager Universität bestanden nämlich die Doctoren-Collegien der Facultäten, welche ihre Vertretung durch ihre Decane und Prodecane im akademischen Senate, respective im Universitäts-Consistorium hatten und deren Mitglieder bei »kleinen« Rigorosen und Promotionen intervenirten. Diese Doctoren-Collegien hatten in alter Zeit einen Sinn, da die Doctoren eben die Gelehrten waren, welche, wenn sie auch ins praktische Leben eintraten, noch zum Verbande der Universität und zu deren Jurisdiction gehörten. Im Laufe der Zeit, als die Universitäten immer mehr und mehr das wurden, was sie sein sollten, lösten sich die fremden Elemente ab, und zu diesen gehörten die Doctoren, welche nicht mehr als Lehrer wirkten. Da jedoch diese Institution Jahrhunderte lang bestanden hatte, so fand man nicht den Muth, sie aufzuheben.

Das Gesetz vom 27. September 1849 übertrug die Gesammtleitung der Universitäts-Angelegenheiten dem Consistorium oder dem Senate, dessen Gliedern eben die wissenschaftliche Bildung der Jugend und die Förderung der Wissenschaft obliegt. Die Doctoren-Collegien erschienen nun blos' als ergänzend, und bildeten die betreffenden Professoren und die Decane der Doctoren-Collegien zusammen die Facultät.

Graf Thun wollte sie als wissenschaftliche Corporation fortbestehen lassen und liess auch das Vermögen derselben unangetastet, aber sie sollten nicht mehr eine dominirende Rolle spielen. Sie behielten daher ihre Vertretung im Universitäts-Consistorium

in Wien, respective im akademischen Senate in Prag, aber sie
hatten nicht mehr bei Rigorosen zu interveniren. Am 11. Februar 1852
erschien demgemäss die Verordnung, dass die Professoren-Decane
die Diplome mit unterfertigen.

Wenn Graf Thun nicht sofort die Doctoren-Collegien aus dem
Verbande der Universität ausschied, so mag ihn wohl der Gedanke
geleitet haben, nicht die Zahl der Feinde und Gegner der Universitäts-
Reform zu vermehren. Er täuschte sich jedoch darin, denn die
Herren wollten nicht ein Titelchen ihrer Privilegien und der »historischen Rechte« aufgeben und sie nahmen keinen Anstand, vor
den Stufen des Thrones klagbar gegen den Minister aufzutreten.

Und doch konnte keine Rede von Privilegien sein, wie dies
bereits (s. oben S. 80) aus der citirten kaiserl. Entschliessung
vom 30. März 1832 hervorgeht. Aber selbst wenn die Privilegien
noch in Geltung gewesen wären, so hätte die landesfürstliche Bestätigung bei jedem Thronwechsel erneuert werden müssen, da sie
sonst *eo ipso* verfallen (vergl. das Albertinische Diplom, Rubrica XLIX,
dann die Decrete Josef I., 17. Juli 1705, und Maria Theresia's,
14. December 1741, Cod. aust. III. 486 u. V. 24). Diese Privilegien wurden aber unter Kaiser Franz nicht erwirkt und unter
Ferdinand und dem Kaiser Franz Josef nicht nachgesucht.

Wir werden noch Gelegenheit haben, uns mit den Wünschen,
Klagen und Beschwerden dieser Körperschaften zu beschäftigen.
Hier möchten wir zunächst einer Vorstellung des Doctoren-Collegiums der medicinischen Facultät in Wien, vom 1. December 1852,
gedenken, in welcher sie um die Aufrechthaltung der alten Institution, betreffend die Beeidigung und Approbation zu den medicinischen Graden bat. In derselben heisst es:

»Die Verhältnisse der Universität sind jetzt in einem so hohen
Grade gestört, wie es bisher niemals der Fall war. Es gewährt
nämlich die neue autonome Stellung der Professoren-Collegien für
die Aufrechthaltung der unumgänglich nothwendigen Disciplinen der
Schule keine genügende (!) Bürgschaft, die Einstellung der Semestral-
und Jahresprüfungen hat ferner bei dem Umstande, dass keine
Aufsicht über die Verwendung der Studenten besteht, bereits bei
den strengen Prüfungen ungewöhnlich ungünstige Erfolge gehabt;
die Einführung der Collegiengelder und der Lernfreiheit mit den
Frequentations-Zeugnissen hat bereits zu manchem Missbrauche

Veranlassung gegeben, endlich betrachten sich die Professoren als die alleinigen Vertreter der Wissenschaft und wollen sogar das praktische Leben leiten und beherrschen, was immerhin bei der vorhandenen Lehrfreiheit nicht ganz unbedenklich ist. Unter so bewandten Umständen findet aber wegen der Entfernung der Studiendirectoren die nöthige unmittelbare Beaufsichtigung der Schule durch die Staatsverwaltung dermalen nicht statt. Bei einem derartigen Sachverhalte dürfte es sich also als höchst wünschenswerth herausstellen, dass den Doctoren-Collegien überhaupt an der Universität der ihnen gebührende Wirkungskreis und die geeignete Stellung belassen werde, damit wenigstens durch dieselben, denen vorzugsweise die Bedürfnisse des praktischen Lebens bekannt sind, die wissenschaftlich-praktische Richtung des Unterrichtes die nothwendige Vertretung finde.«

Man wird zugeben, dass es eine schärfere Verurtheilung der eingeführten Universitäts-Reformen nicht geben kann, und diese ging von Männern aus, die allerdings zumeist blos »Praktiker« waren, und nur zum geringen Theile noch mit der Wissenschaft in Verbindung standen.

Man wird heute über die vorgebrachten Momente lächeln und wird es wohl Niemandem einfallen, auch nur gegen dieselben zu polemisiren. Wenn man jedoch bedenkt, dass diese Eingabe auch von Männern unterschrieben wurde, welche sonst den Werth der Wissenschaft zu würdigen wussten und die Anforderungen der Zeit kannten, so ergibt sich daraus, wie sehr der Mensch geneigt ist, ein Unrecht für Recht anzuerkennen, weil es seit Jahren und Jahrhunderten bestanden hat.

Wie weit die Opposition des medicinischen Doctoren-Collegiums ging, mag Folgendes beweisen: Rokitansky als Rector berichtete (19. November 1852) über die Hindernisse, durch welche der dringenden Vollziehung der Beeidigung und Diplomirung der Wundärzte und Hebammen, nach der Anordnung vom 30. October 1852, von Seite des medicinischen Doctoren-Collegiums entgegengetreten wird. (Es stand nämlich dem Doctoren-Collegium bei minderen Rigorosen der Chirurgen und Hebammen noch die Mitwirkung zu.)

Der Doctoren-Decan hatte mit Eingabe an den Rector vom 10. November einen Majestäts-Recurs des Doctoren-Collegiums als sehr wahrscheinlich angemeldet und mit Beziehung auf die Hofkanzlei-Verordnung vom 2. März 1799, der zu Folge ein derartiger Recurs eine suspendirende Kraft hat, was jedoch nur bei politischen Recursen der Fall war, bis zur diesfälligen Entscheidung um die Belassung des bisher beobachteten Benehmens gebeten. Das Doctoren-Collegium erklärte auf eine Gegenbemerkung des Rectors, dass es bis zur definitiven Entscheidung desselben an den bisherigen gesetzlichen Normen, welche auf kaiserlichen Resolutionen beruhen, beharren wolle. Das Consistorium beantragte daher *per majora*, dass statt des Doctoren- der Professoren-Decan unter Beiziehung zweier ordentlicher Professoren in den gegebenen Fällen zu interveniren hätte.

Graf Thun erklärte hierauf (22. November), dem Doctoren-Collegium sei eine Berufung an Se. Majestät unbenommen, eine Suspensionskraft habe sie jedoch nicht. Sollte eine nochmalige Aufforderung ohne Erfolg sein, so würde die fortgesetzte Weigerung, den Beschlüssen der vorgesetzten Universitäts-Behörde sich zu fügen und in Gemässheit derselben bei Besorgung der Angelegenheiten der Universität vorzugehen, als eine mit jeder Ordnung unvereinbare Auflehnung gegen die gesetzliche Autorität zu betrachten und die Functionäre des Doctoren-Collegiums, welche den Gehorsam verweigern, ohne längere Nachsicht sogleich von ihrem Amte zu entheben und zur Einleitung der etwa weiter erforderlichen Massregeln an das Ministerium die Anzeige zu erstatten sein.

Aber nicht blos die Doctoren-Collegien, sondern auch die ›Nationen‹, welche bereits vor dem Jahre 1848 dem Entschlafen nahe waren, und welche nach § 39 des provisorischen Gesetzes vom 27. September 1849 blos noch als Vermögens-Gesellschaften, bestehend aus akademischen Mitgliedern, betrachtet wurden (wie wir oben S. 103—104 berichteten, hatten die österreichische und die italienisch-illyrische Nation schon im Jahre 1848 beschlossen, sich aufzulösen), fingen sich an zu regen, und auch diese (es bestanden damals die österreichische, slavische, ungarische und italienisch-illyrische Nation) wendeten sich an den Kaiser im Jahre 1852 (s. d.), um die Aufrechthaltung der akademischen Rechte ihrer Procuratoren, als Repräsentanten der Wiener Universitäts-Gemeinde im Consistorium zu sitzen und an allen Entscheidungen der Universität als stimmfähige Glieder Antheil zu nehmen, ferner den Rector allein und ohne weitere Bestätigung zu wählen. Durch die Ausübung des Wahlrechtes hätten sie nach ihrer Meinung wesentlich zum Glanze der Wiener Universität beigetragen. Sie motivirten ferner ihre Bitte damit, dass früher jeder Gegenstand zwei Mal berathen wurde, einmal in den Facultäten und dann von einem anderen Gesichtspunkte bei den ›Nationen‹. Die Berathung konnte daher gründlich sein.

Das Consistorium habe die Disciplinargewalt in zweiter Instanz. Dieses besteht jedoch zumeist aus Professoren, und während der betreffende Professor auch als Votant fungirt, hat der Studirende nicht einmal einen Vertreter, und dieser Vertreter sei früher der Procurator jener Nation gewesen, zu welcher der Studirende nach seiner Heimat zu zählen war. Es bestehen überdies Stiftungen, und wenn kein Procurator vorhanden ist, so fehlt den Nationalen der berechtigte Vertreter. Die meisten Studirenden sind überdies jung und fehlt ihnen die Reife des Charakters, sie bedürfen nicht nur Unterricht, sondern auch der väterlichen Leitung in religiöser und moralischer Beziehung. Diese können am zweckmässigsten Männer besorgen, welche sich zu den Studirenden durch die Bande der gleichen Heimat hingezogen fühlen.

Die Sturmfluth in Journalen und Brochuren gegen die eingeführte Universitäts-Reform wuchs, je näher der Termin kam, an welchem das provisorische Gesetz zur Organisation der akademischen Behörden einem definitiven Platz machen, und je nach den speciellen Verhältnissen und historischen Antecedentien für jede Universität ein besonderes Statut gegeben werden sollte. Das provisorische Gesetz erfloss am 30. September 1849, und zwar auf vier Jahre, und lief daher 1853 ab. Zu Ende des Jahres 1852/53 wurden deshalb die Angriffe desto heftiger.

Wir heben aus denselben hervor die Schrift: ›Ueber den Zustand der österreichischen Universitäten, mit besonderer Beziehung auf die Wiener Hochschule‹, von Dr. Georg Em. Haas. Diese Schrift erschien ursprünglich in der Form von Journalartikeln in der ›Augsburger Postzeitung‹ und wurde dann als selbstständige Schrift, die zwei Auflagen erlebte, veröffentlicht. In derselben kämpfte der Autor zunächst gegen die Lehr- und Lernfreiheit. Der Staat begebe sich durch dieselbe der Oberaufsicht über die Regelung der Studien und überlasse es der studirenden Jugend, sich Rathes zu erholen, wo sie immer will. Die Erklärung

des Ministeriums, die vom Staate unterhaltenen öffentlichen Lehranstalten auch fernerhin genau zu überwachen, sei daher illu-
sorisch etc. Haas ruft aus: Der Versuch mit dem neuen Studiensystem ist gescheitert, wir wollen zu dem verbesserten alten
Principe zurückkehren (S. 12). Er kämpft ferner gegen die Staatsprüfungen. Man habe die Semestralprüfungen verworfen, weil sie
angeblich nicht den Nachweis für die Tüchtigkeit der Studirenden
gaben; die Staatsprüfungen aber werden noch weniger zur Beurtheilung der Leistungen in den vielerlei Zweigen der Rechts-
und Staatswissenschaften verhelfen. Weiters meint der Verfasser,
dass durch das Institut der Privatdocenten die Stellung des Lehrkörpers erschüttert und schwankend gemacht werde. Durch das
Collegiengeld werden die Professoren einzig auf die Gunst des
Publikums angewiesen, und da, wo zwei Lehrer dasselbe Fach
tradiren, werden sie zum Wettrennen um den Beifall der Studentenschaft aufgefordert. Er giesst auch seinen Spott über die Berufungen
an die Wiener Universität aus, indem er meint, Lott, Bonitz,
Grauert seien keine europäische Celebritäten, Philipps aber sei aus
dem Inlande, aus Innsbruck, berufen worden. Was daher die
Wiener Universität durch die Berufung Philipps gewinne, habe
die Innsbrucker verloren, dasselbe sei bezüglich Pachman's der
Fall. Weder die medicinische noch die theologische Facultät, sagt
der Verfasser ferner, habe ausgezeichnete Männer aus dem Auslande
bezogen, und überging dabei die Berufung Brücke's.

Allerdings blieb die Schrift nicht ohne Erwiderung und es
erschien: »Zur öffentlichen Studienfrage«, von Otto Freiherrn von
Hingenau. Von grösserer Wichtigkeit und Bedeutung war die
Schrift: »Zur Universitätsfrage«, welche aus einer Serie von
Artikeln über die obschwebenden Universitätsfragen bestand, die
zuerst im »Lloyd« und dann als selbstständige Schrift erschien,
deren Verfasser Bonitz, Brücke, Eitelberger, Lott, Unger etc.
waren, die mit fein geschliffenen Waffen für die Reform eintraten.
Die Opposition jedoch verstummte nicht und die Journale, theils
irreführend, theils irregeführt, berichteten bald von dem bevorstehenden Rücktritte des Grafen Thun, bald wieder, dass die
Staatsprüfungen aufgehoben werden u. s. w., und bestärkten in
solcher Weise die Opposition und entmuthigten die Freunde der
Reform.

Inzwischen rückte der Termin heran, da das vierjährige Provisorium zu Ende ging, nämlich der Schluss des Studienjahres 1852/53. Graf Thun hielt jedoch die Zeit noch nicht für gekommen, definitive Vorschläge zu unterbreiten, da die Strömung überhaupt eine reactionäre war. Er erbat daher eine Erstreckung der Frist auf ein Jahr. Diese wurde ihm am 23. Juli 1853 gewährt, in der Voraussetzung, dass dem Allerhöchsten Auftrage vom 19. Juli 1852, der bei mehreren Anlässen wiederholt angeführt wird, in möglichst kürzester Frist werde entsprochen werden.

Graf Thun liess übrigens die Zeit nicht unbenützt vorübergehen.

Um eine sichere historische Grundlage zu gewinnen, wurde der Concipist des Unterrichts-Ministeriums, Rudolf Kink — ein Schüler Jäger's — beauftragt, eine genaue, auf strenge Quellenforschung basirte Darstellung der Stiftung und Entwicklung der Wiener Universität zu verfassen. Wir hatten wohl im Verlaufe dieser Darstellung sowie auch an anderen Orten wiederholt Gelegenheit, dem Werke Kink's entgegen zu treten. Wir verkennen jedoch nicht die Bedeutung desselben, durch welches man in der Lage war, die vagen Berufungen auf historische Anrechte, mit denen eben wegen des Abganges einer genauen Kenntniss der geschichtlichen Thatsache mancher Missbrauch getrieben wurde, zu prüfen und nach ihrem wahren Werthe ermessen zu können. Am 26. April 1853 erging ferner an das Wiener Universitäts-Consistorium der Auftrag, die Professoren- und Doctoren-Collegien aufzufordern, sich über die historischen Rechte und Privilegien der Wiener Universität zu äussern, welchen sie eine besondere Wichtigkeit beizulegen sich veranlasst finden, und denen sie daher fortdauernde oder neuerliche Geltung zu verschaffen wünschen.

Die Anträge der Professoren-Collegien und jene der Doctoren-Collegien bildeten zu einander den straffsten Gegensatz, und war dies vorauszusehen, da diese Collegien seit der Zeit ihres getrennten Bestandes einen steten, nicht selten in offenen Conflict ausartenden Antagonismus darstellten. Es handelte sich um die Frage, ob die Doctoren als die Träger und Repräsentanten der von den Facultäten angesprochenen Rechte und historischen Tratdition anzusehen seien.

Die Professoren-Collegien behaupteten, die Universität (und in ihr alle vier Facultäten) sei nach dem Willen des Stifters und noch mehr laut ihrer ganzen 500jährigen Geschichte eine Lehr-anstalt, und zwar eine Staats-Lehranstalt. Die Leitung des Studiums, sowie alle Prüfungen, Rigorosen und Promotionen, wie auch die Repräsentation der Universität stehen daher allein den Professoren-Collegien zu und seien daher die Doctoren-Collegien von der Universität auszuschliessen. Sie wiesen auf eine Verordnung im Auf-trage Leopold II. vom 3. April 1790 hin, in welcher diese Bestim-mung der Universität auch ausdrücklich hervorgehoben wird, und reihten daran die Folgerung, dass eben deswegen die Professoren als der wesentlichste Bestandtheil der Universität zu betrachten und vorzugsweise berufen seien, sie zu repräsentiren. Die Profes-soren-Collegien behaupteten überdies, dass der Verband der Doctoren mit der betreffenden Facultät und die daran geknüpften Vorrechte nur nach und nach eingeschlichene Missbräuche seien. Es sei dies eine Anomalie, wie sie, mit Ausnahme an der Prager Univer-sität, die hierin der Wiener nachgebildet ist, nirgends vorkomme.

Die Doctoren-Collegien wieder fussten sich darauf, dass die Universität stiftungsgemäss eine Corporation von Doctoren sei; das Lehramt sei allerdings einer der hervorragendsten Zwecke der Universität, aber nicht das Hauptmerkmal. Sie behaupteten sogar, dass ihre Corporationsrechte eine Art staatsrechtliche Bedeutung besitzen, die ihnen wider ihren Willen nicht wohl entzogen oder geändert werden dürfen.

Selbstverständlich konnte davon nicht die Rede sein, denn sowie die Landesfürsten Oesterreichs von jeher und in vollstem Umfange das Recht der Reform gegenüber der Universität wirklich ausübten, so ging dies bei dem, seit mehr als einem Jahr-hunderte geltenden Staatsrechte um so weniger an, zu glauben, dass die Regierung mit dieser Corporation als von Macht zu Macht unterhandeln müsste. Doch abgesehen von diesem Momente, blieb der Widerspruch zwischen diesen beiden Collegien unüber-brückbar.

Derselbe Geist spiegelte sich in dem Berichte des Consi-storiums der Wiener Universität, da dasselbe nebst dem Rector, Kanzler und Prorector aus 8 beschliessenden Stimmen der Pro-fessoren (die 4 Decane und 4 Prodecane der Professoren-Collegien) und 4 concludirenden Stimmen der Doctoren (die 4 Decane der Doctoren-Collegien) bestand.

So weit aber die Ansichten auseinandergingen, so stimmten sie doch darin überein, dass dieser Zustand des Antagonismus von grösstem Uebel sei und dass die Anträge beider Collegien zu weit gehen.

Das Consistorium in dem Berichte vom 28. Juli 1853 meinte, die Entscheidung dieses Streites dürfte dadurch die Lösung finden, wenn erklärt wird, ob die Universität eine Corporation oder eine Staatsanstalt oder vielleicht beides zugleich sei. Die Spaltung der einzelnen Facultäten in ein Doctoren- und in ein Professoren-Collegium scheint nicht eine durch die Nothwendigkeit gebotene Sache zu sein.

Bezüglich der Rechte der Universität beanspruchte das Consistorium:

1. Das Recht, sich selbst die Statuten zu geben und sie der Behörde zur Genehmigung vorzulegen.

2. Das Recht über die der Corporation eigenthümlichen Vermögenschaften und Localitäten*) zu ihren Corporationszwecken zu verfügen.

3. Den Rang der Universität als eine geistliche Corporation mit dem Rechte der niederösterr. Landstandschaft und dem Sitze des Rectors auf der Prälatenbank.

4. Die feierliche Begleitung bei der Frohnleichnams-Procession von Seite der Universitäts-Dignitäre und überhaupt Repräsentation der Universität durch dieselbe bei anderen feierlichen Gelegenheiten und kirchlichen Festen.

5. Die Fähigkeit der akademischen Bürger zum Besitze bürgerlicher Realitäten und daher ihre Befreiung von der Entrichtung der Bürgerlasten-Reluitionstaxe.**)

---

*) Nur das Haus Nr. 8, Bäckerstrasse, früher 757 in der Schulgasse, war unzweifelhaft Eigenthum der Universität. Dort war ehedem die *Aula universitatis* und die kaiserl. Resolution vom 12. Jänner 1784 hat dasselbe als Universitätseigenthum anerkannt.

**) Die Albertinische Verfassung gewährte 8 Canonicate. Ferdinand I. reducirte sie 1554 auf 6, von welchen 1792 zwei nach Linz übertragen wurden.

6. Das Recht der Universität zur Verleihung von vier Canonicaten am Wiener und von zwei Canonicaten am Linzer Domcapitel.*)

7. Die Befreiung der Doctoren von der Militärpflicht.

8. Das Recht der alleinigen Verwahrung und Verwendung der Universitäts-Stiftungen, welche derselben stiftbrieflich zur Verwahrung übergeben sind.

9. Die in herkömmlicher Weise freie Verleihung der Universitäts-Stipendien, sowie das gleiche Recht der einzelnen Facultäten, insoferne dieselben einzelne Facultäts-Stipendien besitzen.

10. Das Recht, dass Niemand zur Ausübung der praktischen Arzneikunde in Wien zugelassen, oder

11. zum Advocaten in Wien ernannt werden soll, der nicht Mitglied der resp. Facultät ist, und

12. das Patronatsrecht der Universität über die akademische Kirche.

Privilegien, bei welchen es fraglich ist, ob selbe der Corporation oder der Lehranstalt zustehen, waren:

1. Das Recht, Doctoren zu promoviren und bei den Rigorosen mitzuwirken.

2. Das Recht der Universität über die Universitäts-Bibliothek.

3. Das Recht der freien Ernennung der Diener und Beamten und der Disciplinar-Gewalt über sie.

4. Das Recht, die Studirenden zu immatriculiren und die Taxen für ihre Corporationszwecke zu verwenden.

5. Das Recht der Universität, sich den Rector der Facultäten und ihre Decane neu zu wählen.

---

*) Ferdinand I. ertheilte 15. September 1561 den akademischen Bürgern in Wien das Recht, bürgerliche Realitäten zu besitzen.

Es sind im Ganzen dreissig Jahre her, seitdem diese Punkte aufgestellt wurden, und doch sind manche, wir möchten sagen für die heutige Zeit fast unverständlich und unfassbar. Am eigenthümlichsten muthet wohl die Forderung an, die Universität als eine geistliche Corporation zu betrachten, und in Folge dessen das Verlangen der feierlichen Begleitung bei der Frohnleichnams-Procession von Seite der Universitäts-Dignitäre etc. Und dieses Verlangen wurde von dem Wiener Universitäts-Consistorium im Jahre 1853 ausgesprochen, zur Zeit, als Rokitansky Rector war, der Mann, der nicht nur eine Leuchte der Wissenschaft, sondern auch auf politischem Gebiete voll edlen Freisinnes war, wie er das wiederholt später als Mitglied des Herrenhauses durch seine Reden und durch seine Abstimmungen bewies. Und doch hatten sich sämmtliche Professoren-Collegien dafür ausgesprochen, dass die Universität eine Staatsanstalt sei, und nichtsdestoweniger sprach das Universitäts-Consistorium den Wunsch aus, die Universität als geistliche Corporation zu betrachten. Wohl war die Universität ursprünglich eine geistliche Corporation; wie man jedoch weiss, setzte Kaiser Ferdinand I. den Superintendenten ein, der eben die Staatsgewalt repräsentirte, und noch gewaltiger griff die grosse Kaiserin Maria Theresia ein und Kaiser Franz erklärte (30. Mai 1832), die Universitäts-Privilegien sind allerhöchste Anordnungen und bedürfen keiner Bestätigung, so lange sie nicht aufgehoben sind.

In demselben Geleise bewegte sich Graf Thun. Er erklärte 4. Juni 1854: »Die Wiener Universität ist eine vom Staate geleitete und dotirte Lehranstalt mit jenen allgemeinen Merkmalen, welche den Hochschulen durchgängig zukommen, und überdies mit mehreren besonderen Vorrechten ausgestattet. Die Pflege der höheren Studien ist ihr oberster Zweck. Daraus folgt, dass die Professoren, da sie ausschliesslich Träger dieses Berufes sind, unmöglich blosse Nebenpersonen seien und gegen die Doctoren zurücktreten können.*)

---

*) Der Universitätspedell in Wien bezog von 1845—1847 durchschnittlich per Jahr fl. 4081. Hievon betrugen die Taxen für die Ausfertigung der sogenannten kleinen medicinischen Diplome für Chirurgen und Hebammen jährlich fl. 2125. Da diese Diplome nicht von der Universität, sondern von der Facultät ausgestellt wurden, so erhob das medicinische Doctoren-Collegium, welches sich als die vormalige medicinische Facultät betrachtete, im Jahre 1853 Einsprache dagegen, dass ein Theil dieser Taxen in den Universitätsfond floss.

Diese Forderung müsste aufrecht erhalten werden, selbst wenn sie historisch nicht begründet wäre. Es sei jedoch unzweifelhaft, dass die Wiener Universität vom Anfange an gemäss dem Willen des Stifters eine Lehranstalt war.

Wahr ist es ferner, dass die incorporirten Doctoren wie die Professoren zusammen der Universität angehörten und ihren Bestand bildeten. Im Jahre 1749 wurden getrennte Collegien der Professoren und Doctoren eingesetzt und gehörte ihnen zusammen Besitz und Stiftungen an.

Die Wiener Universität ist schliesslich eine Stiftung der Fürsten aus dem Hause Habsburg, geschaffen für die erhabenen Zwecke der Wissenschaft und der katholischen Religion.«

Auf Grund dieser Anschauungen entwarf Graf Thun Grundzüge, welche das Fundament für die endgiltigen Statuten abgeben sollten. Sie beseitigten seiner Meinung nach die Haupt-Controverspunkte und liessen Zeit, das Weitere zu berathen und zu überlegen.

Diese Grundzüge sprachen auch für die gänzliche Aufhebung der »Nationen«, welche eine Berechtigung zur Zeit, als die Universitäten kosmopolitisch waren, hatten. Wollte man jedoch die Nationen mit Rücksicht auf die rein österreichischen Nationalitäts-Verhältnisse restituiren, so würde dadurch nichts gewonnen, wodurch man der Geschichte gerecht würde, weil eben die alten vier Nationen der Wiener Universität eine andere Bedeutung hatten, und andererseits würde gerade der Same für die in Oesterreich am meisten unzukömmlichen exclusiven Nationalitäts-Bestrebungen und die politisirenden Landsmannschaften ausgesäet.

Während Graf Thun nicht beabsichtigte, der Entscheidung anderer Fragen, die noch nicht zur Discussion gelangt waren, vorzugreifen, wollte er jedoch dieses Moment fixirt und den katholischen Charakter der Universität ausser Frage gestellt wissen. Der § 1 der Grundzüge lautete daher: Die Universität besteht aus der theologischen, juridischen, medicinischen und philosophischen Facultät. Durch diesen Paragraph wurde zugleich die Einbeziehung der protestantisch-theologischen Facultät in die Universität im Vorhinein abgelehnt und der stiftungsmässige katholische Charakter der Universität festgehalten.

Diesem Principe entsprechend lautete auch § 22: Die akademischen Würden und das Syndicatsamt können an der Wiener

Universität nur von Katholiken bekleidet werden. Eine Ausnahme hiervon kann nur mit kaiserlicher Bewilligung bezüglich der Decane stattfinden. Eine kaiserl. Entschliessung vom 18. Jänner 1834 schloss nämlich Akatholiken vom Rectorate und Decanate aus, weil ihnen die Verpflichtung oblag, bestimmten katholischen, gottesdienstlichen Feierlichkeiten beizuwohnen, am grünen Donnerstage mit den akademischen Mitgliedern das Altar-Sacrament zu empfangen etc. Es wäre jedoch consequent aber ungerecht, Akatholiken vom Decanate auszuschliessen, Männer, die man für würdig hielt, als Lehrer angestellt zu werden, nur die Last des Lehramtes tragen zu lassen. Akatholische Professoren könnten daher Decane werden, jedoch sollten sie sich von kirchlichen Functionen ferne halten.

§ 2 suchte den Doctoren-Collegien gerecht zu werden. Nach demselben bestand jede der vier Facultäten aus den vom Kaiser dotirten Professoren und aus den der Facultät einverleibten Doctoren. Die sämmtlichen Mitglieder der Facultät sollten die Plenar-Versammlung bilden. Durch diesen Modus glaubte man die bestehenden Streitigkeiten zu schlichten. Nach § 14 bestand das Consistorium aus dem Rector, dem Kanzler, den vier Decanen, vier Pro-Decanen und den vier Senioren. Der Rector (§ 15) wird von drei zu drei Jahren gewählt und bedarf seine Ernennung der Bestätigung des Kaisers; die Wahl der Decane wird vom Unterrichts-Minister bestätigt.

Jedenfalls aber sollten die akademischen »Nationen« aufgehoben sein, denn entweder man verleiht den vier Nationen wirklich die volle Bedeutung, die in ihrem Namen liegt, oder man behält sie wie ehedem als blosse Form, als Nomenclatur bei, ohne Gehalt und Inhalt. Im ersten Falle leistet man der centrifugalen Kraft der vier österreichischen Haupt-Nationalitäten (der österreichischen, slavischen, ungarischen und italienisch-illyrischen) directen Vorschub und leitet sozusagen die Jugend an, diese Namens-Verschiedenheiten recht lebendig und wach zu erhalten. Im zweiten Falle missbraucht man die Geschichte, um einen leeren Schall zu schaffen, und es sei nicht abzusehen, warum man den Vertretern einer Körperschaft, die entweder gefährlich oder bedeutungslos ist, einen Sitz im Consistorium und das Recht zur Rectorswahl zugestehen soll. Hingegen könnten zur Unterstützung dürftiger Studirender oder zur Förderung ihrer

akademischen Zwecke besondere, nicht auf dem Principe von
Nationalitäten beruhende Vereinigungen, jedoch nur mit der jederzeit widerruflichen Bewilligung des Consistoriums und unter einer
von demselben mit Genehmigung des Unterrichts-Ministeriums
geregelten Leitung gegründet werden.

Diese Ansichten blieben nicht unangefochten. Unter den Oppo-
nenten befand sich auch der damalige Minister des Innern, Freiherr
v. Bach. Dieser befürwortete, die Universität bezüglich der Doctoren-
und Professoren-Collegien auf den alten Stand vor 1848 zu bringen.
Dieses Verhältniss bestand jedoch blos ein Jahrhundert, während die
Universität selbst 500 Jahre besteht. Es verdankte seine Entstehung Massregeln der Regierung, welche in den älteren Universitäts-Statuten keineswegs begründet waren, Massregeln nämlich,
welche von dem früheren autonomen Leben der Universität völlig
absahen und ihr Reformen octroyirten in einer Richtung, die sie
lediglich unmittelbaren Staatszwecken dienstbar machen sollte. Diese
Richtung lähmte zugleich mit dem wissenschaftlichen Leben das
Ansehen und den Einfluss der Träger dieses Lebens, nämlich der
Professoren, und bahnte dadurch der Herrschaft der nicht lehrenden
Doctoren den Weg. Alle Universitäten, deren Entstehen bis in das
Mittelalter reicht, haben einen ähnlichen Weg gemacht. Bei allen
übrigen Universitäten jedoch wurde in dem Masse, als eine
Restauration der Wissenschaften eintrat, auch das Ansehen der
Professoren restituirt, denn es verträgt sich nicht mit dem Gedeihen
einer Anstalt, neben die arbeitenden Kräfte Drohnen hinzusetzen,
welche nur die Ehrensitze und die Geldbeträge einzunehmen haben.

In massgebenden Kreisen glaubte man ferner, dass die medicinische Facultät im Jahre 1848 durch die Umtriebe der nicht
lehrenden Doctoren einer der Herde der Revolution gewesen und durch
deren Stellung an der Universität auch auf den Geist der Studirenden
und der Docenten einen sehr nachtheiligen Einfluss geübt habe. Diese
Agitation von Seite der Doctoren-Collegien blieb sogar nicht ohne
Folgen auf die theologische Facultät und machte dieselbe auf diejenigen Männer, die vor Allem durch wissenschaftliche Bedeutung und
durch ihre Stellung berufen waren, den Aufschwung der Theologie zu
fördern, einen so ungünstigen Eindruck, dass man befürchtete,
wenn diese Agitation nicht von der Universität ferne gehalten,
eher eine höhere theologische Schule ausserhalb der Universität

11*

entstehen, als die theologische Facultät zu einem Aufschwunge gelangen werde.

Politische und sachliche Gründe sprachen daher gegen den weiteren Bestand der Doctoren-Collegien und ist es bezeichnend, dass selbst in der theologischen Facultät eine Agitation entstand.

Der Minister des Innern hatte ferner den Vorschlag gemacht, das Rectorat, die Decanate und das Universitäts-Consistorium, d. i. die Würden und Aemter der Universität und die oberste Universitätsbehörde in die Hände der Doctoren zu legen. Sie sollten jedoch nichts mit Studienangelgenheiten zu thun haben, welche von einigen Professoren geleitet werden sollen; wodurch Streitigkeiten vermieden werden möchten. Dieses wäre jedoch, wie zugegeben werden wird, keine Organisation, sondern eine Desorganisation. Es würden dann die Studien sammt den Professoren, wissenschaftliche Institute und Studenten völlig abgesondert und ausserhalb der Wiener Universität gelegen sein.

Die Zustände der Wiener Universität vor 1848, welche nun wieder restituirt werden sollte, boten jedoch das Bild einer Einrichtung, die für Alles, was das eigentliche Leben einer Universität betrifft, zu bedeutungsloser Form geworden war und für die Universität ganz unwesentlichen Dingen allein Beachtung schenkte.

Sollte diese Verbindung (der Doctoren mit der Universität) eine lebendige bleiben, so forderte sie vor allem Achtung vor dem Begriffe der Universität, d. i. der höchsten Studienanstalt. Nicht mit dem blossen Namen, sondern mit der Wesenheit der Universität und ihren wissenschaftlichen Abtheilungen, d. i. den Facultäten müsste die Verbindung hergestellt werden.

Aber nicht blos der Minister des Innern, Freiherr v. Bach, wollte die Verhältnisse zurückschrauben, auch die Mitglieder des damals bestandenen Staatsrathes steuerten mit vollen Segeln den vormärzlichen Verhältnissen entgegen.

Die Ansichten gingen im Jahre 1856, als das Concordat abgeschlossen war, dahin:

Neben den Doctoren-Collegien, welche fortzubestehen hätten, sollten Facultäten errichtet werden, denen Alles, was der Universität nach definitiver Einrichtung derselben in Betreff des Unterrichtes und der Pflege der Wissenschaften zukommt, anvertraut wird.

Mitglieder dieser Facultät sollten sein: a) sämmtliche ordentliche in Wirksamkeit befindliche Professoren; b) die emeritirten
ordentlichen Professoren der Wiener Universität, wofern sie ihren
Pflichten vollkommen genügt haben; c) andere durch ihre Befähigung ausgezeichnete Doctoren, deren Ernennung dem Kaiser vorbehalten ist. Bei dem vom Minister für Cultus und Unterricht
zu erstattenden Vorschlage ist nach Constituirung der neuen Facultäten das Gutachten derselben, wenn es sich aber um einen Priester
handelt, auch das des Erzbischofs von Wien vorzulegen.

An die Spitze jedes der vier Studienzweige werden an der
Universität Wien vom Kaiser ernannte Directoren gestellt; den
Director des theologischen Studiums hat der Erzbischof von Wien
in Vorschlag zu bringen.

Der Director ist zugleich Präses der Facultät und hat nach
Normen, über welche in dem Entwurfe der Statuten Anträge zu
stellen wären, hinsichtlich gewisser Gegenstände die ordentlichen
Professoren, in eigentlichen Studiensachen auch die ausserordentlichen einzuvernehmen, anderes aber der Facultät vorzutragen.

Der Decan nimmt bei den Facultäts-Sitzungen den ersten
Platz nach dem Präses ein und versieht jene Geschäfte, für welche
früher in Wien ein Vicedirector aufgestellt war.

Der Decan wird von der unter Vorsitz des Präses versammelten Facultät auf drei Jahre gewählt. Für den Fall, dass die
nicht lehrenden Mitglieder der Facultät an Zahl geringer sind als
die lehrenden, wird der Facultät für die Wahlhandlung eine entsprechende Zahl von nicht lehrenden Mitgliedern des Doctoren-
Collegiums beigegeben. Diese Wahlmänner ernennt der Kaiser in
derselben Weise wie die Facultäts-Mitglieder.

Die versammelten Doctoren-Collegien üben ihre körperschaft-
lichen Rechte nach Vorschlag der Decane aus.

Das Universitäts-Consistorium besteht aus dem Rector, als
Vorsitzenden, dem Kanzler, den vier Studien-Directoren, den
vier Decanen und den Senioren der vier Facultäten sammt dem
Syndicus als Schriftführer.

Diese Vorschläge bedürfen keines Commentars.

Graf Thun hat sich zu jener Zeit ein grosses Verdienst um
die Universität erworben. Er konnte nicht darauf rechnen, als
Sieger aus dem Kampfe mit seinen zahlreichen Gegnern hervor-

zugehen; aber ebenso wenig wollte er sein Werk im Stiche lassen. Er that, was unter diesen Verhältnissen am besten war, nämlich gar nichts und liess die Sache ruhen.

Wohl wurde die Frage, deren Lösung als sehr wünschenswerth erschien, wiederholt urgirt, doch Graf Thun schwieg ununterbrochen fort. Es kam dann die Schlacht bei Solferino und Graf Thun trat zurück. Ihm folgte mittelbar das Ministerium Schmerling und die Verfassung vom 26. Februar 1861. Schmerling war Staatsminister, in dessen Ressort auch das Unterrichtswesen gehörte. Zugleich aber entstand der Unterrichtsrath. Am 29. Juni 1862 erstattete Schmerling in Angelegenheit der Universität einen Vortrag an den Kaiser. Er wies darauf hin, dass die Angelegenheit, da sie nicht zum Abschlusse gekommen sei, nun der verfassungsmässigen Verhandlung anheimfalle. Er meinte jedoch, dass ein allfälliger, auf Grundlage der oben (S. 164) angeführten Momente beruhender Entwurf von dem Staatsministerium gemäss der Statuten für den Unterrichtsrath zunächst diesem zur Begutachtung mitgetheilt und dann dem Abgeordneten- und Herrenhause des Reichsrathes behufs seiner verfassungsmässigen Mitwirkung zu dem Zustandekommen eines förmlichen Gesetzes mit gleichzeitiger Aufhebung des Gesetzes vom 27. September 1849 übermittelt werden müsste. Seit dem Jahre 1856, als obige Momente festgestellt wurden, haben sich jedoch nicht nur die staatsrechtlichen Einrichtungen der Monarchie, sondern auch die Grundprincipien ihrer Verwaltung wesentlich geändert. Es sei daher natürlich, dass auch obige, unter ganz anderen Zeitverhältnissen verfassten Grundzüge einen Charakter an sich tragen, welche mit den gegenwärtigen Zuständen und Regierungs-Maximen nicht mehr im Einklange stehen. Sollte in denselben ein Kern vorhanden sein, aus welchem noch für die Gegenwart und Zukunft nutzbare Keime gezogen werden könnten, so wird die eine oder andere der im Reichsrathe vertretenen Parteirichtungen denselben im Verlaufe der Debatte über diesen früher oder später zur Sprache kommenden Gegenstand herausfinden und sich desselben annehmen, auch ohne dass die Regierung Ursache hätte, mit diesen bisher nicht amtlich verlautbarten Grundzügen zu einer Zeit heranzutreten, welche von jener Periode, unter deren Einflüssen sie entstanden sind, so wesentlich verschieden ist. Sie jetzt zum Gegenstande irgend einer

Vorlage machen zu wollen, schien im höchsten Grade bedenklich.
Sowohl der Unterrichtsrath wie die beiden Häuser des Reichsrathes
würden sich nothgedrungen in eine Kritik dieser Grundsätze er-
gehen müssen, welche in jeder Beziehung zu vermeiden besser sei.
Da nun die Universitäten bereits begonnen haben sich mit
der künftigen Organisation der akademischen Behörde zu beschäftigen
und der zu activirende Unterrichtssrath gewiss dieser wichtigen
Frage volle Aufmerksamkeit schenken wird, so sei sicher anzunehmen, dass seinerzeit dem Kaiser ein vollständiges Resultat zur
Schlussfassung wird unterbreitet werden können. Es mögen daher
die vorgezeichneten Grundzüge eines neuerlich zu verfassenden
Statutenentwurfes für die Wiener Universität auf sich beruhen.

Der Kaiser, welcher seit seinem Regierungsantritte mit dem
regsten Eifer die Interessen der Universität förderte, genehmigte
diesen Vorschlag und ermächtigte am 25. August 1862 den Staatsminister bei Entwerfung der Grundzüge zur Organisation der
akademischen Behörde auf die früheren Vorschläge nur in so weit
Bedacht zu nehmen, als dieselben nicht durch die seither gewonnenen
Erfahrungen und geänderten Zeitverhältnisse eine Abweichung davon
als nothwendig erscheinen lassen.

Die Angelegenheit wurde hierauf dem Unterrichtsrathe zur
Behandlung übergeben und sie wurde nicht überhastet, denn sie
kam erst im Jahre 1866 zur Verhandlung. Inzwischen nahte heran
und fand dann statt die fünfhundertjährige Jubelfeier der Wiener
Universität, die auch festlich begangen werden sollte. Das Consistorium der Wiener Universität beabsichtigte bei dieser Gelegenheit Ehrendoctoren zu promoviren. Es bestanden jedoch kaiserliche
Entschliessungen vom 9. August 1814 und 13. December 1819,
welche festsetzten, dass bei keiner Facultät weder eine Nachsicht
von den strengen Prüfungen statt haben noch ein Ehrendiplom
ohne erhaltene kaiserliche Bewilligung*) verabfolgt werden dürfe,

---

*) Als der nachmalige Cardinal Rauscher von Graz aus im Jahre 1853
als Erzbischof nach Wien kam, beabsichtigte die dortige philosophische Facultät
ihn zum Ehrendoctor zu ernennen. Durch diese Auszeichnung wollte man einerseits
»dem aus seinem bisherigen Wirkungskreise geschiedenen, allgemein verehrten
Kirchenfürsten ein Zeichen dankbarer Anerkennung der hervorragenden Verdienste
darbringen, welche dieser durch seltene Gaben des Geistes und Herzens als er-
habenes Vorbild echt christlicher Tugend und tiefer Wissenschaftlichkeit vor-

und dass zur Ertheilung von Ehrendiplomen nur für solche Individuen einzuschreiten sei, denen vermöge des Postens, den sie bekleiden, der Doctorgrad einigermassen nöthig ist, und welche zur Erlangung desselben auf ordentlichem Wege wohl nicht mehr verhalten werden können.

Am 14. Juli 1864 schritt das Universitäts-Consistorium beim Staatsministerium ein und bat um die Aufhebung der angeführten kaiserlichen Entschliessungen und der Universität das Recht einzuräumen, aus eigener Machtvollkommenheit den Doctortitel zu verleihen, wie dies an deutschen Universitäten der Fall ist. Diese Bitte wurde damit motivirt, dass die unter ganz anderen Staats- und Universitäts-Verhältnissen erflossenen kaiserlichen Entschliessungen gewiss weder mit der constitutionellen Staatsverfassung, noch mit der der Universität wieder gewährten Autonomie vereinbarlich seien. Da das Universitäts-Consistorium die Absicht hat, bei Gelegenheit der fünfhundertjährigen Universitäts-Jubelfeier einige Ehrendoctoren zu creiren, so würde diese Beschränkung und Bevormundung gegenüber dem früheren Rechte der österreichischen Universitäten und dem gegenwärtigen Rechte der anderen deutschen Universitäten, bei Creirung von Ehrendoctoren selbstständig vorzugehen, peinlichst empfunden werden.

Im Staatsministerium liessen sich zwei Stimmen über diese Angelegenheit vernehmen. Die eine trug auf Ablehnung der gestellten Bitte an, sowohl aus dem Gesichtspunkte der formellen Behandlung und der Opportunität, als auch in meritorischer Beziehung.

Das Consistorium hatte nämlich die Initiative bezüglich der Ehrenpromotionen, ohne darüber die Facultäten zu vernehmen, ergriffen, und beschränkte sich blos auf den Antrag der Aufhebung der kaiserlichen Entschliessung, ohne sich über die Modalitäten und Wirkungen auszusprechen, unter und respective mit welchen die Verleihung der Ehrendiplome zu erfolgen habe.

— — —

leuchtende Seelenhirt in drangvoller Zeit mit gottbegeistertem Muthe sich erworben hat, sofort durch die Verleihung des Doctorgrades mit demselben ein bleibendes Band anzuknüpfen; andererseits aber dadurch zugleich der innigsten Ueberzeugung Ausdruck zu geben, dass die Philosophie in ihrem Streben, die tiefste und volle Wahrheit zu erfassen, nothwendiger Weise mit Religion und Kirche in innigster Verbindung stehen müsse.« Dieser Wunsch wurde genehmigt.

Ersteres sei in Wien und Prag, wo Doctoren-Collegien bestehen, nicht so glattweg abzuthun. Letzteres komme in Oesterreich insoferne in Betracht, als das Doctorat Wirkungen hat, die nicht blos akademischer Natur sind (Berechtigung zur Praxis, wofür in Deutschland besondere Staatsprüfungen nothwendig sind).

Bis jetzt waren Ehrendiplome nicht blos eine Ehre, wäre jetzt der passende Moment, sie blos als eine Ehre zu erklären?

Die Frage würde übrigens ihre natürliche Beantwortung in der neuen Rigorosen-Ordnung finden, wobei auch die Ausnahmsfälle normirt werden sollen.

Es sei auch zu bedenken, ob man eine derartige Ausnahme allen Universitäten machen könnte.

Die andere Stimme hob hervor, das Petitum betrifft eine Frage, deren Beantwortung ein Corollarium eines erst zu errichtenden, für alle österreichischen Universitäten geltenden Statutes sein wird, und soll daher erst dann erledigt werden.

Wird der Universität der Beruf, auf dem Gebiete des Wissens und seiner Mittheilung frei zu schalten, zugestanden, so dürfte ihr wohl auch die freie, durch keine Präventiv-Massregel beschränkte Zuerkennung des Preises einer Ehrenmitgliedschaft an Männer der Wissenschaft zukommen. Es sei nur zu wundern, dass das Consistorium jetzt dieses Petitum gestellt hat; die kaiserliche Genehmigung würde doch den Ehrendoctoren einen besonderen Glanz verleihen.

Das Ehrendoctorat ist nichts als eine formelle Auszeichnung und von einer damit zu erlangenden praktischen Berechtigung könne nie die Rede sein. Es ist eine beurkundete Anerkennung eines wissenschaftlichen Verdienstes, welches weit ab von specifisch praktischer Befähigung liegen kann. Es kann daher z. B. die medicinische Facultät nicht nur einen Physiologen vom Fach, sondern auch einen Physiker oder Naturhistoriker zu ihrem Ehrenmitgliede als Ehrendoctor ernennen. Diese Schwierigkeit bestehe nur in Oesterreich, wo das *rite* erlangte Doctorat auch zur Ausübung berechtige, während in Deutschland das Ehrendoctorat eben eine akademische Auszeichnung und nichts weiter ist, da die Berechtigung zur Ausübung erst durch eine Staatsprüfung erlangt werden muss.

Auf Grund dieser Ansichten wurde der Wunsch des Universitäts-Consistoriums abgelehnt.

Der Staatsminister Schmerling glaubte sich umsomehr davon
enthoben, scrupulöse Erhebungen über die politischen Gesinnungen
der von den Facultäten namhaft gemachten ausländischen Candidaten zu pflegen, da diesfalls ein Präcedens vorlag. Als nämlich
die Prager Universität im Jahre 1848 die Jubelfeier beging, wurde
das Princip aufgestellt (1. April 1848), da nur die Würdigung und
Anerkennung wissenschaftlicher Leistungen anerkannt werden soll,
so darf bei den Ausländern die politische Denk- und Handlungs-
weise ganz ausser Beachtung kommen. Es waren daher blos jene Personen ausgenommen, welche dem gegen die österreichische Regierung
damals feindlich entgegenstehenden Theile der österreichischen
Monarchie angehörten: Ponizga in Pavia, Cesare Cantu, Franz
Carlini, Astronom, und Conte Pompeo Litto, Genealog in Mailand.
Es wurde daher im Jahre 1865 blos das Ministerium des Aeussern
ersucht, mitzutheilen, ob gegen den einen oder andern Bedenken
obwalten, wobei jedoch politische Bedenken keine Geltung hatten.
Thatsächlich machte es Aufsehen, dass auch Bluntschli, der zu den
»Gothaern« gehörte, die allerhöchste Bestätigung erhielt; hingegen
wurde Moleschott in Turin nicht vorgeschlagen, da damals keine
diplomatischen Beziehungen zwischen Oesterreich und Italien stattfanden.*)

Wir wollen rasch von dieser Episode ablenken, denn offen
gestanden, sie war eine recht unerquickliche. Innerhalb der Uni-
versität war Streit und Hader und im Allgemeinen herrschte keine
Feststimmung. Die kommenden politischen Ereignisse warfen ihre
Schatten voraus. Der »Vater der Verfassung«, Staatsminister
Schmerling, trat im Juli 1865, bevor die Jubelfeier stattfand, von
seinem Amte zurück und an seine Stelle kam Graf Belcredi; die
Verfassung wurde sistirt und es kam das Jahr 1866. — —

Kehren wir daher zu unserem Gegenstande zurück. Der Unterrichtsrath hatte die Angelegenheit behufs der Regelung der Universitätsfrage dem Universitäts-Consistorium in Wien zur Begutachtung übergeben, welches in zwei Sitzungen am 13. und 25. Jänner 1865 darüber berieth. (Das Universitäts-Consistorium bestand

---

*) Als die evangelisch-theologische Facultät in Wien im Jahre 1871 das
fünfzigjährige Jubiläum ihres Bestandes feierte, creirte sie ebenfalls Ehrendoctoren:
nur eine Stimme war dagegen, weil dieser Act der kaiserlichen Bestätigung
bedurfte.

aus dem Rector und Pro-Rector, aus den Decanen und Pro-Decanen der Professoren-Collegien, den vier Decanen der Doctoren-Collegien und dem Kanzler.) Dieses fasste folgende Beschlüsse und zwar mit dem beigefügten Stimmenverhältnisse:

1. Die Wiener Universität ist nicht lediglich eine Staats-anstalt (8 gegen 6 Stimmen).

2. Die Universität bewahrt ihren stiftungsmässigen corpora-tiven Charakter (8 gegen 6 Stimmen).

3. Die Universität hat eine autonome Stellung (einstimmig).

4. Akademische Würden sind nur für Katholiken zugänglich (7 Stimmen gegen 4).

5. Die Doctoren-Collegien haben aus dem Verbande der Wiener Universität nicht auszuscheiden (7 Stimmen gegen 4).

6. Die akademischen Nationen und die Procuratoren sind nicht wieder ins Leben zu rufen (9 Stimmen gegen 2).

Der Unterrichtsrath stellte hierauf (31. Juni 1866) folgende Anträge:

I. Die Universität hat auch ferner als katholische Hoch-schule zu gelten (8 Stimmen); die Minorität (5 Stimmen) erklärte, die Universität ist eine Staatsanstalt ohne confessionellen Charakter.

II. Die Erlangung akademischer Würden (Rectorat, Decanat) ist ausschliesslich für Katholiken vorbehalten (8 gegen 5 Stimmen).

III. Die Universität hat insoweit eine autonome Stellung, als dies mit dem Interesse des Staates und der Wissenschaft ver-einbar ist.

IV. Der Einfluss der Doctoren-Collegien auf die Lehre etc. hört auf (11 gegen 2 Stimmen), sie sollen aber in einem organischen Verbande erhalten werden.

V. Die akademischen Nationen hören auf (einstimmig).

Während selbst Graf Thun befürwortet hatte (siehe oben S. 162), Akatholiken zum Decanate zuzulassen, verlangte nun die Majorität, sie von dieser Würde auszuschliessen.

Der Wortführer der Minorität im Unterrichtsrathe war der damalige Professor Dr. Josef Unger, der dann sein Votum im Jahre 1869 unter dem Titel: »Zur Reform der Universität« drucken liess*). Unger wendete sich hauptsächlich gegen die Doctoren-Col-

*) Dr. v. Hoffinger sah sich veranlasst, im Jahre 1869 gegen das Votum Unger's eine Schrift: »Von der Universität« zu veröffentlichen. Der Kampf wurde

legien, die er von den Facultäten ausgeschieden wissen wollte, da
sie eben mit der Lehre nichts zu thun haben, und bestritt wie
wir, ohne dass wir eine Ahnung vom Votum Unger's hatten, das erst,
wie bemerkt, 1869 gedruckt wurde, in den »Studien zur Jubelfeier
der Wiener Universität« (S. 34 u. ff.), welche 1865 erschienen sind,
den katholischen Charakter der Wiener Universität.

In der Zwischenzeit, die zwischen der Abgabe des Votums
Unger's und der Drucklegung desselben verfloss, vollzog sich, wie
man weiss, in Folge der Schlacht bei Königgrätz eine totale Umgestaltung der staatsrechtlichen Verhältnisse des alten Kaiserstaates,
und die neue Verfassung wurde am 21. December 1867 promulgirt.
Als man nun daran ging, die Unterrichtsverhältnisse zu ordnen,
ergaben sich eigenthümliche Schwierigkeiten. Wir gedachten der
umfassenden Thätigkeit des Grafen Thun, der während der Zeit
des Absolutismus seines Amtes waltete. In vielen Fällen entstand
die Frage, ob die betreffenden Emanationen als Verordnungen oder
als Gesetze zu betrachten seien, und war diese Frage oft um so
schwieriger zu lösen, wenn der Erlass sich gewissermassen als
Ministerial-Verordnung gab und nichtsdestoweniger in demselben
oder in einem späteren Schriftstücke, das auf denselben Bezug
nahm, als von einem Gesetze gesprochen wurde.

Am 18. Juni 1868, als Herr v. Hasner Unterrichts-Minister
war, fand eine Berathung, zu welcher Experten beigezogen
wurden, in Betreff der Abfassung des Statutes der Wiener
Universität statt (Referent war Unger), welche folgende Beschlüsse fasste:

1. 1. Es ist weder ein allgemeines noch ein für die Prager und
Wiener Universität specielles Gesetz zu erlassen.

2. Es ist nur festzustellen, welche Abweichungen vom Stande
der Dinge in Wien einzutreten haben.

3. Muss dies im Wege der Gesetzgebung geschehen.

---

jedoch gewissermassen blos *pour l'honneur du drapeau* geführt. Hoffinger wollte
den Doctoren-Collegien eine sociale Wirksamkeit eingeräumt wissen, fremden
Studirenden als ältere Freunde mit Rath und That an die Hand zu gehen; ferner
könnten die Doctoren-Collegien zu Kanzleigeschäften herangezogen werden und
sollte dem Decan der Doctoren-Collegien bei Rigorosen das Recht gewahrt bleiben,
Fragen zu stellen und als Votant mitzuwirken.

4. Es sind keine Verhandlungen mit den Doctoren-Collegien zu führen, doch ist ihnen, wie 1849, gestattet, aus dem Vereinsverbande gänzlich zu scheiden.

II. 1. Zu allen akademischen Würden kann man ohne Unterschied der Confession gelangen.

2. Die Functionen des Kanzlers sind auf die Invigilirung der theologischen Facultät zu beschränken.

3. Die der Universität und ihrem Rector bisher zustehenden kirchlichen Vorrechte gehen auf das theologische Professoren-Collegium und dessen Decane über, mit Ausnahme des Präsentationsrechtes zu Canonicaten, welches erlischt (1 Stimme erklärte sich gegen diesen Punkt, da dies ein brüsker Bruch wäre).

III. Die Doctoren-Collegien haben Antheil an der Repräsentation der Universität, an der Wahl des Rectors, an der Doctors-Promotion und an der Verwaltung der gemeinsamen Vermögens- und Stipendien-Angelegenheit. Dagegen haben sie keinen Einfluss auf die Disciplin und Lehre an der Universität zu nehmen und haben daher auch keinen Antheil an den Doctorsprüfungen.

IV. Der akademische Senat wird gebildet durch den Rector, den Pro-Rector, die vier Professoren-Decane (1 Stimme war auch für die Pro-Decane), die vier Doctoren-Decane und durch je zwei aus den Professoren-Collegien (der Antrag, auch den Kanzler beizuziehen, fand keine Unterstützung).

Den Vorsitz bei der theologischen Promotion, wenn der Rector nicht Katholik ist, führt der Kanzler.

V. Die Betheiligung der Doctoren-Decane an den Sitzungen der Professoren-Collegien und umgekehrt hört auf. Auch bei der Nostrification wird auf die Doctoren-Collegien keine Rücksicht genommen.

VI. Die evangelisch-theologische Facultät ist in den Universitätsverband nicht aufzunehmen.

Es war jedoch Herrn v. Hasner nicht vergönnt, die Frage zum Abschlusse zu bringen. Sein Nachfolger, Herr v. Stremayr, nahm sie wieder auf. Dieser war während des damaligen öfteren Wechsels der Ministerien vom 1. Februar bis 12. April 1870 Unterrichts-Minister. Er plaidirte 23. März 1870 für die Aufhebung der Doctoren-Collegien, und in Betreff des katholischen Charakters der Wiener Universität bemerkte er: »scheint die Frage vollends durch den

§ 3 der Staatsgrundgesetze gelöst« und sei daher fortan die Universität confessionslos. Das Kanzleramt an den Universitäten in Prag und Wien werde auf die theologischen Facultäten beschränkt. Herr v. Stremayr berief sich dabei auf einen Satz des Cardinals Rauscher an den päpstlichen Nuntius *Viale Prela* vom 18. August 1855, den wir in unserer Schrift: »Der neue Universitätsbau in Wien«, S. 72 citirten. Er befürwortete ferner, dass die Präsentation zu Canonicaten an die Domcapitel in Wien und Linz zurückzufallen haben. Herr v. Stremayr sprach sich ebenfalls gegen die Incorporirung der evangelisch-theologischen Facultät aus, »da die Beibehaltung der katholisch-theologischen Facultäten ihr Bestehen nur durch die Thatsache ihres geschichtlich begründeten Bestandes rechtfertigen.« Schliesslich sprach er sich gegen das Wiederaufleben der akademischen Nationen aus.

Der Kaiser genehmigte diese Vorschläge am 12. December 1870.

Hierauf wurde der diesbezügliche Gesetzentwurf im Reichsrathe eingebracht, welcher jedoch zur Zeit, als Herr Dr. Josef Jireček Unterrichtsminister war, wieder zurückgezogen wurde. Alsdann Herr v. Stremayr wieder ins Amt gelangte, brachte er neuerdings (1872) das Gesetz über die Organisation der akademischen Behörden im Reichsrathe ein, welches nach gepflogener parlamentarischer Behandlung am 27. April 1873 die kaiserliche Sanction erhielt.

Durch dieses Gesetz wurde zunächst die Buntscheckigkeit der statutarischen Bestimmungen an den österreichischen Universitäten aufgehoben. Die Absicht des Grafen Thun (siehe oben S. 110), jeder Universität ein besonderes Statut zu geben, wurde gänzlich fallen gelassen und erhielten alle eine gleiche, moderne, gesetzliche Unterlage. Es wurde jedoch nicht Alles zerstört; man liess vielmehr sozusagen die alten Cadres bestehen und entfernte nur jene Nebenbildungen, die im Laufe der Zeit entstanden und welche keine Berechtigung hatten, oder die überhaupt nicht mehr lebensfähig waren. Es hörte daher an der Prager und Wiener Universität das Kanzleramt, welches längst ein Anachronismus geworden war, auf, und mit demselben verschwand auch die letzte Spur des katholischen Charakters der genannten Universitäten.*) Wie hinzugefügt werden

*) Bezüglich der Verhandlungen behufs Einverleibung der evangelisch-theologischen Facultät in Wien in die Universität vergl. unser: »Der neue Universitätbau«, S. 61 u. s. w.

mag, bestätigte die Regierung bereits vom Jahre 1868 ab Protestanten, die zu akademischen Aemtern gewählt worden waren. Die Fähigkeit zur Bekleidung akademischer Würden' wurde nun unabhängig vom Glaubensbekenntnisse und das Consistorium der Wiener Universität führte von jetzt an den sonst üblichen Titel: Akademischer Senat.

Die Doctoren-Collegien hörten auf, »Theile der Facultät in der Universität« zu sein und hatten von nun an kein Recht, durch ihre Vertreter (Decane) in Universitäts-Angelegenheiten, sei es im Professoren-Collegium oder im Senate oder bei Rigorosen, mitzuprüfen. Die Doctoren-Decane bezogen daher ferner auch keinen Antheil von den Rigorosen- und Promotions-Taxen, die Zulassung zur Praxis war nicht mehr von dem Eintritte in diese Collegien bedingt und brauchten von da ab bei Gelegenheit der Promotion keine Zahlungen zu Gunsten der Doctoren-Collegien einzelner Facultäten oder ihrer Witwen-Societäten geleistet zu werden. Hingegen wurde den Doctoren-Collegien freigelassen, als selbstständige Corporationen fortzubestehen und blieben ihnen in dieser Eigenschaft alle Rechte vorbehalten, welche sie bisher, unabhängig vom Rector und Senat, ausgeübt hatten. Ferner wurde der Turnus der Facultäten bei der Rectorswahl aufgehoben und der akademische Senat durch einen auf drei Jahre zu wählenden Vertreter jedes Professoren-Collegiums verstärkt. Die Autonomie der Universitäten blieb gewahrt und besitzen sie die Eigenschaft als Corporationen; dem Ministerium jedoch steht die oberste Leitung und Aufsicht zu. Der Rang und die materielle Stellung der Professoren wurden durch Gesetze (1870 bis 1874) erhöht, resp. verbessert.

Selbstverständlich ist es, dass die »akademischen Nationen«, für die sich überhaupt keine Stimme erhoben hatte, als solche nicht mehr wiederbelebt wurden.*) Leider sind da und dort an die Stelle der akademischen Nationen nationale Verbindungen etc. getreten, welche am allerwenigsten die wissenschaftlichen Ziele der akademischen

---

*) Das Vermögen der rheinisch-slavischen Nation (letzter Procurator Dr. v. Winiwarter) mit fl. 4500 wurde zur Gründung von Studenten-Convicten bestimmt. Die ungarische Nation (letzter Procurator Gymnasial-Professor Dr. Gabely) widmete das Vermögen mit fl. 4080 einem Universitäts-Stipendium, und die österreichische Nation (letzter Procurator Dr. Gruber) votirte ihren Besitz dem St. Georgins-Verein.

Bürger fördern, welche vielmehr jenen Zustand herbeiführten, welchen Graf Thun beim Fortbestande der ›Nationen‹ fürchtete.

In solcher Weise schloss nach harten, schweren Kämpfen das Provisorium, welches im Jahre 1849 auf vier Jahre eingeführt wurde, im Jahre 1873 ab, und von all dem, was die *laudatores temporis acti* befürchteten, traf nichts ein.

Man fand sich auch bald in die neuen Verhältnisse.*) Das philosophische Doctoren-Collegium beschloss die Selbstauflösung, hingegen constituirten sich die Doctoren-Collegien der juridischen und medicinischen Facultät auf Grund des § 24 des Gesetzes vom 27. April 1873 als selbstständige Corporationen.

Einige Anstände wurden blos von Seite des theologischen Doctoren-Collegiums erhoben; dieses verweigerte anfänglich die Vorlage der Consignationen seines rechtlichen und selbstständig verwalteten Eigenthums, weil es gegen seinen Willen aus dem 500jährigen Verbande der Universität ausgeschlossen wurde; ebenso wollte es nicht die Insignien (Collane und Scepter) dem Rector ausliefern (was die Doctoren-Collegien der anderen Facultäten anstandslos thaten), da es auf dieselben das Eigenthumsrecht geltend machte.**)

---

*) Im Jahre 1879 war der Protestant Brücke Rector und die Israeliten Grünhut und Lieben Decane, jener der rechts- und staatswissenschaftlichen und dieser der philosophischen Facultät.

**) In Folge des neuen Universitäts-Gesetzes wurden auch die Sponsionsformeln bei Gelegenheit der Promotion und der Text der Doctoren-Diplome geändert. Abgesehen davon, dass das Latein in diesem Actenstücke rein mittelalterlich war und eine grosse Anzahl von Verstössen gegen den Sprachgebrauch und gegen die Proprietät enthielt, wurden in demselben vollkommene Unwahrheiten angeführt und sogar deren Bekräftigung mittelst Handschlages gefordert; manches erschien geradezu lächerlich. Wenn z. B. das Doctor-Diplom die *Facultatem cathedram conscendendi et docendi* verlieh, so wusste jeder, dass dies eine offenbare Unwahrheit sei. Lächerlich war es, wenn der Candidat dem Rector *obsequuum* gelobte oder die *privilegia* der Universität zu vertheidigen versprach, da ein Verhältniss zwischen Rector und promovirtem Doctor nicht mehr bestand und von Privilegien der Universität nicht die Rede sein konnte. Ebenso entfiel die Variante in: *Postquam ... egregie probavit* oder *eximiam doctrinam probavit*, sowie in der Promotionsformel die *Variante: eximia cum laude*, da man nicht für angemessen hielt, zwischen Doctoren mit und ohne Auszeichnung zu unterscheiden. Letzteres war gewissermassen eine *Contradictio in adjecto*, da das Doctorat selbst eben die höchste wissenschaftliche Auszeichnung ist, welche die Universität verleiht und daher nicht wieder durch Grade abgestuft werden kann.

3

Streitfragen. — Varia.

(Beginn des Studienjahres, Ferien, Dissertationen und Disputationen, Rigorosen,
Staatsprüfungen, Trennung der philosophischen Facultät, Frauen an Universitäten.)

Wir haben es versucht, wenn auch nur in äusseren Umrissen,
die Reform der Universität zu schildern. Bevor wir zu den einzelnen
Facultäten übergehen, haben wir noch einiger Momente, die mehr
oder minder bedeutend sind, welche sämmtliche Facultäten betreffen,
zu gedenken.

Nach § 24 der Studienordnung vom Jahre 1850 soll das
Studienjahr am 1. October beginnen*) und mit einem heiligen
Geistamte eingeleitet werden. Am 13. August 1872 befürwortete
der damalige Rector, Freiherr v. Hye, dass das heilige Geistamt
im Studienjahr 1872/3 erst am 12. October stattfinde, da in den
ersten Tagen des October keiner der Decane, geschweige die Professoren und noch weniger die Studenten, ausser die dazu »comman-
dirten« Studirenden der Theologie anwesend sind. Doch das Ministerium wollte (18. August) auf diesen Vorschlag nicht eingehen, da
die Genehmigung einer solchen Massregel nur dazu führen würde,
den allmählich eingerissenen Missbrauch der späteren Eröffnung der
Vorlesungen zu sanctioniren. Es sollte daher das heilige Geistamt
nach wie vor am 1. October stattfinden und der Beginn der Vorlesungen und die Inscriptionsfrist genau nach der citirten Verord-

----

*) An deutschen Universitäten beginnt das Studienjahr bekanntlich mit
dem Sommersemester, in Oesterreich mit dem Wintersemester und schliesst dieses
Semester mit den Osterferien. Da die beiden Semester nicht von gleicher Dauer
sind, und wenn die Osterfeiertage spät einfallen, der Fall eintreten kann, dass das
Wintersemester sieben und das Sommersemester nur drei Monate zählt, so dachte
man daran, für jedes Semester fünf Monate einzuräumen. Um jedoch den Ueber-
tritt auf deutsche Universitäten, wo diese Eintheilung besteht, und *vice versa*, zu
ermöglichen, beliess man sie auch an den österreichischen Universitäten.

nung stattfinden.*) Wie man jedoch weiss, beginnen nichtsdestoweniger die Vorlesungen erst in den letzten Wochen des Monats
October.

Ein ähnliches Verhältniss besteht bezüglich der Ferien. Nach
der Verordnung vom 19. Jänner 1850 sollte das erste Semester
bis inclusive 20. März dauern, das zweite Semester beginnt am
5. April und dauert bis 14. August. Nach einer weiteren Verordnung vom 16. December 1851 waren für die Weihnachts- und Neu-
jahrsferien der 24.—26. und 31. December, ferner der 1. und
6. Jänner bestimmt. Wie aber bekannt, sind die eigentlichen Ferien
ganz anders gestaltet.**)

Wiederholt wurde die Frage bezüglich der Dissertationen
und Disputationen jener, die den Doctorgrad erhielten, ventilirt.
Wir brauchen nicht zu sagen, welche Bedeutung dieselben in alter
Zeit hatten und wie sie einzelnweise abnahmen und zumeist zu einer
Formsache wurden. In Folge kaiserlicher Entschliessungen vom
16. März und 5. October 1776 wurde die Censurirung der Thesen
den Directoren zugewiesen, wofür sie eine Taxe bezogen. (Unter
Kaiser Josef II. wurden auch eigenthümliche Thesen aufgestellt.
Vergl. unser: Unterrichtswesen in Oesterreich unter Josef II. S. 61.)
Diese Censur ging dann auf die Vicedirectoren über. In einem gegebenen Falle, wo der Vicedirector sich vom Decane vertreten liess,
der die Sache etwas zu leicht nahm, erfloss die kaiserliche Resolution vom 2. Februar 1848, dass in ähnlichen Fällen der Director
und nicht der Decan den Vicedirector zu vertreten habe. Am
7. Februar 1848 erfolgte diesbezüglich von Seite der Studien-Hofcommission ein Vortrag, in welchem es hiess: »Die Rigorosen sind
der eigentliche Probirstein und die Disputation ist blos eine Förmlichkeit und rücksichtlich Feierlichkeit am Schlusse des ganzen
akademischen Actus, in ähnlicher Art wie die militärischen Herbst-

---

*) Bis zum Jahre 1848 mussten die Hörer der Philosophie dem Gottes-
dienste an Sonn- und Feiertagen beiwohnen und fand auch eine diesbezügliche
Controle statt. Ein Ansuchen von 28. December 1847, dass dieser Zwang auf-
höre, wurde zunächst nicht berücksichtigt. Am 25. und 28. März 1848 ergingen
jedoch Ministerial-Erlässe, welche denselben aufhoben.

**) Früher war der Donnerstag ein Ferialtag. Mittelst Erlasses vom
28. Jänner 1850 wurde es den Facultäten freigestellt, Donnerstag oder Samstag
als Ferialtag zu fixiren.

übungen mit einem blossen Revue-Manoeuvre beschlossen zu werden pflegen.‹ Zweckwidriges liege jedoch in dieser Uebung nicht.

Kaiser Ferdinand nahm diese Mittheilung (24. Februar) vorläufig zur Kenntniss und behielt sich eine Entschliessung vor. Diese erfolgte jedoch nicht, da die Märztage kamen. Auf diesbezügliche Anfragen erklärte hierauf das Unterrichts-Ministerium (28. September 1848) dass Disputationen und Dissertationen an jenen Universitäten aufzuheben seien, wo die Lehrkörper dies wünschen.

Am 28. März 1849 fragte der Lehrkörper der rechts- und staatswissenschaftlichen Facultät in Prag*) beim Ministerium an, nachdem die Verfassung vom 4. März die Pressfreiheit gewährte, ob auch ferner die Disputationssätze der Candidaten den Professoren zur Approbation vorgelegt werden müssen, oder ob es nicht angemessener wäre, bis zur definitiven Regelung der Universitäts-Studien die Disputationen zu suspendiren.

Hierauf erklärte das Unterrichts-Ministerium am 6. April 1849: ›Die constitutionelle Freiheit der Presse ist der fortwährenden Rechtskraft des Universitäts-Statuts und des Gesetzes keineswegs in jeder Beziehung hinderlich, wonach jeder Candidat der Doctorswürde verpflichtet bleibt, seine entworfenen Disputations-Thesen vor der Drucklegung dem Lehrkörper zur Einsicht zu überreichen, dessen Obsorge blos darauf beschränkt sein wird, darüber zu wachen, dass in diesen Disputations-Sätzen nichts enthalten ist, was einerseits mit dem Principe der Wissenschaft im Widerspruche steht, andererseits aber, was zur Untergrabung der öffentlichen Ruhe, Ordnung und Sicherheit, zur Schmähung und Verhöhnung der con-

---

*) Es dürfte bei dieser Gelegenheit nicht überflüssig sein, wenn wir Folgendes hervorheben: Im Cabinetsschreiben vom 8. April 1848 heisst es: ›Die böhmische Nationalität (!) hat durch vollkommene Gleichstellung der böhmischen Sprache mit der deutschen in allen Zweigen der Staatsverwaltung und des öffentlichen Unterrichtes (in Böhmen) als Grundsatz zu gelten.‹ Am 14. April 1848 erklärte das Ministerium, dass der Protest vieler Deutsch-Böhmen und Mährer gegen die Einführung der slavischen Sprache in den Volksschulen ganz deutscher Ortschaften begründet sei, und im Erlasse des Unterrichts-Ministeriums vom 27. April 1848 wird gesagt, dass das Princip der Gleichstellung der deutschen und böhmischen Sprache in Böhmen, wie in den Volksschulen und Gymnasien, auch in den Facultäten der Prager Hochschule zu beobachten sei und das Princip der Sprachengleichstellung in dem Studienwesen auch bezüglich der Facultäts-Studien in Prag zu gelten habe (siehe Heintl: Mittheilungen).

stitutionellen Grundgesetze und Institute, endlich zur Schmälerung
des guten Rufes und der wissenschaftlichen Celebrität der Universität,
als höchste Bildungsanstalt gedacht, führen dürfte. Hierdurch sollen
keineswegs, selbst der liberalsten Aeusserung kleinliche Schranken
gesetzt, sondern nur darauf gedrungen und Rücksicht genommen
werden, dass diese Sätze eine würdevolle Haltung und eine dem
wissenschaftlichen Standpunkt entsprechende Sprache erkennen
lassen. Dieses Recht, weit entfernt die Natur eines Censur-Gesetzes
an sich zu haben, geht aus der Bestimmung und aus dem Begriffe
einer Universität, die Reinheit der Wissenschaft und die Würde
der Universität selbst zu bewahren, hervor, und ist eben aus diesem
Grunde in den Universitäts-Statuten gegründet. Die Aufhebung
oder auch Beeinträchtigung dieses Rechtes wäre sonach eine dem
Lebensprincipe der Universität selbst zugefügte tödtliche Wunde.‹

Am 20. Mai 1864 regte der damalige Decan der rechts- und
staatswissenschaftlichen Facultät in Wien, ‧Professor Siegel, diese
Angelegenheit wieder an. Er wies darauf hin, dass die Disputationen
ursprünglich die *Facultas docendi* beweisen sollten, was nicht
mehr der Fall sei. Dieser Act biete jetzt keine Phase der Prüfung
und sei daher überflüssig. Wollte er aber als Bestandtheil des
Prüfungs-Systems aufgefasst werden, so würde eine Prüfung aus
einer Disciplin der Rhetorik und *ars disputandi* stattfinden, welche
nicht gelehrt werden.

Die Dinge blieben jedoch vorläufig, wie sie waren. Kurz
bevor das Universitäts-Gesetz die kaiserliche Sanction erhielt, durch
welches die Dissertation und Disputation ausser Uebung gesetzt
wurden, befürwortete die philosophische Facultät in Wien (16. Februar 1873) die Drucklegung der Doctors-Abhandlungen (wie hinzugefügt werden mag, war die Drucklegung der Dissertationen
nicht vorgeschrieben). Sie motivirte diesen Vorschlag damit, dass
der Doctortitel für Philosophie im Werthe gesunken sei und man
müsse ihn heben. Die Kosten könnten umsoweniger berücksichtigt
werden, da das philosophische Doctorat das billigste sei, und es
überhaupt besser wäre, wenn weniger promovirt würden. Doch
wurde dieser Vorschlag abgelehnt und haben Doctoranden der
Philosophie eine Abhandlung zu liefern.

Im Jahre 1878 erhob sich gegen diese Abhandlungen überhaupt eine Opposition, und wurde es als einer der grössten Fehler

aller Prüfungsgesetze der neueren und neuesten Zeit, sowohl in
Deutschland wie in Oesterreich hingestellt, dass sie den Candidaten
zu einer speciellen wissenschaftlich-schriftstellerischen Thätigkeit
zwingen, bevor noch das allgemeine Wissen und Können desselben,
welches als Resultat des unmittelbaren Unterrichtes anzusehen
wäre, erprobt worden ist. Diese abfälligen Bemerkungen fanden
jedoch keine Berücksichtigung, obschon ihnen eine gewisse Berechtigung nicht abzusprechen ist, da man noch immer, um mit Unger
zu sprechen, den Doctor für gelehrt und nicht für blos belehrt
hält und dieser im Diplome *vir doctissimus* genannt wird.

Oft besprochen wurde die Frage wegen Oeffentlichkeit
der Rigorosen. Schon im Jahre 1850 wurde vom Doctoren-Decan
der medicinischen Facultät der Antrag gestellt, dass die medicinischen Rigorosen aus Sittlichkeitsgründen bei geschlossenen
Thüren abgehalten werden sollen.*)

Im Jahre 1862 liess sich eine Stimme bezüglich der Oeffentlichkeit der philosophischen Rigorosen vernehmen: So lange die
Rigorosen dem Wesen nach nichts als Staatsprüfungen sind und
oft nicht einmal den vollen Werth von Staatsprüfungen haben, sei
eine beschränkte Oeffentlichkeit nicht nur hinreichend, sondern ausschliesslich zu empfehlen.

Im Jahre 1863 schritten das juridische und das philosophische
Doctoren-Collegium gegen die Oeffentlichkeit der Rigorosen ein,
und zwar deshalb, weil das von den Candidaten verlangte Wissen
zu geringe sei, um damit vor die Oeffentlichkeit treten zu können.

Massgebende Stimmen schlossen sich dieser Anschauung an
und wollten die Oeffentlichkeit der Prüfungen nur in Verbindung
mit dem Principe der Lehr- und Lernfreit und mit der Reform
der Prüfungen gebracht wissen.

---

*) Zu gleicher Zeit wurde von einer anderen Seite befürwortet, mittellosen
Studirenden der Medicin die Taxen für Rigorosen und Promotionen zu erlassen,
und sollte der Staat die Professoren entschädigen, da es ein wichtiges Interesse
des Staates sei, dass tüchtige Aerzte herangebildet werden. Andererseits wieder
wünschte die juridische Facultät (1849), dass die Taxen, wie in alter Zeit, in Gold
gezahlt werden. (Wie bekannt, war damals das Papiergeld entwerthet.) Ein Antrag,
die Taxen zu unterlassen, wurde übrigens schon am 11. Februar 1849 von dem
damaligen Präsidenten des Reichstages zu Kremsier, Franz Smolka, eingebracht,
wofür er von den deutschen Studenten Prags eine Dankadresse erhielt.

In einem anderen Sinne äusserte sich (1872) eine hervorragende Autorität der medicinischen Facultät. Diese wies darauf hin, dass die Prüfungen seit der Universitäts-Reform unter Maria Theresia im Jahre 1749 von Staatswegen geregelt und überwacht werden und daher Staatsprüfungen sind. Sie sind commissionelle Prüfungen, das heisst sie werden von Fachprüfern in Gegenwart mehrerer anderer Delegirter vorgenommen; die Zusammensetzung der Commission aber liegt in der Hand des Staates, der die Mitglieder der Commission designirt. Die Prüfung sei daher eine öffentliche und hat der Candidat bei der Prüfung zunächst seine wissenschaftliche Befähigung und dann seine Uebersicht über die Einzelnfächer darzulegen und sollen, so weit als möglich, alle Fächer am Objecte geprüft werden.

Die Staatsprüfungen beschäftigten jedoch nach wie vor die betheiligten Kreise und hängt dieses allerdings mit dem Wesen der Universitäten zusammen. Diese sind heute Stätten der Wissenschaft, zugleich aber sollen sie staatlichen Zwecken dienen, und aus dieser Verquickung entstehen mannigfache Unebenheiten, so dass schon wiederholt die Frage angeregt wurde, die Universitäten von den Fachschulen, die eben gewisse praktische, staatliche Ziele verfolgen, zu trennen.*)

In der Ministerial-Verordnung vom 16. April 1856 wurde ausgesprochen, dass der an einer österreichischen Universität abgelegte Doctorgrad die gleiche Wirkung mit den vollkommen abgelegten theoretischen Staatsprüfungen haben soll. Der Doctorgrad büsste daher gewissermassen den akademischen Charakter ein, und unterliegt diese Identificirung auch vom staatlichen Standpunkte aus Bedenken, da die Staatsprüfung mit Beziehung auf den öffentlichen Dienst vielfach andere Forderungen und Voraussetzungen hat, als die Rigorosen zur Erlangung des akademischen Grades.

Ueber die Sanirung dieses Uebelstandes bestanden verschiedene Ansichten. Die eine ging dahin, dass es blos vom Staate abhänge, die zu einer akademischen Würde führenden rigorosen Prüfungen zu Staatsprüfungen, was sie thatsächlich sind, zu erklären. Es wäre

---

*) Wie wir oben anführten, wurde diese Frage schon in den »Grundzügen« von Feuchtersleben im Jahre 1848 berührt.

ein Abweg, wenn der Staat das nicht thäte und Einrichtungen nachahmen wollte, die anderswo schon abgeschafft sind, oder die man gerne abschaffen möchte und die schon ursprünglich nie und nirgends der zu Grunde liegenden Idee vollkommen gemäss eingerichtet werden könnten.

Eine andere Meinung war, die Rigorosen-Ordnung habe nur dann Bedeutung für den Staat und nur dann Anspruch auf die staatliche Ingerenz, so lange der Staat die Ausübung gewisser Rechte davon abhängig mache, dass Jemand den Doctorgrad erlangt habe. Diese Bedingung soll jedoch fallen gelassen und Staatsprüfungen an Stelle der Rigorosen treten, bei welchen nur jene Forderungen gestellt werden, die der Staat erfüllt sehen will. Die Rigorosen-Ordnung würde dann ein innerer Universitäts-Act, und könnte es dem Staate gleichgiltig sein, wie viel man sich für die Würde bezahlen lässt. Den Antritt eines Lebensberufes jedoch von einem kostspieligen Titel abhängig zu machen, den noch dazu nicht der Staat, sondern eine Corporation zuerkennt, scheine jetzt nicht mehr vertheidigt werden zu können.

Ganz entgegengesetzt war eine andere Ansicht, welche darauf einen Werth legte, dass bei den drei strengen und wissenschaftlichen Prüfungen aus allen Gegenständen der Rechts- und Staatswissenschaft eine langsame Wiederholung der Details aller einzelnen Gegenstände stattfinde, weshalb der Doctortitel nicht nur für den Advocaten und Notar, sondern auch für das höhere Richteramt nothwendig sei und sollte Niemand zu einem derartigen Amte zugelassen werden, der nicht den Doctorgrad hat, welcher bisher nicht nothwendig war.*)

Diese Angelegenheit ist bis jetzt *in suspenso*.

Im Jahre 1878 kam im Schosse der philosophischen Facultät, welche heute alle jene Disciplinen umfasst, die man nicht direct in einer andern Facultät unterbringen kann, die Frage der Trennung derselben in eine philosophisch-historische und mathematisch-naturwissenschaftliche zur Sprache. Wie bekannt, besteht über diese Frage eine ganze Literatur, aus welcher wir blos die Rede Robert v. Mohl's, Tübingen 1863, und jene Dubois-Reymond's

*) In Folge eines gegebenen Falles entschied das Ministerium im Jahre 1873, dass auch nicht graduirte Professoren an den Prüfungen Theil nehmen können.

am 15. October 1863 hervorheben. Letzterer spricht sich (S. 10)
für die Aufrechthaltung des gemeinsamen Verbandes aus, welcher
den Zerfall der *Universitas litteraria* in einzelnen Fachschulen verhindert. In Wien sprachen sich 27 Stimmen gegen und 5 (darunter
Suess und Clauss) für die Theilung aus. Auch diese Frage wird
spruchreif werden, aber selbstverständlich dürfte sie nicht von einem
Staate allein gelöst werden.

Schliesslich haben wir noch der Frage, ob Frauen an österreichischen Universitäten als ordentliche Hörerinnen zugelassen
werden dürfen, zu gedenken. In Folge eines gegebenen Falles
sprach sich am 13. December 1873 der akademische Senat der
Wiener Universität principiell und mit aller Entschiedenheit gegen
die Aufnahme von Frauen, sei es unter die ordentlichen oder ausserordentlichen Hörer der Wiener Universität aus. Das Ministerium
schloss sich diesen Anschauungen an, und um den Frauen im
Vorhinein den Eintritt in die Universität unmöglich zu machen,
verordnete es (6. Mai 1878), dass jenen Frauen, welche die Maturitätsprüfung ablegen, in dem betreffenden Zeugnisse die Schluss-
clausel (Reife für die Universität) nicht vorkommen darf. Hingegen
wurde am 13. December 1880 gestattet, dass Frauen, die mit
einem ausländischen Diplom als *Doctores medicinae* versehen sind,
als ordentliche »Schülerinnen« der Gynäkologie zugelassen werden
können, selbst wenn sie den Aufnahmstermin versäumt haben,
und sind sie von der Aufnahms-Prüfung befreit. Auch wurde für
derartige Candidatinnen die Beschränkung, dass sie das 24. Jahr
zurückgelegt haben müssen, aufgehoben.

4.

Die Facultäten.

a) Die katholisch-theologische Facultät.

Wie Lemayer S. 37 hervorhebt, ist an dieser Facultät eine besondere Nachwirkung der geänderten akademischen Einrichtungen kaum zu erblicken und werden l.c. so wie S. 198 die Gründe dieser Erscheinung angegeben. Wir möchten nur einige Momente hinzufügen.

Als das Studienjahr 1848/9 beginnen sollte, wurde von einem Studirenden das Gesuch eingebracht, als Externist an einer theologischen Anstalt studiren zu dürfen; doch der damalige Weihbischof Zenner rieth im Interesse des öffentlichen Unterrichtes davon ab, diese Bitte zu gewähren.

Die Theologen hörten zu jener Zeit das Kirchenrecht an der juridischen Facultät. Mittelst Ministerial-Erlasses vom 16. Jänner 1851 wurde angeordnet, dass die Studirenden der Theologie aus dieser Disciplin gesonderte Vorträge erhalten sollen. Im Jahre 1880 begannen auch philosophische Vorlesungen an der theologischen Facultät.

Wiederholt wurde die Frage ventilirt, deren wir bereits gedachten, ob jene, welche an der theologischen Facultät studiren wollen, ein Maturitäts-Zeugniss mit gutem Erfolge beibringen müssen, oder ob ein Zeugniss über das zweite Semester der achten Gymnasialclasse genüge.

Nach dem Studien-Hofdecrete vom 4. Februar 1826 konnten, entsprechend der kaiserlichen Resolution vom 19. März 1807 jene Studirenden der Theologie, welche in einem Gegenstande, ausser Religion, eine minder gute Note (zweite Classe) hatten,

in einen höhern Jahrgang oder in ein höheres Studium aufgenommen werden. Hingegen wurde im Jahre 1827 und dann
24. April 1832 verordnet, dass nur solche Schüler in das »Jus«,
resp. »Medicin« aufgenommen werden dürfen, welche in den Obligat-
Gegenständen der »Philosophie« wenigstens erste Classe (gut) haben.
Mittelst Ministerial-Erlässe vom 30. Juni 1850 und 16. September 1851
wurden ausnahmsweise jene, welche Theologie studiren wollen, von
der Beibringung eines Maturitäts-Zeugnisses befreit und genügte
ein Zeugniss über die achte Gymnasial-Classe. Eine ähnliche Verordnung erschien am 29. März 1858. Hingegen bestimmte der
Ministerial-Erlass vom 21. Jänner 1869, dass zur Aufnahme in die
theologische Facultät (nicht für das Seminar) nur ein Maturitäts-
Zeugniss massgebend sei.

Gegen diesen Erlass wurden Einwendungen erhoben. Man
glaubte, die Fortsetzung der Seelsorge wäre gefährdet, falls man
auf der Maturitäts-Prüfung bestünde. Besser talentirte Jünglinge
hätten von Haus aus keine Neigung zum geistlichen Stande
oder sie werden von der Wahl desselben selbst durch ihre
Lehrer abgewendet. So lange diese Strömung der Zeit nicht auf-
hört, werden die Bischöfe, wenn sie den Bedarf an Seelsorge-
geistlichen decken wollen, genöthigt sein, viel Mittelmässiges in die
theologischen Studien zuzulassen. Es sei dies sehr bedauerlich, aber
eine offen liegende Thatsache. Seit man grosse Anforderungen an
Volksschullehrer stellt, seien auch diese nicht aufzutreiben, und
doch sind die Lehrer in der Presse nicht *omnium peripsema*
geworden, wie die Priester.

Auf Grund der Artikel VI und XVII des Concordats erschien
am 28. März 1858 eine Verordnung bezüglich der theologischen
Studien, nach welcher (§ 3) die Studirenden vom Hebräischen
dispensirt werden können. § 6 bestimmt das Latein als die ordentliche Sprache der Lehrvorträge.*) § 13 räumt dem Bischof die Macht

---

*) Von besonderer Beachtung in dieser Beziehung ist ein Gutachten des
katholisch-theologischen Professoren-Collegiums der Prager Universität bei Gelegenheit der Aufforderung des Ministeriums vom 22. Mai 1872, sich über die
Reform des Studienwesens an den theologischen Facultäten zu äussern. Dieses
verlangte grössere Berücksichtigung der Muttersprache, Abstellung der
die Wissenschaft hemmenden lateinischen Sprache bei dem Unterrichte, Vermehrung
der Lehrkräfte in den vorzutragenden Lehrfächern, Freiheit in Vertheilung einer

ein, unter den Bewerbern (um die Lehrkanzeln) jenen zu wählen, welcher ihm am besten zu sein scheint; nur muss er sich mittelst Disciplin über mehrere Semester etc. Der damalige Rector Höfler, vgl. »N. Fr. Pr.« 1882, begleitete dieses Votum (7. Juli 1872) mit folgenden Bemerkungen au das Ministerium: »Ich nehme keinen Anstand, diesen Vorschlag als einen der wichtigsten und folgenreichsten zu bezeichnen, welcher je von unserer Universität an das Ministerium geleitet wurde. In den Händen des letzteren liegt es, nachdem die theologische Facultät thatsächlich erklärte, sie erwarte ihre Reform weniger von der geistlichen Behörde als vom Staate, sich dieses grossen Vortheiles zu bemächtigen und die Reform der theologischen Facultät, von welcher die Reform der katholischen Kirche in Böhmen abhängt, selbst in Angriff zu nehmen.

Der Gebrauch der lateinischen Sprache lässt nicht nur keine Wissenschaft aufkommen, er verengt den Ideenkreis, macht die Erörterung der wichtigsten Gegenstände von den Fesseln und Formen einer Sprache abhängig, die nun einmal mit vollem Rechte eine todte genannt wird, und bindet so das wissenschaftliche Leben an einen Leichnam. Es ist eine bekannte Thatsache, dass nur der nationale Stolz bisher der Abschaffung der lateinischen Sprache entgegen trat, weil man ihre Ersetzung durch die deutsche nicht zugeben wollte. Lieber duldete man die innere Verrottung der Universität. Da muss sich der Rector in lateinischer Rede jährlich an die Studirenden wenden, die besten Gedanken in einer Form vorlegen, welche jede Wirkung im Keime zerstört. Man verzichtet auf jede zündende Wirkung, weil im Gebrauche der deutschen Sprache ein Sieg derselben über die böhmische läge.

Es gibt keine böhmische Theologie, kein Möhler, Klee, Hefele, Döllinger ist dort zu finden; es gibt nur eine deutsche theologische Wissenschaft, sie musste im lateinischen Idiom untergehen, damit sich nicht die Sterilität des czechischen Theologenthums zu erkennen gebe. Man verzichtete auf Berufungen aus dem Auslande (Deutschland) angeblich, weil dies eine Schande für das Inland in sich schlösse. Man fürchtete das *testimonium paupertatis*, die *paupertas* aber durfte bleiben . . . . Da gingen unterdessen auch die deutschen Pfarreien zu Grunde, wenn nur der Czechismus siegte, wenn auch das Christenthum selbst fortwährend Boden verlor . . . .

Von der Art und Weise, wie das Ministerium diesen Vorschlag aufnimmt, hängt die Frage ab, ob wir noch einen deutschen, ob wir einen wissenschaftlichen Clerus haben werden. Die theologische Facultät zu Prag ist zur Diöcesan-Anstalt herabgewürdigt worden. Mögen die Bischöfe ihre Seminarien behalten, an der Facultät jedoch soll die Wissenschaft gepflegt werden.

Der Staat vertritt die katholische Laienwelt. Die aber hat ein Recht, zu verlangen, dass sie auch gehört, dass ihre Bedürfnisse berücksichtigt werden, dass ihre Geistlichen nicht etwa mit dem Geiste in ähnlichem Verhältnisse stehen, wie *lucus* und *lucere*.«

Zu jener Zeit fragte es sich jedoch schon, welche Sprache in Böhmen als Landessprache zu betrachten sei, ob deutsch oder böhmisch. Es bestanden damals bereits in Böhmen circa 17 Gymnasien mit böhmischer Unterrichtssprache, in denen das Deutsche fast als eine fremde Sprache galt.

einer an den Statthalter gerichteten Anfrage versichern, dass dem Bewerber kein politisches Bedenken im Wege stehe.

Die Studien-Ordnung für die katholisch-theologische Facultät ist nun jene, welche in der Versammlung der Bischöfe nach den Grundsätzen des Concordats im Jahre 1856 vereinbart wurde. Es bestehen an derselben vier Jahrgänge und finden noch Semestral- und Annual-Prüfungen statt.

1. Jahr: Generelle Dogmatik, Einleitung in das Bibelstudium, hebräische Sprache und Exegese des alten Testamentes.

2. Jahr: Specielle Dogmatik, Exegese des neuen Testaments.

3. Jahr: Kirchengeschichte, Moral-Theologie.

4. Jahr: Pastoral-Theologie, Liturgik, Homiletik, Unterrichts-lehre, Katechetik, Kirchenrecht.

Behufs der Erlangung des theologischen Doctorgrades besteht noch die Rigorosen-Ordnung vom 7. Jänner 1809.*)

Im Jahre 1879 wurde beabsichtigt, auch an den theologischen Facultäten Privat-Docenten statt der Adjuncten einzuführen, wogegen sich jedoch die genannten Facultäten stemmten.

Eingehende Verhandlungen wurden in Betreff der Vorlesungen über orientalisches Kirchenrecht an der juridischen Facultät gepflogen. Man hielt es (1865) für Oesterreich von nicht zu unterschätzendem Werthe, wenn es das Verdienst für sich in Anspruch nehmen kann, dass es bezüglich der wissenschaftlichen Pflege des orientalischen Kirchenrechtes die Bahn gebrochen und hierin sowohl Griechenland als Russland den Vorrang abgerungen. Es wurde daher im Jahre 1866 eine Lehrkanzel für orientalisches Kirchenrecht errichtet.

Hervorgehoben mag werden, dass das juridische Professoren-Collegium am 16. März 1864 mit Rücksicht auf die noch ungelösten Zweifel bezüglich des confessionellen Charakters der Wiener Hochschule die Errichtung dieser Lehrkanzel nicht für opportun

---

*) Nach früheren Verordnungen durfte ein mit sämmtlichen Weihen versehener katholischer Priester nicht als ordentlicher Hörer der Medicin immatriculirt werden und war es ihnen verboten, die Heilkunde praktisch auszuüben. In einem gegebenen Falle, als ein katholischer Priester Medicin studiren wollte, erfloss am 7. Juni 1879 die Entscheidung, der Petent habe, da er das Maturitäts-Zeugniss beigelegt, den staatlichen Anforderungen genügt und walte gegen dessen Inscription kein Anstand ob.

hielt. Für dieselbe sprach sich — Cardinal Rauscher aus, da für ihn das angeführte politische Motiv massgebend war.

Auf dem national-romanischen Kirchen-Congress im Herbste 1867 zu Hermannstadt wurde dann der Beschluss gefasst, der Ueberzeugung von der Nothwendigkeit der Errichtung von Lehrkanzeln für das canonische Recht der griechisch-orientalischen Kirche an den juridischen Lehranstalten Ausdruck zu geben.*)

Ueber die selbstständige evangelisch-theologische Facultät haben wir das Nähere in unserer Schrift: »Der neue Universitätsbau«, S. 63 u. s. w. mitgetheilt. (Vergl. Lemayer S. 167.)

b) Die rechts- und staatswissenschaftliche Facultät.**)

Das Princip der Lernfreiheit wurde in bedeutendem Masse zunächst an dieser Facultät durch die Studien-Ordnung vom 2. October 1855 und dem Staats-Prüfungsgesetze vom 16. April 1856 durchbrochen, wenn nicht ganz aufgehoben. Es wurde die Einhaltung eines bestimmten Studienplanes vorgeschrieben, und zwar im ersten Jahre deutsche Reichs- und Rechtsgeschichte und römisches Recht; im zweiten Jahre römisches Recht und Kirchenrecht und im Sommer-Semester Rechtsphilosophie oder Rechts-Encyclopädie; im dritten Jahre österreichisches bürgerliches Recht, Strafrecht und Strafprocess, dann National-Oekonomie und Finanzwissenschaft; im vierten Jahre österreichischer Civilprocess, Handels- und Wechsel-

---

*) Im Jahre 1867 wurde dem Ministerium die Bitte unterbreitet, eine Verordnung zu erlassen, dass Studenten der griechisch-orientalischen Confession, welche aus diesem Gegenstande Prüfung machen, von der Prüfung aus dem canonischen Kirchenrechte befreit sein mögen, wogegen sich die Wiener juridische Facultät aussprach. Sie meinte, die Frage habe nichts mit der Confession zu thun und sei blos vom wissenschaftlichen Standpunkte aus zu beurtheilen. Das canonische Recht werde nur deshalb gelehrt, weil es in der nämlichen Weise und gleichzeitig mit dem römischen Rechte recipirt und somit eines der Fundamente der gesammten Rechtsordnung für Privatrecht und Process geworden ist. In Berlin lehre ein Protestant das canonisch-römische Kirchenrecht. Dasselbe sei auch an anderen protestantischen Universitäten der Fall und zählen bekanntlich Protestanten zu den bedeutendsten Kirchenrechtslehrern. Wir nennen aus früherer Zeit Böhmer und Richter, und in der jetzigen Hinschius, Friedberg etc.

**) An deutschen Universitäten ist für Studirende an den rechts- und staatswissenschaftlichen Facultäten ein Triennium und für Studirende der Medicin ein Quadriennium vorgeschrieben.

recht und politische Wissenschaften (Verwaltungslehre und öster-
reichische Statistik). Ausserdem mussten die Studirenden an dieser
Facultät, obligater Weise an der philosophischen Facultät je ein
Collegium über praktische Philosophie (Ethik) und österreichische
Geschichte, dann noch ein allgemein geschichtliches Collegium
belegen.

Man kann nicht sagen, dass die oberste Unterrichtsverwaltung
mit dieser Studien-Ordnung das Princip der Lernfreiheit aufheben
wollte, da sie dieselbe thatsächlich an der philosophischen und
medicinischen Facultät bestehen liess, aber die staats- und rechts-
wissenschaftliche Facultät bildet die Beamten, Richter etc. aus,
deren der Staat bedarf, und für diese wollte sie Vorsorge treffen.
Ohne daher theoretisch die Frage zu behandeln, ob Universitäten
Stätten der Wissenschaft oder Fachschulen seien, beurtheilte die
oberste Unterrichtsverwaltung die Frage praktisch, vom Staats-
bedürfnisse aus, und machte aus dieser Facultät, so weit es ihr
nothwendig erschien, eine Fachschule.

Am 12. December 1864 richtete der damalige Staatsminister
Schmerling, in dessen Ressort, wie bereits bemerkt, das Unterrichtswesen gehörte, an die rechts- und staatswissenschaftlichen Facultäten
die Frage, ob und welche die seit dem Jahre 1855 gemachten
Erfahrungen und Wahrnehmungen Aenderungen an dem Studienplane und an den mit ihm unmittelbar im Zusammenhange stehenden
Einrichtungen der theoretischen Staatsprüfung zweckmässig seien
oder nach Umständen sich als nothwendig darstellen.

Als specielle Fragen wurden aufgestellt:

1. Welche Erfolge haben sich seit der Einführung des Studienplanes vom Jahre 1855 und des Staats-Prüfungsgesetzes vom
16. April 1856 überhaupt und insbesondere im Vergleiche mit den
diesfälligen von 1850—1855 geltenden Anordnungen in Betreff des
Collegienbesuches, der akademischen Disciplin und der Kenntnisse
der Candidaten bei den theoretischen Staatsprüfungen und bei den
rechts- und staatswissenschaftlichen Doctorats-Prüfungen im Allgemeinen herausgestellt?

2. Wäre der gegenwärtige Studienplan überhaupt als allgemein
für alle Rechtshörer oder als nur für diejenigen massgebend beizubehalten, welche sich dem Richterstande widmen oder den rechts- und
staatswissenschaftlichen Doctorgrad erwerben wollen, für alle übrigen

Candidaten des Staatsdienstes aber eine besondere, die Staatswissenschaften in höherem Grade berücksichtigender Studienplan einzuführen, oder wäre von jedem imperativen Studienplane Umgang zu nehmen?

3. Sind den Rechtshörern überhaupt Obligat-Collegien und im bejahenden Falle in welcher Art und Weise festzusetzen, oder wäre ihnen die absolut freie Wahl der anzumeldenden Collegien einzuräumen.

4. Wie steht es mit der Frequenz an dieser Facultät?

Wie aus diesem Questionaire hervorgeht, hat die damalige oberste Unterrichtsverwaltung den Kern der Sache erfasst und die Frage aufgeworfen, ob Fachschule, ob Hochschule. Diese Frage wurde auch später im Jahre 1872 nochmals ventilirt. Es sind jedoch bis jetzt die Anschauungen auf diesem Gebiete weder in Oesterreich noch in Deutschland in genügender Weise geklärt. Nach dieser Richtung hin verlief daher die Sache im Sande. Hingegen lautete das Urtheil über die Erfolge bei den Staatsprüfungen in der Zeit von 1856—1864 sehr abfällig. Die Candidaten der rechtshistorischen Staatsprüfung brachten in der Regel sehr unvollständige Kenntnisse aus der Geschichte, ja selbst aus den classischen Sprachen mit; in der Logik waren sie viel zu wenig geschult und bei den staatswissenschaftlichen Prüfungen machte sich ein Mangel an geographischen Kenntnissen fühlbar.

Sehr eingehend wurde die Frage erörtert, aus welchen Disciplinen die Candidaten bei den Rigorosen zu prüfen wären, und bildete die deutsche Reichs- und Rechtsgeschichte statt des Lehenrechtes, das bis dahin geprüft wurde, eine besondere Controverse. Die Gründe, welche für diese Disciplin sprechen, bedürfen nicht einer weitgehenden Auseinandersetzung und braucht es Fachmännern nicht gesagt zu werden, dass es sich nicht etwa um germanistische Tendenzen handelte; aber das deutsche Recht mit dem römischen Rechte bilden, wie bekannt, die Wurzel des Kirchenrechtes und macht im Vereine mit dem römischen und Kirchenrechte die Grundlage des gegenwärtigen Rechtszustandes aus. Ferne ab von den Tagesfragen und den wirren politischen Kämpfen hatte man blos das wissenschaftliche Moment im Auge und dieses sprach auf das entschiedenste zu Gunsten dieser Disciplin.

Zu gleicher Zeit wurde beantragt Völkerrecht und Statistik unter die Prüfungsgegenstände aufzunehmen.

Diese Verhandlungen führten zu dem Resultate, dass die Rigorosen-Ordnung im Jahre 1872 (kaiserliche Entschliessung vom 11. April) geändert wurde. Die strengen (von nun an da wie an den anderen Facultäten öffentlichen) Prüfungen wurden von vier auf drei reducirt; es fand eine zweckmässige Gruppirung der Gegenstände und eine entsprechendere Zusammensetzung der Prüfungs-Commission statt, und wurde die Möglichkeit geboten, dass auch ausserordentliche Professoren als Prüfungs-Commissäre fungiren können.

Die drei Rigorosen umfassen folgende Prüfungsgenstände:

I. Römisches, canonisches und deutsches Recht.

II. Oesterreichisches Civilrecht, Handels- und Wechselrecht, österreichischer Civilprocess und österreichisches Strafrecht sammt Strafverfahren.

III. Allgemeines und österreichisches Staatsrecht, Völkerrecht und politische Oekonomie (National-Oekonomie und Finanzwissenschaft).*)

Eigenthümlicher Weise gibt es bei den Rigorosen wie bei den Staatsprüfungen Disciplinen, welche während der Studienzeit nicht als obligate Lehrfächer betrachtet werden, wie Völkerrecht und Statistik, während es wieder obligate Lehrfächer gibt, aus welchen jedoch nicht geprüft wird, wie Geschichte und praktische Philosophie.

Die neue Studien-Ordnung hob auch die Dissertationen und Disputationen, da wo sie noch bestanden, und die Zahlungen an Witwen-Societäten auf.

Da jedoch die juristische Praxis in sehr geringem Grade Spuren wissenschaftlichen Einflusses aufwies und sich in den letzten

---

*) Die Bestimmung der kaiserlichen Resolution vom 7. Mai 1829, dass sämmtliche Rigorosen an einer Universität abgelegt werden müssen, ging auch in die neue Rigorosen-Ordnung über. — In Folge eingetretener Unzukömmlichkeiten bestimmte das Ministerium (30. Juni 1881), dass jeder Candidat, der sich dem anberaumten Rigorosum nicht unterzieht, ein Pönale von fl. 15 zu zahlen hat, wenn die Abmeldung nicht längstens zwei Tage vor dem angesetzten Termine erfolgt. Als Taxen wurden für jedes Rigorosum, sowie für die Promotion fl. 60 für jede Universität festgesetzt, welche bis dahin an den österreichischen Universitäten verschieden waren. (Vergl. Jos. Jireček: Handbuch des Unterrichts- und Prüfungswesens in Oesterreich S. 95.)

Decennien keineswegs in dem Masse gehoben hatte, wie erwartet
werden durfte, da es den Studirenden, wenn auch nicht an natür-
licher Begabung, aber sehr häufig an Eifer und Streben gebrach,
und sie sich begnügten, blos den gesetzlichen Vorschriften zu entsprechen, um über die Prüfung hinweg zu kommen; so wurden auf
Grund der allerhöchsten Entschliessung vom 23. September 1873
die rechts- und staatswissenschaftlichen Seminare ins Leben
gerufen. Als deren Aufgabe wurde die Erweiterung und Vertiefung des
in den rechts- und staatswissenschaftlichen Collegien gewonnenen
Wissens, die Anleitung der Studirenden zu selbstständigen wissenschaftlichen Arbeiten, zum Theile auch die Vorbereitung für die rechts-
und staatswissenschaftliche Praxis bezeichnet. (Vergl. Jahresbericht
des Ministeriums für Cultus und Unterricht 1873, S. 258 und
Lemayer, S. 158 u. s. w.) Es entstanden daher an jeder juridischen Facultät zwei Seminare: ein rechts- und ein staatswissen-
schaftliches.

Da aber die Klagen über die ungenügenden Resultate des rechts-
und staatswissenschaftlichen Studiums nicht verstummten, so forderte
das Ministerium (28. September 1874) die Präsidien der Prüfungs-
Commission auf, dahin zu wirken, dass die Staatsprüfungen mit
grösserer Strenge vorgenommen werden, da es der rechts- und
staatswissenschaftlichen Praxis keineswegs an Nachwuchs überhaupt,
wohl aber an tüchtig vorgebildetem Nachwuchs fehle, und dass
daher den obwaltenden Bedürfnissen nur durch strengste Sichtung
der Prüfungs-Candidaten und unnachsichtliche Zurückweisung jeder
ungenügenden Leistung entsprochen werden könne. Es sei daher
insbesondere durch eine grössere Anzahl von Fragen, welche verschiedene Gebiete berühren, dem vielfach eingerissenen Unfuge
zu steuern, dass die Candidaten die Vorbereitung aus ganzen
Abtheilungen eines Prüfungsgegenstandes unterlassen. Mit der
Ertheilung von Auszeichnungen sei sparsamer vorzugehen als bisher,
denn die grosse Anzahl der in jedem Jahre zuerkannten Auszeichnungen bilde einen auffallenden Contrast zu den Klagen über die
geringe Vorbildung der in die Praxis übertretenden Juristen. Die
Mitglieder der Prüfungs-Commission sollen sich schliesslich nicht
durch Wohlwollen und Mitgefühl abhalten lassen, die berechtigten
Anforderungen an die Candidaten zu stellen, denn ›bei Verwaltung
eines öffentlichen Interesses dürfen wir nicht so vorgehen, wie es

unsere subjective Gesinnung, sondern nur so, wie es das uns anver-
traute öffentliche Amt verlangt«.

In gleicher Weise wurden die Professoren der rechts- und
staatswissenschaftlichen Facultäten am 30. September 1874 darauf
aufmerksam gemacht, die Prüfungen zur Erlangung des Doctorgrades mit grösster Strenge vorzunehmen und die Approbation
nur dann zu ertheilen, wenn die Ueberzeugung gewonnen wurde,
dass der Candidat sich in allen Prüfungsfächern ein vorzügliches,
die Resultate der gewöhnlichen akademischen Ausbildung weit
übersteigendes Wissen angeeignet habe.

Ebenso wurden die Mitglieder der Prüfungs-Commission am
12. November 1880 daran erinnert, dem § 12 der Rigorosen-
Ordnung entsprechend, vollzählig zu erscheinen und den Prüfungen
von Anfang bis zu Ende beizuwohnen, da die Abstimmung der
Commissions-Mitglieder auf Grundlage des Gesammtergebnisses der
Prüfung zu erfolgen habe.

Nachbemerkung.

Wie es scheint, wären einige Veränderungen auf diesem Gebiete wünschenswerth, die wir zur Sprache bringen wollen.

Zunächst wären nur jene Collegien als Zwangscollegien zu belassen, aus
welchen die Studirenden geprüft werden. Will man, dass Juristen eine philosophisch-historische Bildung geniessen und dass sie mit der Weltgeschichte im
Allgemeinen wie mit der Geschichte Oesterreichs insbesondere vertraut seien, so
mache man diese Disciplinen zu Prüfungsgegenständen; will man das nicht, so
hebe man diese Zwangscollegien auf. Der jetzige diesbezügliche Zustand ist wie
eine Jahrzehnte lange Erfahrung bewies, zwecklos, und wäre es daher angemessen,
derartige Collegien nicht als Zwangscollegien weiter bestehen zu lassen.

Wir wissen keinen Grund, weshalb Völkerrecht und Statistik, welche Prüfungsgegenstände bilden, keine Zwangscollegien sind. Wahrscheinlich wird angenommen, dass die Studirenden aus dem eben angeführten Grunde, weil sie eben
Prüfungsgegenstände sind, dieselben studiren. Zu verwundern ist es jedoch, dass
jene Studirenden, die sich dem Staatsdienste widmen wollen, nicht *ex professo*
über die Kenntniss des Staatsrechtes und der Verfassung geprüft werden. Die
zukünftigen politischen Beamten und Richter, die doch vor Allem die Verfassung
inne haben sollten, werden nur gelegentlich, bei der Prüfung aus der Statistik,
hierüber befragt, wenn der betreffende Professor darauf einzugehen für gut befindet.
Wie man übrigens weiss, gibt es bis jetzt in Wien keinen ordentlichen Professor
für Staatsrecht.

Es ist ferner gewiss nur anzuerkennen, dass man mit dem ehemaligen
Naturrecht gebrochen und an die Stelle desselben die historische Entwicklung

unseres Rechtes, das seine Wurzeln im römischen und Kirchenrechte hat, gesetzt. Wie es jedoch scheint, geht man darin in gewisser Beziehung zu weit und betrachtet man römisches und Kirchenrecht als Selbstzwecke, denn sie werden in einer Ausdehnung vorgetragen, als ob heute noch nach Pandektenrecht geurtheilt und als ob die *studiosi juris* dereinst selbst die Excommunicationen und das Interdict zu verhängen hätten. Wir übertreffen hierin jene Länder, in denen das gemeine Recht Gesetzeskraft hat. Römisches Recht nimmt nämlich in Oesterreich folgende Stundenzahl in je einem Semester in Anspruch: Institutionen 6 Stunden Geschichte 2 Stunden, Civilprocess 3 Stunden, Pandekten, allgemeiner Theil, 6 Stunden, Sachenrecht 4 Stunden, Obligationen 6 Stunden, Familienrecht 3 Stunden, Erbrecht 5 Stunden, zusammen 35 Stunden. An den meisten deutschen Universitäten jedoch, wo der praktische Jurist nach dem Pandektenrechte zu urtheilen hat, ist die Eintheilung folgende: Institutionen und Geschichte 6 Stunden, Civilprocess 3 Stunden, Pandekten während zweier Semester je 6 Stunden, zusammen nur 21 Stunden. Es ist auch nicht abzusehen, zu welchem Zwecke praktische Juristen die falcidische *quart, querela inofficiosi testamenti* etc. studiren sollen.

Ebenso wird bei uns Kirchenrecht und deutsche Reichs- und Rechtsgeschichte während zwei Semester je 5 Stunden wöchentlich gelesen, während man sich in Deutschland mit einem einstündigen Colleg in der Dauer von 4 Stunden wöchentlich im Winter- und von 5—6 Stunden im Sommer-Semester begnügt; überdies aber in Deutschland während dieser Zeit evangelisches Kirchenrecht gelehrt wird, das man an österreichischen Universitäten nicht einmal erwähnt.

In der That erfahren die *studiosi juris* an österreichischen Universitäten den genauen Schnitt der Kleidertracht der Geistlichen etc.; hingegen scheint die National-Oekonomie viel zu wenig bedacht. In dem einsemestrigen, wöchentlich fünfstündigen Collegium kann der Professor im besten Falle das Nöthigste aus der Geschichte und Theorie der National-Oekonomie vortragen. Von den so wichtigen Fragen der praktischen National-Oekonomie, von den Fragen der Socialwissenschaft ist nicht die Rede, das grosse Gebiet der Verwaltungslehre ist Gegenstand eines vierstündigen einsemestrigen Collegiums und kein Prüfungsgegenstand. Ueber die einschneidensten Fragen des Verwaltungsrechtes, über Privilegien, Gewerbe- und Wassergesetzgebung etc. hält höchstens hin und wieder ein Privat-Docent eine Vorlesung u. s. w. u. s. w.

Das sind Uebelstände, denen abgeholfen werden sollte. *)

c) Die medicinische Facultät.

Wie allgemein bekannt und auch bereits erwähnt, erfreute sich diese Facultät durch die hervorragenden Männer, die an der-

---

*) Nicht gewohnt, mich mit fremden Federn zu schmücken, halte ich es für angemessen, hervorzuheben, dass ich zu diesen Bemerkungen von meinem Sohne, Dr. juris Hermann Wolf, der seine Studien zum Theile in Wien, zum Theile in Deutschland machte, veranlasst wurde. Nachdem erprobte Fachmänner denselben beistimmten, glaubte ich, ihnen einen Platz einräumen zu sollen.

selben wirkten, schon seit dem vorigen Jahrhunderte eines grossen Rufes. Nichtsdestoweniger war auch sie reformbedürftig, und zwar nach doppelter Richtung hin; einmal, um den sich immer steigenden praktischen Bedürfnissen zu genügen und andererseits den immer grösser werdenden Anforderungen der fortschreitenden Wissenschaft zu entsprechen. Während daher einerseits Institutionen, die nicht mehr in den Rahmen der neueren Zeit passten, aufgehoben wurden, entstanden andere. So wurde die Chirurgenschule bereits im Jahre 1849 aufgehoben. Die jungen Leute, welche in diese Schule eintraten, hatten einen geringen Nachweis von Bildung beizubringen, nämlich über das absolvirte Unter-Gymnasium, oder dass sie nach absolvirter Volksschule drei Jahre in einer chirurgischen Officin in Verwendung standen. Es konnte daher diesen Hörern gegenüber von einer wissenschaftlichen Behandlung der Materien nicht die Rede sein. Nach mehrfachen Schwankungen wurde auch die von Josef II. begründete Akademie zur Heranbildung von Militärärzten im Jahre 1875 vollständig aufgehoben. (Näheres siehe unser: »Der neue Universitätsbau«, S. 31.) Hingegen wurde bereits am 25. September 1848 die Docentur für Syphilis, trotzdem der damalige Spitalverwalter aus sittlichen Motiven (bis dahin war diese Abtheilung abgesperrt) Einsprache erhob, genehmigt. Im Jahre 1869 wurden dann die damals bereits bestandenen zwei ausserordentlichen Lehrkanzeln für Syphilis und Hautkrankheiten zu ordentlichen Professuren erhoben.

Mittelst kaiserlicher Entschliessung vom 11. Juni 1844 wurde dem Arzte Dr. Mauthner gestattet, an dem Maria Anna-Kinderspitale ein klinisches Institut für Pädiatrik zu errichten, und eine kaiserliche Entschliessung vom 15. December 1849 ordnete die Errichtung einer ausserordentlichen Lehrkanzel für Kinderkrankheiten, insolange als ein öffentliches Kinderspital auf Staatskosten nicht errichtet ist, an.

Seit 1855 hielt Director Dr. Riedl praktische Vorträge über Geisteskranke an der Wiener Irrenanstalt. Zu diesen Vorlesungen hatten jedoch blos promovirte Medicinae-Doctoren und Juristen Zutritt. Am 25. Juni 1859 gestattete das Ministerium des Innern, in dessen Ressort das Irrenhaus gehört, auch den Doctoranden der Medicin den Zutritt, jedoch verwahrte es sich dagegen, dass der genannte Herr zum ausserordentlichen Professor ernannt werde,

da bei der Natur der in Rede stehenden Anstalt jede Einfluss-
nahme einer anderen Centralstelle (des Unterrichts-Ministeriums)
dem einheitlichen Geiste der Leitung und Verwaltung der Anstalt nachtheilig sei. Es wurde daher erst im Jahre 1870 eine
psychiatrische Klinik an der Landes-Irrenanstalt und im Jahre
1875 im allgemeinen Krankenhause eine Klinik dieses Faches
errichtet.

Wir streiften hier eine Controverse zwischen dem Ministerium
des Innern und dem des Unterrichtes, die wir etwas genauer
präcisiren müssen. Das allgemeine Krankenhaus, zu dem auch die
Irrenanstalt gehört, untersteht dem Ministerium des Innern; die
Kliniken jedoch, resp. die Professoren, die daselbst wirken, unterstehen dem Unterrichts-Ministerium. Der historische Verlauf dieser
Angelegenheit ist wie folgt:

Schon in der ersten Hälfte des 18. Jahrhunderts bestand
im Dreifaltigkeits-Spitale*) eine medicinisch-praktische Schule, welche
aus dem Fonde dieses Spitales erhalten wurde. Damals gab es aber
keine eigene Krankenabtheilung für das Lehrfach, noch besondere
medicinische Lehrer, sondern es erhielten blos einige medicinische
und chirurgische Schüler im Spitale selbst Kost und Wohnung und
geringfügige Geld- oder Naturalbezüge, und wurden von den ersten
Aerzten und Wundärzten des Spitales am Krankenbette unterrichtet.
Desgleichen war auch auswärtigen Schülern der Zutritt zu diesem
praktischen Unterrichte gestattet.

Im Jahre 1753 wurde eine eigene medicinisch-chirurgische
praktische Lehrschule errichtet, welche im Bürgerspitale untergebracht wurde. Als Lehrer fungirte der berühmte de Haen und
wurden die Kosten für den wissenschaftlichen Theil vom Camerale
bestritten. Um die Kranken zu verpflegen, wurde die Privatschule
im Dreifaltigkeits-Spitale aufgelassen und der Fond dieses Spitales
für die Verpflegung der Kranken im Bürgerspitale bestimmt. Der
Betrag wurde pauschalirt, und zwar zuerst auf fl. 2405 und dann
auf fl. 3161 jährlich. Dieser Betrag diente zur Verpflegung von
24 Kranken, auf welche das neue Spital sofort eingerichtet wurde
und bis zu seiner Auflassung (1776) auch blieb. Es wurde aufgelassen, da das Aerar nicht in der Lage war, den Miethzins von

---

*) Begründet vom Kaiser Karl VI. im III. Bezirke.

fl. 1400 weiter zu bezahlen. Die klinische Schule wurde daher in das vereinigte spanische und Dreifaltigkeits-Spital übertragen, dabei wurde die kaiserliche Versicherung ausgesprochen, dass dem Spitale keine höhere Last als bisher (fl. 3161) erwachsen dürfe. Für diesen Betrag hatte der Spitalsdirector, der zugleich praktischer Arzt war, alle wie immer Namen habenden Erfordernisse der zu Lehrzwecken dienenden Abtheilung zu bestreiten.

Als im Jahre 1784 das allgemeine Krankenhaus errichtet wurde, fand die Incorporirung des Fondes des spanischen und Dreifaltigkeits-Spitales statt, jedoch wurde der Klinik nicht erwähnt, die fl. 3161 wurden fortgezahlt, aber auch nicht mehr. Die Zahl der klinischen Betten betrug noch immer 24, von welchen nur 3 bis 4 belegt waren.

Wie wenig die klinisch Behandelten als Kranke des allgemeinen Krankenhauses angesehen wurden, bewiesen die mehrfachen Zahlungen, welche der klinische Lehrer für Benützung anderweitiger Spitalsauslagen aus seinem Pauschale bestreiten musste. So musste er für Benützung einer Spitalsallee durch Kranke der Klinik jährlich fl. 12 an den Spitalsfond entrichten und für die Ueberlassung von Augenkranken des Spitals als klinisches Material zahlte der Kliniker 20 kr. per Kopf und Tag.

Bis zur Gründung des allgemeinen Krankenhauses (1784) bestand keinerlei Verpflichtung der öffentlichen Spitäler zu irgend einer Verpflegung von Kranken, welche Unterrichtszwecken dienten; eine solche ist aus der Stiftungsurkunde (1784) ebenfalls nicht zu ersehen und wurde erst mit dem Hofdecrete vom Jahre 1797 ausgesprochen.

Nun füllen die Kliniken 35°/₀ des Belegraumes.

In Folge dieser Verhältnisse beschäftigte sich daher im Jahre 1869 eine Commission, bestehend aus den Professoren Dumreicher, Skoda, Wedl, Hebra und Salzer mit der Frage, ob das Krankenhaus als Universitäts-Krankenhaus, resp. die öffentlichen Spitäler als akademische Spitäler zu betrachten seien. *)

---

*) Im Jahre 1871 waren im allgemeinen Krankenhause bei den neun ordentlichen Professoren 37 Säle mit 743 Betten, und bei den neun ausserordentlichen Professoren und Docenten 31 Säle mit 670 Betten, und das ganze Spital umfasste 2070 Betten.

Diese Angelegenheit kam am 11. Juli 1872 zum Abschlusse. Die klinischen Professoren und Docenten unterstehen in Betreff Personal- und Unterrichts - Angelegenheiten ausschliesslich dem Facultäts-Decanate, resp. dem Unterrichts-Ministerium; hingegen als Vorstände der klinischen und insbesondere der Reserveabtheilungen haben sie sich der betreffenden Oberaufsicht des Spitales unterzuordnen. In ähnlicher Weise ist das Verhältniss der klinischen Assistenten geregelt.*)

Es trugen übrigens zwei Momente, ein inneres und ein äusseres dazu bei, die Zahl der Lehrkanzeln zu vermehren. Wie wir in unserer Schrift: »Der neue Universitätsbau« des weiteren auseinandergesetzt haben, sind die vorhandenen Räumlichkeiten nicht entsprechend und können sie auch nicht die Zahl der Hörer fassen. Bei der Natur des jetzigen klinischen Unterrichtes jedoch, welcher die objectiven Untersuchungen zu pflegen hat, kann von einem allseitigen Erfolge nur dann gesprochen werden, wenn es jedem Schüler möglich gemacht wird, den Demonstrationen des Lehrers ungestört zu folgen. Es wurde daher in Wien wie in Prag (1871) eine dritte medicinische Klinik errichtet.

Andererseits hat die Wissenschaft zur Zeit einen solchen Umfang angenommen, dass sie als Wissenschaft nur von demjenigen betrieben werden kann, der sich ihr ganz und ausschliesslich widmet und ist das Princip der Theilung der Arbeit in neuerer Zeit zur Geltung gekommen. So gibt es Physiologen, welche sich durch Specialarbeiten auf einem bestimmten Felde einen Ruf erworben haben, im Grunde aber doch nur einen kleinen Bruchtheil ihrer Wissenschaft übersehen und das übrige blos vom Hörensagen kennen; ja nicht im Stande sind, sich eine tiefere Kenntniss desselben zu erwerben, weil ihnen die Vorbildung dazu, sei es in der Chemie, Physik oder Mathematik, fehlt, und sie nicht mehr die Zeit und die Ruhe finden, sie sich zu erwerben. Es entstanden daher neue Lehrkanzeln für Ohrenheilkunde, für angewandte medicinische Chemie in Verbindung mit einem für die medicinische Forschung bestimmten chemischen Institute, für Hygiene etc. etc.

---

*) In Folge eines Vortrages des damaligen Leiters des Unterrichts-Ministeriums, Freiherrn v. Hye, vom 18. November 1867 erhielten die Assistenten von da ab Besoldung.

Während die oberste Unterrichtsverwaltung nach besten Kräften bemüht war, in vollstem Masse wissenschaftliche Bestrebungen zu fördern und wissenschaftliche Bedürfnisse zu befriedigen, gelang es nicht, eine Klinik für Homöopathie zu errichten. Am 14. April 1874 brachte nämlich der Abgeordnete Nicolaus Dumba im Abgeordnetenhause eine Petition, bedeckt mit 2369 Unterschriften (1952 Männer und 417 Frauen), darunter 496 Adelige, 229 Militärs und 37 Doctoren (nicht der Medicin) behufs Errichtung homöopathischer Kliniken ein. Das Ministerium verlangte hierauf von der medicinischen Facultät ein motivirtes Gutachten über diese Angelegenheit. Dieses lautete einstimmig dahin, dass der Homöopathie jede wissenschaftliche Grundlage und Methode ermangle; dass, wie sie nicht nur bisher nichts für die Wissenschaft und rationelle Praxis geleistet habe, sie selbst auch nicht in der Lage sei, von dem Fortschritte, wie er auf allen Gebieten der Medicin stattfindet, für sich zu profitiren, und die Einführung derselben als eines medicinischen Lehrfaches an der Facultät durchaus unzulässig sei.

Bedeutende und wichtige Veränderungen an der medicinischen Facultät führte die neue Rigorosen-Ordnung vom 11. April 1872 herbei. Wie bereits bemerkt, waren die Prüfungen an dieser Facultät schon seit dem Jahre 1749 Staatsprüfungen, da mit denselben die *venia practicandi* verbunden war. Seitdem jedoch das Institut der Studien-Directoren, welche die staatliche Aufsicht repräsentirt hatten, im Jahre 1849 aufgehoben wurde, fanden die medicinischen Doctorsprüfungen ohne staatliche Aufsicht statt. Diese wurden nun durch die neue Rigorosen-Ordnung hergestellt.

Zu dem kam noch Folgendes: bis dahin gab es Doctoren der Medicin schlechtweg. Jene, welche Doctoren der Chirurgie oder Magister der Geburtshilfe, der Augen- und Zahnheilkunde werden wollten, mussten sich ausweisen, dass sie die betreffenden Vorlesungen frequentirt haben, und sich dann der diesbezüglichen strengen Prüfung unterziehen. Ein Doctorat der gesammten Heilkunde gab es nicht. Dieses ist nun seit dem Inslebentreten der neuen Rigorosen-Ordnung anders geworden, jetzt gibt es nur ein Doctorat. Der Candidat muss überdies, wenn er zu dem ersten Rigorosum zugelassen werden soll, die Vorprüfungen über die naturwissenschaftlichen Fächer: Mineralogie, Botanik und Zoologie (die Reihenfolge dieser Vorprüfungen folgt nach eigener Wahl) abgelegt haben. Während in solcher Weise den descriptiven Zweigen der Naturwissenschaften eine untergeordnete Stellung angewiesen ist, wurde Physik als neuer Prüfungsgegenstand aufgenommen.

Das Studium der Medicin umfasst ein Quinquennium und nach den ersten zwei Jahren findet das erste Rigorosum aus Physik, Chemie, Anatomie und Physiologie statt; das zweite Rigorosum am Ende der Studienjahre umfasst die allgemeine Pathologie und Therapie, die pathologische Anatomie, die Pharmacologie und die innere Medicin; und das dritte Rigorosum die Chirurgie, Augenheilkunde und gerichtliche Medicin.

Durch diese Ordnung fand eine bessere Vertheilung der Prüfungen statt, dass sie nicht alle, wie das bis dahin der Fall war, auf den Schluss der Studien verlegt sind, und wurde auch mehr Werth auf die praktische Erprobung der medicinischen Fachkenntnisse gelegt.

Prüfungs-Commissäre sind in der Regel die ordentlichen Professoren, und da die Rigorosen eigentlich Fachprüfungen sind, so müssen sich auch die Professoren auf das Prüfen aus ihrem eigenen Fache beschränken und erschien es daher als ganz unzulässig, dass bei den Rigorosen nach früherer Gepflogenheit auch andere Männer erschienen, welche berechtigt waren, gleichmässig aus allen Fächern zu prüfen.

Da die strengen Prüfungen zugleich Staatsprüfungen sind, so intervenirt nun bei jedem Rigorosum ein Regierungs-Commissär und beim zweiten und dritten Rigorosum überdies ein von der Regierung bestellter Coëxaminator. Sowohl der Regierungs-Commissär wie der Coëxaminator müssen Doctoren der Medicin sein. Die Lernfreiheit wurde an dieser Facultät nicht beschränkt, aber ein Schema der Vorlesungen zusammengestellt und den Studirenden empfohlen.*)

Als *pia desideria* möchten wir beifügen, die Lehrstühle für jene Fächer, die von einer übergrossen Zahl von Hörern frequentirt werden, mindestens doppelt zu besetzen. Dies gilt namentlich von der descriptiven Anatomie und Physiologie, da die Hörsäle thatsächlich

---

*) Seit dem Jahre 1879 wurde der Professor der medicinischen Chemie den medicinischen Rigorosen beigezogen, da die Studirenden dieses Studium verabsäumt hatten.

für die Zahl der inscribirten Studirenden zu klein sind und sie
nicht fassen; überdies aber jene Hörer, die in den rückwärtigen
Bänken sitzen, den Professor kaum hören und noch weniger sehen,
was er demonstrirt. Es würde sich auch empfehlen, dass die promovirten Aerzte etwa zwei Jahre im Spitale practiciren und sich
dann einer Staatsprüfung unterziehen, durch welche sie das *jus
practicandi* erlangen. Wer Advocat werden will, muss ein Jahr
Gerichtspraxis haben und sechs Jahre als Concipient sein und
dann erst kann er die Advocatenprüfung machen. Wir sollten
denken, dass bei dem Arzte, dem Menschenleben überantwortet
werden, ähnliche Vorsichtsmassregeln am Platze wären.

Das Princip der Lehr- und Lernfreiheit in seiner ursprüng-
lichen Reinheit hat sich noch an der

philosophischen Facultät

erhalten. Die Rigorosen an derselben werden als Fachprüfungen
betrachtet und ist der Prüfungsstoff nach Gruppen geordnet. Zur
Erlangung des philosophischen Doctorgrades ist die Vorlage einer
wissenschaftlichen Abhandlung über ein freigewähltes Thema aus
einem der philosophischen Facultät angehörigen Fache und die
Ablegung zweier strengen Prüfungen, und zwar, 1. Philosophie und
2. Geschichte, in Verbindung mit lateinischer und griechischer
Philologie; classische Philologie, in Verbindung mit der Geschichte
der alten Welt; Mathematik und Physik oder einer dieser Gegenstände in Verbindung mit Chemie oder einem Zweige der beschrei-
benden Naturwissenschaften mit Mathematik, Physik oder Chemie.

Da, wie wir bereits hervorgehoben haben, die philosophische
Facultät im Jahre 1849 vom Grunde aus neu errichtet werden
musste und da die Regierung stets gleichen Schritt mit der Entwicklung der Wissenschaften gehalten hat, so ist die Zahl der neu
errichteten Lehrkanzeln, Seminare und Institute an dieser Facultät
die grösste und bedeutendste.

5.
Die Universitäts-Bibliothek.

Nur mit wenigen Worten wollen wir der Bibliothek gedenken.
Wie aus Kink und Aschbach*) hervorgeht, wurde die Bibliothek
als zur Universität gehörig und als deren Eigenthum betrachtet.
In einem Rescripte Josef II. vom 16. Jänner 1784 hiess es, dass
die Bibliothek zum beständigen Gebrauche der Universität überlassen werde. Um den Bücherschatz derselben zu heben,
erschien am 21. December 1781 die Verordnung, von allen neu-
gedruckten Schriften, mögen sie auf Kosten des Verfassers oder
der Buchhändler erscheinen, ein Exemplar auf Schreibpapier in die
Universitäts-Bibliothek zum allgemeinen Nutzen abzuliefern. Die
Bibliothek erlitt aber auch grosse Einbusse und verlor an die Hofbibliothek ihren Stock aus dem 14. und 15. Jahrhundert, aus
Handschriften und Incunabeln bestehend; ferner einen grossen Theil
der Literatur des 16., 17. und der ersten Hälfte des 18. Jahrhunderts.

Bis zum Jahre 1849 waren die Lesestunden blos im Laufe
des Vormittags. Damals jedoch, als die Vorlesungen in Folge des
Belagerungszustandes, da die Universität vom Militär occupirt war
(vergl. unser: ›Der neue Universitätsbau‹), an verschiedenen Orten
stattfanden, wurden Vor- und Nachmittags Lesestunden anberaumt,
und erfolgte am 21. April 1854 eine neue Leseordnung für die
Wiener Universitäts-Bibliothek.

Im Laufe der Zeit entstanden Controversen bezüglich der
Neuanschaffung von Büchern, da, bevor der jetzige Vorsteher,
Herr Dr. Friedrich Leithe, dieses Amt versah, Unzukömmlichkeiten

---

*) Aschbach, ›Die Wiener Universität‹, I., S. 195, 341; Kink, I., S. 141,
II., 109, 450, 479, 506.

vorkamen und beispielsweise auch mehrere Bände »Fliegende Blätter« angekauft wurden. Es wurde überhaupt früher ein ganz unwissenschaftlicher Standpunkt eingenommen und eine Menge von Schulbüchern angeschafft, welche grosse Summen verschlangen und wodurch Berge von Maculatur angehäuft wurden. Jetzt steht dem Vorstande der Bibliothek die Bibliotheks-Commission, gebildet aus Professoren der Universität, zur Seite. Sie erhält eine Staatssubvention von jährlich fl. 15.000 und werden die Matrikelgelder nach einer allerhöchsten Entschliessung vom 17. September 1862 ebenfalls zur Anschaffung von Büchern verwendet.

6.

Von den Studenten.

Bis zum Jahre 1848 war die Universität kaum der
Schatten einer Universität und dasselbe war auch bezüglich der
Studirenden der Fall. Wohl hatten sie, wie bekannt, in früheren
Zeiten wiederholt eine Rolle gespielt, aber diese war zu Ende.
Man nannte sie in der Regel officiell »Schüler« und sie wurden
als Schüler der unteren Classen betrachtet und behandelt. Wie die
Schulbuben erhielten sie ihre Plätze angewiesen, von Stunde zu
Stunde wurde Katalog gelesen etc.; dass sie keinen Verein bilden
durften, versteht sich von selbst, da man zu jener Zeit in Oester-
reich überhaupt Vereine perhorrescirte, und seit dem Hambacher
Feste waren Studentenvereine umsomehr verpönt. Diese Zustände
und Verhältnisse haben sich mit einem Schlage im Jahre 1848
geändert. Allerdings lag eine Zeit lang hart und schwer die Macht der
Militärgewalt auf den Studenten, und noch im Jahre 1859 war es
ihnen nicht gestattet, als solche am Fackelzuge bei der Schiller-
Feier Theil zu nehmen; aber es herrschte denn doch ein anderer
Geist, und nachdem das Vereinsgesetz vom 15. November 1867
promulgirt war, entstanden auch die Studentenverbindungen.

Seitdem die Gerichtsbarkeit der Universität unter Josef II.
aufgehoben wurde, unterstehen die Studirenden in Ansehung ihrer
bürgerlichen Verhältnisse, sowie der bürgerlich strafbaren Handlungen den allgemeinen Gesetzen und Behörden, und wurde schon
unter Leopold II. angeordnet, dass derart erfolgte Verurtheilungen
und verhängte Strafen zur Kenntniss des Universitäts-Consistoriums
gebracht werden sollen. Ueberdies aber unterstehen die Studirenden
den besonderen akademischen Anordnungen und Disciplinar-Vor-
schriften und der akademischen Behörde.

Am 23. Februar 1860 beauftragte das Unterrichts-Ministerium das Universitäts-Consistorium, im Falle einer Relegation der Polizei-Direction die Anzeige zu erstatten.

Am 17. Juli 1871 ersuchte das Consistorium, dass künftighin nicht nur jede Einleitung einer Special-Untersuchung über einen Studirenden und jedes über einen Studirenden gefällte Urtheil unter Anschluss einer beglaubigten Abschrift des Erkenntnisses und der Entscheidungsgründe von Seite der Strafgerichte der akademischen Behörde, welcher die Disciplinargewalt über die Studirenden zusteht, bekannt gegeben und die Ermächtigung ertheilt werde, die Mittheilung der Untersuchungsacten in allen Fällen zu verlangen.

Es kam auch in Folge eines gegebenen Falles die Frage zur Besprechung, ob gegen eine von der akademischen Behörde verhängte Disciplinarstrafe der Recurs an das Ministerium offen stehe. Nach dem Gesetze und nach der an auswärtigen Hochschulen bestehenden Uebung erscheint dasselbe nicht zulässig. Die Universität übt nämlich die disciplinare Gewalt nicht als eine staatliche Instanz in Strafangelegenheiten, sondern vermöge ihrer corporativen Einrichtung und ihres besonderen Zweckes. In der That ist in dem Disciplinar-Gesetze vom 13. October 1849 von einem Recursrechte nicht die Rede. Nur dann, wenn es sich um Verweisung aus allen österreichischen Universitäten handelt, ist ein diesbezüglicher Antrag an das Ministerium zu stellen.

Nun ereignete es sich, dass ein Student an einer österreichischen Universität (nicht in Wien) durch Erkenntniss des Bezirksgerichtes vom 13. Juli 1863 der Uebertretung gegen die körperliche Sicherheit durch vorsätzliche körperliche Beschädigung (§ 411, St. G. B.) als unmittelbarer Thäter für schuldig erkannt und zu einer Geldstrafe von fl. 30 verurtheilt wurde. Dieser Student hatte nämlich am 3. Juli, um Mitternacht, einem eben daher kommenden Studenten der Technik zugemuthet, über einen Stock zu springen, und als sich dieser dessen weigerte, wurde er mit dem Stocke gröblich misshandelt. Der akademische Senat mischte sich in diese Angelegenheit weiter nicht, obschon ihm das Recht dazu nach § 5 der Disciplinar-Ordnung zugestanden wäre.

Nachdem jedoch ähnliche Excesse von Seite der Studirenden wiederholt vorkamen, wurde, 17. März 1864, vom akademischen Senate am schwarzen Brette eine ernste Warnung gegen thätliche Streitigkeiten mit der Androhung der vollen Strenge disciplinarer Ahndung kund gemacht. Dessenungeachtet fing der oben bezeichnete Student am 12. Mai auf offener Strasse aus unbedeutender Veranlassung mit einem ihm unbekannten jungen Manne, der sich später als Gärtnergehilfe herausstellte, Streit an, bis es zur Herausforderung kam; das Duell, welches thatsächlich von dem Studenten bereits eingeleitet worden war, unterblieb jedoch. Am 23. und 27. Mai ertheilte hierauf der Rector in Gegenwart des versammelten Senates dem Studenten eine Rüge, mit der Drohung, dass im Falle einer wiederholten wenn auch geringen Straffälligkeit die Verweisung von der Universität unnachsichtlich folgen würde. Mit höhnender und lächelnder Geberde nahm der Student diese Rüge entgegen und am Schlusse eines Commerses am 13. Juni begann er mit einem daselbst anwesenden fremden *studiosus medicinae* einen Streit, der den Zweikampf am 15. Juni zur Folge hatte, und zwar mit Säbeln, statt mit Schlägern, wobei die Bedingung festgestellt wurde, dass zur Beendigung des Duells eine schwere Verwundung erforderlich sei. Die über ihn in Folge der vorgefallenen Verwundung verhängte Strafe wurde vom Kaiser im Gnadenwege aufgehoben. Die diesbezügliche Mittheilung des Rectors nahm der Student mit Gelächter entgegen. Nun aber sollte er, entsprechend der stattgefundenen Androhung, von der Universität verwiesen werden und er ergriff den Recurs an das Ministerium. Dieses verlangte vom akademischen Senate Bericht, welcher jedoch meinte, dass im gegebenen Falle ein Recurs nicht Platz greifen könne. Das Ministerium aber erklärte (19. August 1864), dass auch in solchen Fällen der Recurs wie in allen Strafsachen zulässig sei.

Wir haben diesen Fall ausführlich mitgetheilt, weil er in eclatanter Weise darthut, wie das Recht der Studenten, selbst gegenüber dem Senate, bis zur äussersten Grenze gewahrt wird. In ähnlicher Weise entschied das Ministerium am 15. April 1877. (Vergl. Lemayer, S. 78.)

Mit den Institutionen der deutschen Universitäten, wie sie an österreichischen Universitäten eingeführt wurden, kamen auch die studentischen Bräuche, und sagen wir es offen, Missbräuche nach Oesterreich. Paukereien, Duelle, und was diesen zumeist vorangeht, Kneipereien etc., sind öfters Tages-, resp. Nachtordnung. Wir möchten nicht missverstanden sein, wir wünschen und wollen nicht, dass die Jugend den Ernst des Alters habe. Wir sind keine Sittenprediger und verlangen nicht, dass junge Leute der Askese huldigen; der Ernst des Lebens tritt ohnedies zeitlich genug heran. Wir bekennen uns vielmehr zu dem Satze des alten biblischen Skeptikers Koheleth (Ecclesiasticum): »Freue dich, Jüngling, in deiner Jugend«. Was wir aber wünschen, ist, dass die studirende Jugend nicht so oft daran vergesse, dass sie die Krone der Wissenschaft anstrebt. Akademische Bürger dürfen wohl jugendlich fehlen, aber nicht zum Plebs herabsinken, und massenhafte Kneipen sind wahrlich nicht geeignet, weder die edle Männlichkeit, noch die Sittlichkeit zu fördern. »Wehe denen, die Helden sind beim Weintrinken.«

Zweifellos bietet das Vereinsleben mannigfache Vortheile. Zu bedauern ist es jedoch, dass in demselben oft mehr als nöthig und wünschenswerth ist, Politik getrieben wird. Und leider (»wie die Alten sungen, zwitschern die Jungen«), die Nationalitätenfrage beherrscht weit mehr als zuträglich diese Kreise. Wir bedauern es, sagen zu müssen, dass mitten unter diesen Nationalitätskämpfen der österreichische Staatsgedanke immer mehr Abbruch leidet.

Die Zahl der Studirenden ist selbstverständlich heute eine andere als im Jahre 1848 und sie beträgt nun 5000.*) Während jedoch früher »Wissen ist Macht« ein geflügeltes Wort war und der Spruch vom preussischen Schulmeister von Mund zu Mund ging, besteht jetzt die Klage, es studiren zu viele, und wie wir sofort hinzufügen können, ertönt diese Klage nicht blos bei uns, sondern auch in Deutschland. Es kann nicht unsere Aufgabe sein, die Ursachen dieses »Uebelstandes« zu untersuchen, noch die Mittel anzugeben, wie dem hereinbrechenden wissenschaftlichen, oder sagen wir gebildeten Proletariat abzuhelfen sei. Wie es scheint, wird die Zeit, allerdings ein langwieriger Process, dieses Missverhältniss ausgleichen. Wir wollten nur eine Thatsache constatiren und können die Bemerkung nicht unterdrücken, dass man heute das als Uebelstand betrachtet, was man doch in früherer Zeit sehnlichst herbeiwünschte. So zeigt sich auch hier die Wahrheit des Spruches: *Tempora mutantur.*

---

*) In den Vierziger-Jahren entsendeten sämmtliche österreichische Gymnasien jährlich beiläufig 3000 Hörer an die Universität.

Selbstverständlich gibt es unter den Studirenden zahlreiches Mittelgut, und noch ein anderer Uebelstand macht sich in bedeutenderem Masse an der Wiener Universität als an anderen Universitäten geltend, nämlich die grosse Zahl armer Studenten. Ein berühmter Lehrer an der Wiener Universität hat sich vor einigen Jahren in sehr abfälliger Weise über diese Studirenden ausgesprochen. So sehr wir jedoch diesen Zustand beklagen und obschon wir selbst wissen, dass es für einen grossen Theil dieser Musenjünger und für die Mitmenschen besser wäre, wenn sie sich einem anderen Berufe zuwenden möchten, können wir doch diesem abfälligen Urtheile nicht beistimmen und weisen darauf hin, dass an der Wiener Universität selbst mehrere Professoren wirken und gewirkt haben, die Leuchten der Wissenschaft sind, welche während ihrer Studienzeit mit der bittersten Noth zu kämpfen hatten. Vor einiger Zeit veröffentlichten Journale die Mittheilung, dass ein Student, um das Leben zu fristen, sich als Schneeschaufler werben liess. Des Morgens oblag er dieser Beschäftigung und erwarb sich den schmalen Zehrpfennig für den Tag und dann ging er seinem Berufe nach. Wir sollten denken, dass eine derartige Hingebung für seinen Beruf rührend sei.

Wenn es aber auch massloses Elend unter den Studirenden gibt, so muss hervorgehoben werden, dass Vieles zur Linderung der Noth und des Elends geschieht. Abgesehen von zahlreichen Stiftungen aus alter und neuer Zeit zu Gunsten mittelloser Studirender, sind speciell in neuerer Zeit zahlreiche Vereine entstanden, welche arme Studirende unterstützen: Der Asylverein, das Comité für Studenten-Convicte, die Unterstützungs-Vereine für Mediciner, Philosophen und Hörer der Rechte, der Verein zur Pflege kranker Studirender, der Verein zur Unterstützung mittelloser israelitischer Studirender und der Verein der Salzburger und Oesterreichisch-Schlesier. Dazu kommt noch die Privatwohlthätigkeit der gutherzigen Wiener. Alle diese Anstalten und Vereine reichen jedoch nicht hin, um den Mittellosen genügende Mittel zu gewähren. Und jene Studirenden, welche so glücklich sind, durch Unterrichtgeben etc. die Mittel für ihre Erhaltung zu erlangen, sind eben genöthigt, die Zeit, welche sie den Studien zuwenden sollten, anderweitig zu verwenden und zu verwerthen, vernachlässigen das Studium und schwänzen die Collegien.

Der mangelhafte Besuch der Collegien, insbesondere bei den Fächern, die nicht mit Demonstrationen verbunden sind, rührt auch aus anderen Ursachen her. Zunächst die beschränkten unzulänglichen und oft sanitätswidrigen Räumlichkeiten in dem jetzigen Universitätsgebäude, welche den Studirenden den Besuch der Collegien unleidlich oder gar unmöglich machen. Ein Saal, der für 200 Hörer bestimmt ist, kann unmöglich 4- oder 500 fassen, und macht sich dieser Uebelstand umsomehr in jenen Collegien, die mit Demonstrationen verbunden sind, geltend. Diesem Gebrechen wird durch die Eröffnung des neuen Universitätsgebäudes abgeholfen werden. Es sind aber auch noch andere Momente zu berücksichtigen. Wie O. Bähr (Preussische Jahrbücher, December-Heft 1882) behauptet, sei es wohl in früherer Zeit, als die juristische Literatur noch klein war, nothwendig gewesen, dass Hörer der Jurisprudenz aus Deutschland nach Bologna gingen, um dort etwas Gründliches zu lernen. Das sei jedoch in neuerer Zeit anders geworden und genüge die nun vorhandene grosse Literatur auf diesem Gebiete, sich durch Selbststudium zum tüchtigen Juristen heranzubilden. Die Frequenz an dieser Facultät ist daher verhältnissmässig am geringsten. Der weitaus grösste Theil der Studirenden will die Examina durchmachen und dazu reichen die Bücher und die vorhandenen Lithographien der Vorlesungen hin. Es kommen daher nicht wenige Fälle vor, dass Studirende an der Universität inscribirt sind, die ferne vom Standorte der Universität leben und welche die Professoren erst dann von Angesicht zu Angesicht kennen lernen, wenn sie ihre Prüfungen und Rigorosen abzulegen haben.

Wir haben schliesslich noch eines Momentes zu gedenken, durch welches die Frequenz von Seite der Studirenden bedeutende Einbusse erleidet, und das ist der Einjährig-Freiwilligendienst. Es dürfte nicht überflüssig sein, den historischen Verlauf dieser Frage knapp zusammenzufassen.

Nach den alten Privilegien der Universität waren die Angehörigen derselben vom Militärdienste befreit, was jedoch selbstverständlich nicht ausschloss, dass Lehrer und Hörer in Zeiten der Gefahr zu den Waffen griffen. Nachdem diese Privilegien aufgehoben wurden, waren sowohl die Studirenden wie die bereits promovirten Doctoren zum Militärdienste verpflichtet. Das Recrutirungs-Patent vom 25. October 1804 sprach dann alle Doctoren der Universität von der militärischen Conscription frei. In den Patenten jedoch vom 23. Mai und 1. August 1827 wurden blos Doctoren der Medicin und Chirurgie und nur jene *Doctores juris*, die mit dem *stallo agendi* versehen waren, von dem Militärdienste befreit. In Folge einer kaiserlichen Entschliessung vom 29. Juli 1836 wurden dann die Doctoren und Doctoranden der Rechte und der Medicin ausnahmslos von dem Militärdienste befreit; die Doctoren und Doctoranden der Philosophie hingegen waren von dieser Begünstigung ausgeschlossen und wurden die an dieser Facultät Studirenden, wie bereits oben S. 97 bemerkt, vom Militärdienste befreit, wenn sie sich mit guten Zeugnissen über das letzte Studienjahr ausweisen konnten.

Das Consistorium der Wiener Universität wendete sich hierauf in einer Immediat-Eingabe vom 9. Juni 1837 an den Kaiser, in welcher dasselbe um diesbezügliche Gleichstellung der Doctoren und Doctoranden der Philosophie mit jenen an den anderen weltlichen Facultäten bat. Der Wiener Magistrat, die Stadthauptmannschaft und die niederösterreichische Regierung unterstützten diese Bitte, da auch zur Erreichung des philosophischen Doctorgrades eine vielseitige Ausbildung nothwendig sei und die Wichtigkeit dieses Standes von Seite der Staatsverwaltung dadurch anerkannt wurde, dass für denselben eine besondere Facultät besteht. Die gewünschte Gleichstellung würde auch einen grossen Eifer für das Fach erwecken, was um so erwünschter wäre, da man häufig in Verlegenheit sei, die Lehrämter der philosophischen Studien zu besetzen und das Befugniss zum Privatunterrichte in diesem Fache an nicht promovirte Candidaten verliehen werden muss. Graduirte Doctoren der Philosophie gehören überdies zu den seltenen Erscheinungen. In den letzten zehn Jahren wurden im Ganzen 30, jährlich daher 3 *Doctores philosophiae* creïrt. (Sämmtliche Facultäten in Wien creïrten damals jährlich im Durchschnitte 160 Doctoren.)*)

Das Gesuch wurde jedoch abgelehnt und zwar aus folgenden Gründen: Der Nutzen, den Doctoren und Doctoranden der Medicin und der Jurisprudenz im praktischen Staatsleben gewähren, sei

---

*) In Ungarn fanden von 1846—1848 34 juridische Rigorosen und 14 Promotionen und von 1850—1852 14 juridische Rigorosen und 3 Promotionen statt. Das Gesetz vom 30. Juli 1850 führte daselbst das Quadriennium statt des bis dahin bestandenen Trienniums ein. Ferner wurden im Jahre 1847 27 und im Jahre 1852 22 Doctoren der Medicin und Chirurgie creïrt.

14*

allgemein bekannt, was bei Doctoren und Doctoranden der Philosophie nicht der Fall sei. Zu dem komme, wenn jene ihre
Studien beendet haben, seien sie zumeist der Altersclasse für die
Werbung zum Militär entrückt, während letztere erst zu jener Zeit
in das militärpflichtige Alter treten. Nach wie vor wurden daher
denselben nur jene Begünstigungen gewährt, welche Studirende im
Allgemeinen genossen.

Hierauf wendete sich die philosophische Facultät der Wiener
Universität am 26. Februar 1846 neuerdings an den Kaiser und wies auf
den Mangel an tüchtigen Lehramts-Candidaten, namentlich für die Lehrfächer der theoretischen und Moralphilosophie, der historischen und
philologischen Wissenschaften hin, weshalb es manchmal vorkomme,
dass für ein und dieselbe Lehrkanzel wiederholt Concursprüfungen
ausgeschrieben werden mussten, ohne dass dadurch ein bedeutend
günstigeres Resultat erzielt wurde. Aber auch dieses Gesuch blieb
ohne Erfolg. Erst durch das Militärgesetz vom Jahre 1859 wurden
auch diese Doctoren vom Militärdienste befreit. Was die Studirenden
betrifft, so konnten von nun an jene Studenten vom Militärdienste
befreit werden, welche in der Lage waren, gute Colloquien-Zeugnisse
beizubringen, jedoch gestattete der Kaiser am 19. October 1860
aus Gnade, dass die Studirenden bei der nächsten Recrutirung noch
keine Colloquien-Zeugnisse behufs Befreiung vom Militärdienste
beizubringen brauchten, da bis dahin ein solches nicht nothwendig war und das Gesetz daher eine rückwirkende Kraft ausgeübt hätte.

Nach der Schlacht bei Königgrätz wurde die allgemeine
Wehrpflicht eingeführt und mit derselben die Institution der Ein-
jährig-Freiwilligen. Nun entstand gewissermassen ein *circulus vitiosus*.
Nach § 21 dieses Wehrgesetzes soll den Studirenden die Fortsetzung
ihrer Studien möglich gemacht werden. Das Unterrichts-Ministerium
wünschte daher, dass die militärischen Exercitien und der diesbezügliche Unterricht an Ferialtagen oder in Stunden ertheilt werde,
welche nicht mit den Collegien an der Universität collidiren. Die
Militärbehörde wieder meinte, wohl soll den Studirenden die Fortsetzung der Studien möglich gemacht werden, aber nur insoweit
dies mit dem dienstlichen Interesse vereinbarlich ist, und das dienst-
liche Interesse verlange eben, dass die jungen Leute, die nur
Ein Jahr beim Heere sind, um kriegstüchtig zu werden, fleissig

exerciren und viel üben. Während also die Kriegsbehörde
wünschte, dass die Vorlesungen an den Hochschulen für Ein-
jährig-Freiwillige restringirt werden, erklärte das Unterrichts-
Ministerium, es habe nicht die persönlichen Interessen der Studirenden, sondern die sachlichen des Studiums zu vertreten. Das
Resultat dieser Controverse ist: die jungen Leute wünschen das
Porte-épée zu erlangen und am Ende des Jahres die Prüfung zum
Lieutenant in der Reserve abzulegen, und da überdies militärischer-
seits in ganz anderer Weise die Disciplin gehandhabt wird, als
dies an den Hochschulen der Fall ist, indem die jungen Leute
nicht nur, wenn sie wegbleiben, sondern wenn sie auch nur einige
Minuten später bei den Exercitien oder beim Unterrichte eintreffen,
mit leichterem oder strengerem Arreste etc., wie jeder andere Soldat,
bestraft werden, so ist es natürlich, dass die Collegien an der Universität
»geschwänzt« werden und ist es notorisch, dass der Collegienbesuch
während des Einjährig-Freiwilligenjahres factisch kaum möglich ist.

So sehr wir aber auch aus vollem Herzen die Universitäts-
Reform, die im Jahre 1849 geschaffen und seit jener Zeit immer
mehr vervollkommnet und vervollständigt wurde, loben und preisen,
so müssen wir zu unserem grossen Leidwesen sagen, dass sie bei
der Jugend nicht jenen Um- und Aufschwung hervorgerufen hat,
den man zu erwarten berechtigt war. Wie armselig, dürftig
und unbedeutend waren die Mittel und Behelfe und ein grosser
Theil der Lehrkräfte, die bis zum Jahre 1848 an der Universität
vorhanden waren; wie enge und beschränkt war das Terrain, auf
welchem sich die Studenten bewegen konnten, und doch haben sich,
trotzdem alles das besser wurde, die Zustände nicht derart zum
Besseren gewendet, wie man gehofft hatte. Ein Mann, der seit
Jahren mit den Verhältnissen der Wiener Universität vertraut ist,
sprach auf Grund vielfältiger Erfahrungen seine Ueberzeugung
dahin aus, dass ein richtiges Verständniss sowohl für die Grundsätze des eigenen Studienganges, sowie auch für die Methode des
Unterrichtes immer mehr in Abnahme komme. Theils eine rohe,
empirische und nur auf die materiellen Erfolge gerichtete Thätigkeit, theils Unbekanntschaft mit der höheren Aufgabe der Wissenschaft und des Unterrichts herrschen in bedenklicher Weise vor
und zeigen ihre üblen Folgen .... Die philosophische und metho-
dische Bildung ist höchst oberflächlich und vor Allem unbeliebt.

Bei den Historikern sei insbesondere der gänzliche Abgang jeder allgemeinen Bildung, die fast völlige Unkenntniss der lateinischen und griechischen Sprache und die unglaubliche Roheit in der Kenntniss der philosophischen und literarischen Dinge in den meisten der vorkommenden Fälle äusserst zu beklagen.

Man könnte dieses Urtheil vielleicht als zu pessimistisch ansehen. Wir sind jedoch leider in der Lage, einen classischen Zeugen für die Wahrheit desselben anzuführen, und zwar niemand geringeren, als die oberste Unterrichtsbehörde selbst. Das Exposé, veröffentlicht im Jahresberichte des Unterrichts-Ministeriums 1874, III, beginnt mit den Worten: ›Im Laufe der letzten Jahre haben die akademischen Verhältnisse in Oesterreich einen so unverkennbaren Niedergang erfahren, dass denselben durch ausserordentliche Massregeln begegnet werden muss.‹

Ein Trost ist uns da wie auf anderen Gebieten geblieben, dass wir nicht ohne Genossen sind. Es sieht in Deutschland nicht anders und besser aus. Treitschke wies jüngst (Preussische Jahrbücher 1883, Februar-Heft) darauf hin, wie gross die Zahl der hervorragenden bedeutenden Männer von hinreissender Beredtsamkeit in der National-Versammlung zu Frankfurt war und wie verhältnissmässig wenig derartige Männer jetzt in dem Parlamente zu Berlin sind. Wir können dasselbe auch von uns sagen. Die Ursache dieser Erscheinung scheint wohl darin zu liegen, dass der Jugend in Folge des erweiterten Lehrplanes an den Gymnasien kaum die Zeit bleibt, sozusagen ihre eigenen Wege zu gehen. Sie hat genug zu thun, wenn sie den ihr von der Schule gestellten Aufgaben entspricht, wobei nicht zu übersehen ist, dass die Jugend jetzt auch häuslich vielfach in Anspruch genommen wird, durch Musik etc.

Hoffen wir, dass wir in einem Uebergangs-Stadium leben und einer besseren Zeit entgegengehen und dass die Universität, mit den besten Kräften ausgerüstet, auch neue Kräfte schaffen wird, welche die Wissenschaft hegen und pflegen, und Männer hervorgehen, stark an Geist, edel in Thaten, die den Ruhm ihres Vaterlandes häufen und mehren werden.

7.
Die oberste Unterrichtsbehörde.

Wir können nicht schliessen, ohne der obersten Unterrichts-behörde und der Männer, die an der Spitze derselben seit dem Jahre 1848 standen, zu gedenken.

Zunächst wollen wir in kurzen Umrissen den historischen Verlauf geben:

Nachdem die im Jahre 1760 in's Leben gerufene Studien-Hofcommission sich wie so vieles andere in Oesterreich überlebt hatte, wurde dieselbe von dem ersten Anpralle der Märzbewegung weggefegt und entstand das Unterrichts-Ministerium, geschaffen mit kaiserlicher Entschliessung vom 23. März 1848, seit 1. August 1849 auch zur obersten Cultusverwaltung berufen. (Siehe oben S. 107.)

Minister: Vom 27. März bis 9. Juli 1848: Franz Freiherr v. Sommaruga.

Provisorische Inhaber des Portefeuilles. Vom 9. Juli bis 11. October 1848: Anton Freiherr v. Dobblhoff, Minister des Innern. Vom 11. October bis 21. November 1848: Philipp Freiherr v. Krauss, Finanzminister. Vom 21. November 1848 bis 17. Mai 1849: Franz Graf Stadion, Minister des Innern. Vom 17. Mai bis 28. Juli 1849: Ferdinand Ritter v. Thinnfeld, Minister für Landescultur und Berg-wesen.

Minister: Vom 28. Juli 1849 bis 21. October 1860: Leo Graf v. Thun-Hohenstein.

Mit provisorischer Führung betraut. Vom 21. October 1860 bis 4. Februar 1861: Josef Alexander Freiherr v. Helfert, Unter-staats-Secretär.

Das Ministerium für Cultus und öffentlichen Unterricht als solches im Principe aufgehoben mit kaiserlichem Handschreiben vom 21. October 1860 und dessen Geschäfte definitiv dem Staatsministerium zugewiesen mit kaiserlichem Cabinetschreiben vom 4. Februar 1861.

Staatsminister. Vom 4. Februar 1861 bis 27. Juli 1865: Anton Ritter v. Schmerling. Vom 27. Juli 1865 bis 5. Februar 1867: Richard Graf v. Beleredi. Vom 7. Februar bis 8. März 1867: Friedrich Ferdinand Freiherr v. Beust.

Ministerium für Cultus und Unterricht, hergestellt mit kaiserlichem Handschreiben vom 2. März 1867.

Leiter: Vom 8. März bis 28. Juni 1867: Friedrich Ferdinand Freiherr v. Beust. Vom 28. Juni bis 30. December 1867: Anton Freiherr v. Hye-Gluneck, Justizminister.

Minister: Vom 30. December 1867 bis 1. Februar 1870: Leopold Ritter v. Hasner-Artha. Vom 1. Februar bis 12. April 1870: Karl v. Stremayr.

Leiter: Vom 12. April bis 30. Juni 1870: Adolf Ritter v. Tschabuschnigg, Justizminister.

Minister: Vom 30. Juni 1870 bis 6. Februar 1871: Karl v. Stremayr. Vom 6. Februar bis 30. October 1871: Josef Jireček.

Leiter: Vom 30. October bis 25. November 1871: Karl Fidler, k. k. Sections-Chef.

Minister: Vom 25. November 1871 bis 14. Februar 1880: Karl v. Stremayr. Sein Nachfolger ist der jetzt fungirende Minister Sigm. Freiherr v. Conrad Eybesfeld.

Es sei uns zunächst gestattet, einiges zur Charakteristik des ersten Unterrichts-Ministers Franz Freiherrn v. Sommaruga, der zwar nur kurze Zeit im Amte war, aber wie wir wissen, die Aufgabe, die ihm zugefallen war, in vollem Masse erkannte, anzuführen. Das Material hierzu verdanken wir dessen Sohne, Herrn Ministerialrath a. D. Freiherr v. Sommaruga.

Wie aus der anonym erschienenen biographischen Skizze: »Zur Erinnerung an Franz Freiherr v. Sommaruga« (deren Verfasser war Freiherr v. Rizzi) hervorgeht, wurde Sommaruga am 29. Juni 1807 vom Kaiser Franz mit der Erziehung des Erzherzogs Franz Karl, des Vaters unseres Kaisers betraut.

Als im Jahre 1837 die Cholera in Wien wüthete, sah sich Sonnturuga veranlasst, von seinem Zögling, der Thronerbe werden sollte, für den etwaigen Todesfall schriftlich Abschied zu nehmen. Wir citiren aus diesem Schreiben vom 13. Juni 1837, welches sowohl den Schreiber wie den hohen Adressaten ehrt, folgende Sätze:

... »Scheuen Sie in keiner Angelegenheit des Lebens die Mühe eigener Beurtheilung, zu welcher, wenn Sie in das Innere einer Sache ernstlich eindringen, Gott die Fähigkeit Ihnen verlieh. Keine Berufung auf Einsichten und Rathschläge Verstorbener oder Lebender kann Sie vor dem allgerechten Richter vertreten. Entschlüsse aber, aus ruhiger Ueberzeugung entsprungen, finden, auch wenn sie irrig sind, vor dem Ewigen Nachsicht.

Vernehmen Sie in allen wichtigen Dingen die Ansichten, die Ihrer individuellen Neigung zuwider sind, eben so ruhig und aufrichtig, als die derselben entsprechenden.

Seien Sie im Entschlusse überlegt aber nicht zweifelsüchtig, in der Ausführung kräftig und consequent. Ein immerwährendes Schwanken im Denken und Handeln bringt nie Segen.

Suchen Sie immer endlich nur die Wahrheit. Nehmen Sie aber nie Frechheit in Aeusserungen für Freimüthigkeit. Seien Sie ein treuer Freund, so können Sie auch treue Freunde erwerben. Nur für Liebe können wir Liebe gewinnen. Gemeine Gesinnungen seien Ihnen in jedem Stande verhasst und aus Ihrer Umgebung standhaft verbannt.

Gegen Ihre Diener (dieses Wort im häuslichen Sinne genommen) seien Sie immer der Herr, wenn auch ein gnädiger, und machen Sie solche nie zu Ihren Rathgebern.

Gnädig zu sein, ist der Trieb Ihres Herzens. Seien Sie es aber nie auf Kosten fremder Rechte.

Heilig sei Ihnen Ihr gegebenes Wort. Versprechen Sie aber nie etwas in der ersten Aufwallung und gedenken Sie, dass Strenge auch unter die Pflichten eines Fürsten gehört.

Sie sind, wie ich, ein Katholik mit Sinn und Herz. Seien Sie aber nie gleichgiltig gegen Missbrauch einer Lehre, gegen Aberglauben und gegen Verkehrtheit mancher Diener der Religion, wodurch der Katholicismus mehr würdige Anhänger verliert, als durch seine offenen Gegner.

Missachten Sie nie die Treue, mit welcher die Genossen einer anderen Lehre dem Glauben ihrer Väter anhängen und zeigen Sie bei aller Gelegenheit offen die dem Geiste des Christenthums und den Pflichten der Fürsten gleich angemessene Toleranz, welche vielleicht mancher von Ihnen nicht erwartet.

Seien Sie kein Sklave, aber auch kein Verächter der öffentlichen Meinung. Lassen Sie auch der Welt wissen, dass Sie ein Feind der Schmeichelei in Rede, Schrift und Handlung sind.

Lassen Sie es Sich gefallen, dass ein Fürst manchen Genuss sich versagen muss, den der Privatmann sich verschaffen kann.‹

Von grösserem allgemeinen Interesse ist folgendes Gutachten, das wir im Auszuge mittheilen. Als Kaiser Franz 1819 in Rom war, übergab ihm nämlich der heilige Vater Beschwerden in Religionssachen. Am 10. April 1829 verlangte der Kaiser die Ansichten Sommaruga's über diese Gravamina zu vernehmen. Dieser äusserte sich hierauf (das Concept trägt kein Datum), indem er darauf hinweist, dass er selbst Professor des Kirchenrechtes in Lemberg und stets ein treuer Anhänger der Kirche und ihrer Lehren war.

In den Bemerkungen des heiligen Vaters fand er mit Erstaunen die Wiederholung alles dessen, was im Mittelalter von Seite des römischen Hofes von den Landesfürsten, die Immunitäten mit inbegriffen, gefordert wurde, wo die Kirchenvorsteher die Grenzen der ihnen von Christus verliehenen Macht überschritten haben, und war es ihm schmerzlich, zu sehen, dass auch das Begehren gestellt wurde die österreichischen Ehegesetze aufzuheben, mit der Drohung der Erlassung einer Bulle, durch welche diese Gesetze verdammt werden sollen.

Noch weit weniger könnten Eure Majestät einer Drohung von Rom entgegensehen, die selbst gegen einen hinsichtlich der Rechte der katholischen Kirche gleichgiltigen Landesherrn nicht an ihrem Platze sein würde.

Die Klagen Sr. Heiligkeit gegen die Orthodoxie der Lehren der katholisch-theologischen Lehranstalten sind ganz unbegründet, da die Lehrer, darunter Dolliner, strenge Katholiken sind. ...

Das Sacrament der Ehe gehört ohne Zweifel zur Gesetzgebung der Kirche, aber der bürgerliche Vertrag ebenso unbezweifelt zur Gesetzgebung des Staates.

... Was aber den Grundsatz betrifft, auch der bürgerliche Ehevertrag der Katholiken gehöre wegen des Sacramentes zur Beurtheilung, und zwar wie dieser in der Beschwerde deutlich sich'ausspricht, zur alleinigen Beurtheilung der Kirche, so ist derselbe unbedingt irrig. Als der göttliche Stifter unserer Religion unter den Menschen lehrend auftrat, gaben die Landesherren Kraft ihrer Souveränetät Gesetze über die Ehe als einen bürgerlichen Vertrag und wollte Christus nach seinem eigenen Worten: *Reddite quae sunt Caesaris* etc. die Rechte weltlicher Regenten keineswegs schmälern.

Oesterreich hat auch keinen Grund, die Gestattung gemischter Ehen seit Josef II. zu bereuen.

Das österreichische Ehebinderniss des einfachen jedoch vor der Eingehung der Ehe bewiesenen Ehebruches ist ohne Zweifel der christlichen Moral mehr angemessen, als das beschränkte canonische, welches den, der mit einer Person einen Ehebruch beging, diese zu ehelichen nur dann unfähig macht, wenn sein Ehebruch mit einem Eheversprechen oder mit Nachstellungen nach dem Leben des Gegentheiles verbunden war.

Eine Verhandlung mit dem römischen Hofe über Ehesachen scheint nicht angemessen, da Souveränetätsrechte und Pflichten nicht geopfert werden dürfen; eben so wenig kann man mit österreichischen Bischöfen darüber unterhandeln, da der Landesherr mit seinen Unterthanen nicht Verträge schliessen kann.

... Das unbestreitbare Recht des Monarchen ist es, die Oberaufsicht über Alles, was im Staate gelehrt und geübt wird, zu führen, und können die Bildungsanstalten des Clerus keine Ausnahme machen. Es kann daher auch nicht der Einsicht eines jeden einzelnen Bischofs die Leitung der theologischen Studienanstalten in seiner Diöcese überlassen werden. Eben so wenig können dem Staate die Personen, welche theologische Lehren vortragen, gleichgiltig sein. Es ist auch die Aufgabe des Souveräns, den Staat gegen gefährliche Lehren der Kirche und der Theologen zu schützen.

Die Verlesung der allerhöchsten Ernennung der Bischöfe in der Kathedralkirche ist nöthig, damit das Nominationsrecht des Landesfürsten nicht in Vergessenheit gerathe, und können die Bischöfe bei Uebernahme der Temporalien an ihre Pflichten erinnert werden, wie dies bei anderen Beamten geschieht... Eben so wenig als jeder andere Amtseid, kann auch der Eid der Bischöfe wegbleiben.

In Staatsrücksichten kann die Abhängigkeit der Orden von ausländischen Generalen nur als höchst gefährlich erscheinen.«*)

Wir denken, diese Mittheilungen reichen hin, um den Charakter und die Denkweise des ersten Unterrichts-Ministers zu kennzeichnen.

Die Amtsdauer der Nachfolger des Freiherrn v. Sommaruga, sowohl der Unterrichtsminister wie der Leiter des Unterrichts-Ministeriums war verschieden und noch verschiedener und mannigfaltiger waren die Anschauungen, die sie auf politischem Gebiete etc. hatten. Wissen wir doch, dass sie Vertreter von Systemen waren, die sich schnurstracks gegenüberstanden und noch stehen.

So verschiedenartig und mannigfaltig aber auch Personen, Zustände, Verhältnisse, Principien u. s. w. waren, in einer Beziehung glichen sich alle; alle wollten sie, dass die Wiener Universität im vollen Sinne des Wortes ein *celeberrima* sei und bleibe, und da die Professoren der Glanz einer Universität sind, so waren sie alle bemüht, die tüchtigsten Kräfte für die erste Hochschule des Reiches zu gewinnen, und wenn eine Lehrkanzel erledigt war, oder eine neue errichtet wurde, so lugte man nach allen Seiten hin aus, um die bedeutendste Kraft zu gewinnen und fanden bis auf den heutigen Tag zahlreiche Berufungen aus dem Auslande statt.**) Wir haben im Verlaufe unserer Darstellung Gelegenheit gehabt, Namen illustrer Männer zu nennen, welche unter dem Grafen Leo Thun für die Universität gewonnen wurden, und das gleiche Bestreben hatten alle seine Nachfolger, und wurden in der jüngsten und letzten Zeit vom Minister Freiherrn v. Conrad Georg Bühler, Nothnagel und Erich Schmidt aus dem Auslande berufen. Es widerstrebt uns *per longum et latum* die Namen von Männern zu nennen, die ohnedies durch ihre Werke in der wissenschaftlichen Welt bekannt sind, und andererseits sind wir nicht so anmassend, uns zuzumuthen, dass wir ein Urtheil über alle die Herren, welche die verschiedensten wissenschaftlichen Disciplinen

---

*) In den Memoiren Metternich's wird der Beschwerden des Papstes gedacht. Wie wir jedoch glauben, ist die daselbst angegebene Ursache, weshalb sie nicht berücksichtigt wurden, nicht die richtige. Der Febronianismus hatte nichts damit zu thun.

**) Nicht übergehen wollen wir, dass im Jahre 1871 Unterhandlungen mit Ernst Häckel in Jena gepflogen wurden, die Professor Suess führte, obschon — und speciell damals — die wissenschaftliche Richtung Häckel's, insbesondere den Strenggläubigen, ein Dorn im Auge war.

tradiren, haben. Wir nannten daher zunächst jene, die unter dem
Regime Thun berufen wurden, welche gewissermassen schon der
Geschichte angehören; aus der folgenden Zeit hingegen haben wir
nur ausnahmsweise Namen verzeichnet. Es mag ferner hervorgehoben werden, dass es auch unter dem Nachwuchse der Docenten
und ausserordentlichen Professoren viele tüchtige Kräfte gibt, die,
soweit sich voraussehen lässt, Leuchten der Wissenschaft sein
werden.

Während auf politischem Gebiete seit dem Jahre 1848 bis
heute wiederholt rückläufige Bewegungen Platz gegriffen haben,
kann es nicht genug gesagt werden, dass auf dem Gebiete der
Universität keine rückläufige Bewegung stattgefunden hat.

Selbstverständlich konnten jene Minister, die nur kurze Zeit
im Amte waren, auch verhältnissmässig nur wenig schaffen. Nichtsdestoweniger war es Baron Hye, der nur ein halbes Jahr im Amte
war, vergönnt, die siebzehnjährigen Verhandlungen über einen Neubau der Wiener Universität durch Erwirkung einer kaiserlichen
Entschliessung, durch welche endlich ein Bauplatz für dieselbe er-
mittelt und zugewiesen und zum Beginne des Baues eine Geld-
summe angewiesen wurde, zum Abschlusse zu bringen. (Vergl. G.
Wolf »Der neue Universitätsbau«, S. 53 u. s. w.) Er war es auch,
der den obligatorischen Turnunterricht für die Volksschulen eingeleitet und unter ihm wurde die Errichtung des von dem Wiener
Gemeinderathe beschlossenen aber früher von der Regierung immer
beanständeten Pädagogiums vollzogen. *Last not least*, durch ihn kam
der berühmte Romanist Ihering nach Wien.

Hye, als damaliger Leiter des Cultus-Ministeriums, machte die
ersten einleitenden Schritte zur Modification des Concordates und
der confessionellen Gesetze. Er entwarf die erste diesbezügliche
Instruction an den kaiserlichen Botschafter in Rom und die kaiserliche
Emanation auf die Adresse der 25 Bischöfe; schliesslich arbeitete
er auch den ersten Entwurf eines interconfessionellen Gesetzes aus.*)

---

*) An dieser Berathung nahmen Theil: Cardinal Rauscher, der österreichische
Botschafter beim heiligen Stuhle, Freiherr v. Hübner, und der Kirchenrechtslehrer
Professor Schulte, jetzt in Bonn. Es mag hervorgehoben werden, dass der verewigte
Cardinal Rauscher sich bei dieser Berathung sehr conciliant zeigte. Mit Leib und
Seele Katholik und dem heiligen Stuhle ergeben, hatte er das Verständniss für
die Rechte des Staates und war durch und durch Oesterreicher.

Ein segensreiches Andenken hat sich Herr v. Hasner, der Schöpfer der neuen Volksschule, gestiftet. Unter ihm entstand das Schulaufsichts-Gesetz, er reformirte die Realschulen, unter ihm traten die interconfessionellen Gesetze in's Leben. Was die Universität betrifft, so verdankt ihm das chemische Institut das Entstehen, und er war es, der Schäffle, über den man wohl als Politiker, als österreichischen Minister, abfällig urtheilen kann, dem man jedoch seine grosse Bedeutung auf dem Gebiete der Nationalökonomie nicht bestreiten wird, nach Wien berief.

In ausgezeichneter Weise wurde Herr v. Hasner von dem damaligen Sectionschef, bis dahin Professor Julius Glaser, unterstützt. Glaser hatte da Gelegenheit, seine grosse Gelehrsamkeit auf dem Gebiete der Jurisprudenz praktisch zu verwerthen.

Am längsten wirkte als Unterrichtsminister Graf Leo Thun, in dessen Brust, ach! zwei Seelen wohnten. Er war es, der zum Abschlusse des »unseligen Vertrages« mit Rom eifrig mitwirkte und er war der Regenerator der Wissenschaften in Oesterreich. Mag man jedoch welche Vorwürfe immer gegen ihn als Cultusminister erheben, mag man noch so sehr über ihn aburtheilen, dass er, der früher ein eifriger Germanisator war und auf das wärmste für ein einheitliches Oesterreich einstand, später ein unermüdlicher Kämpfer für den Föderalismus wurde und Holz zum Feuer des Nationalitäten-Haders trug; — als Unterrichts-Minister hat er sich um die Reform der Studien an den Universitäten und speciell an der Wiener Universität grosse, ja wir dürfen sagen, unsterbliche Verdienste erworben, wenn wir auch nicht bestreiten, dass ihm da und dort das Concordat stark im Nacken sass. Er war es, der die Universität aus ihrem Verfalle erhob, er gestaltete eine (mit Ausnahme der medicinischen und wenigen Disciplinen an der staatswissenschaftlichen Facultät) mittelmässige, verkommene Unterrichtsanstalt zu einer wirklichen Universität um. Und als die Zeit kam, da das Concordat abgeschlossen wurde und man die Universität, so zu sagen in die Luft sprengen wollte (vergl. oben S. 165), da war er es, der sie vor diesem Unglücke bewahrte. Von Eugen von Savoyen berichtet die Legende, er habe vor der Schlacht bei Zenta ein abmahnendes Schreiben von Seite des Hofkriegsrathes erhalten, welches er jedoch, da er den Inhalt desselben ahnte, in die Tasche geschoben, bis die Schlacht geschlagen und gewonnen war. Was wir vom Grafen Thun berichteten, ist keine Legende und wird ihm diese That noch bei späteren Geschlechtern zum Ruhme gereichen.

Das Werk, das Graf Thun begonnen, hat Herr v. Stremayr vollendet. Das Universitäts-Gesetz vom Jahre 1873 hat die Universität auf vollständig moderne Grundlagen gestellt, wie sie die Pflege der Wissenschaft bedarf. Ihm war es vergönnt, den definitiven Bauplatz für die neue Universität zu erlangen. Unter ihm wurde der »unselige Vertrag« mit Rom aufgehoben und selbstverständlich hörte die Universität auf, als katholisch zu gelten.

Der jetzt fungirende Minister, Freiherr v. Conrad, zieht weiter auf dem vorgezeichneten Wege und wird es ihm gegönnt sein, als Pathe bei der Eröffnung des neuen Universitätsgebäudes zu fungiren.

Noch wollen wir des Sections-Chefs des Unterrichts-Ministeriums, des Herrn Carl Fidler, der seit einer Reihe von Jahren in dem genannten Ministerium wirkt, gedenken. Er hat sich specielle Verdienste um den gewerblichen Unterricht erworben. Er machte wiederholt Reisen nach England, um an Ort und Stelle diesbezügliche Studien zu machen, und fungirte er auch als Vorsitzender der betreffenden Central-Commission; ihm verdankt die Ausstellung wissenschaftlicher Apparate in London im Jahre 1876 ihre Beschickung aus Oesterreich. 1877 leitete er die Commission zur Reorganisirung der nautischen Schulen. Er führte bei der Landesschul-Inspectoren-Conferenz im Jahre 1878 den Vorsitz, deren Verhandlungen mancherlei Modificationen im Gymnasial-Lehrplane herbeiführten. Idealen Zielen nachstrebend, hegt er das wärmste Interesse für die Förderung der Wissenschaft.

Wenn wir jedoch freudigen Herzens die Verdienste der Minister und der Leiter des Unterrichts-Ministeriums um die Universität anerkannten, so heischt es die Pflicht, dem die Ehre zu geben, dem zunächst die Ehre und der Ruhm gebührt, Seiner Majestät dem Kaiser Franz Josef I.

Wir hatten häufig im Verlaufe dieser Darstellung, sowie in unserer Schrift »Der neue Universitätsbau« Gelegenheit, des warmen und regen Interesses zu gedenken, welches der Kaiser seit seinem Regierungsantritte für die Universität hatte. Und wahrlich, der Strahlenglanz der Krone, die der Monarch trägt, wird durch das Licht der Wissenschaft, das er in seiner kaiserlichen Machtfülle gefördert und in seinem Sohne, dem dereinstigen Thronfolger, gehegt und gepflegt hat, erhöht, verklärt und verschönt.

Der Kaiser nahm übrigens jüngst selbst die Gelegenheit wahr, sich über dieses Moment zu äussern. Einer Deputation der Wiener Universität, an deren Spitze der Rector Maassen stand, antwortete der Kaiser bei Gelegenheit der Habsburg-Feier:

›Ich danke dem akademischen Senate für die Huldigung, welche derselbe Mir Namens der Wiener Universität an dem heutigen für Mich und Mein Haus so bedeutungsvollen Erinnerungstage entgegenbringt.

Nach dem Vorbilde Meiner Ahnen betrachte auch Ich es als eine Meiner wichtigsten Regentenpflichten, den Universitäten als den eigentlichen Pflegestätten der Wissenschaft Meine unablässige schirmende Fürsorge zuzuwenden.

Es wird Mir eine besondere Befriedigung gewähren, der Wiener Universität in hoffentlich nicht ferner Zeit anstatt der alten zu eng gewordenen Räume ein neues Heim in weiten würdigeren Hallen anweisen zu können.

Fahren Sie fort, Ihres Lehramtes mit lebendigem wissenschaftlichen Eifer zu walten, leiten Sie die studirende Jugend durch Lehre und Beispiel an, nach den höchsten Zielen menschlichen Wissens zu streben, und lassen Sie Mich darauf bauen, dass die Hochschulen Meines Reiches dem öffentlichen Leben Jahr für Jahr nicht nur gebildete junge Männer, sondern auch gute Bürger und treue Söhne Oesterreichs zuführen.‹

Diese Worte sagen mehr, als die Feder auszudrücken im Stande ist. Wir schliessen daher mit den alten Spruche:

Vivat, crescat, floreat!

Anhang.

(Zu Seite 77.)

Wir glauben im Interesse der Leser zu handeln, wenn wir näher auf die Klagen der Bischöfe nach dem Tode Josef II. eingehen. Kaiser Leopold II. übergab dieselben, insoweit sie politische Gravamina betrafen, dem obersten Kanzler, Grafen Kolowrat, und bezüglich kirchlicher Fragen der geistlichen Hofcommission zur Begutachtung.

In dem Votum des Grafen Kolowrat (s. d.) heisst es:

'.... ›Die ehemals vorgeschrieben gewesene Ablegung des Glaubensbekenntnisses vor Erhaltung der Doctorswürde ist an sich, weil man die Religion desjenigen, der die Doctorswürde verlangt, wohl ohnehin weiss, ganz überflüssig; in einem Staate, wo wie in dem österreichischen, Juden, Griechen und Protestanten tolerirt werden, ganz unthunlich und umsomehr unnöthig, als in Absicht auf die den Juden zu ertheilende Doctors würde Se. Majestät durch die bei Gelegenheit, als der Jude Joel um die juridische Doctorswürde ansuchte, herabgegebene allerhöchste Entschliessung eine umständliche Vorschrift ertheilt haben. Wenn nach der von dem Bischofe von Linz vorgeschlagenen Art, die Religion sowohl in Schulen gelehrt, als auch in Predigten dem Volke forthin vorgetragen (er schlug vor, für die Jugend einen zweckmässigeren katechetischen Leitfaden und für die Erwachsenen erweiterte, in zwei oder drei Jahrgänge einzutheilende Katechesen zu verfassen, den Seelsorgern aber jährlich einen den allgemeinen Religionsunterricht bestärkenden Predigtencurs herauszugeben und dann nach dem nämlichen Zwecke Erbauungs- und Gesangsbücher zu verfassen), auf die Sittlichkeit und Andachtsübungen in Schulen nach den in dem neuen Studienplane festgesetzten Grundregeln sorgfältig gehalten, so ist nicht zu zweifeln, dass die Bischöfe allerseits zufrieden gestellt und die Ursachen verschwinden werden, die ihre bisherigen Klagen veranlasst haben.«

Bezüglich der verschiedenen Vorschläge der Bischöfe in Angelegenheit der Toleranz, meinte Graf Kolowrat:

»Wenn man aber voraussetzt, dass in einem wohlgeordneten ... Staate und in einer so weitläufigen Monarchie, wie die österreichische ist, man die verschiedenen im römischen Reiche tolerirten Religionen doch gewiss auch toleriren muss, dass es dem allgemeinen Ansehen, selbst dem Bevölkerungsstande verkleinerlich und nachtheilig wäre, von der einmal mit allgemeinem Beifalle des Auslandes eingeführten Toleranz ganz oder auch nur zum Theil abzugehen, einen harten Gewissenszwang einzuführen und mit schweren Strafen, die dabei allemal unvermeidlich werden, zu behaupten; wenn man bedenkt, dass Gott selbst dem Menschen den freien Willen, zu glauben und zu handeln, gelassen, seine wahre Religion nur mit Sanftmuth gepredigt und am allerwenigsten mit Schwert und Blutvergiessen anderen aufzudrängen befohlen hat, dass der Zwang gute Christen nicht schafft und höchstens Heuchler erzeugt, die eine Religion, zu der sie sich gezwungener Weise öffentlich bekennen müssen, insgeheim verhöhnen und lästern, wie man in Portugal und Spanien täglich unzählige Beispiele findet, so wird man bald überzeugt werden, dass durch die schon bestehenden Toleranzgesetze allen billigen Klagen der Bischöfe schon abgeholfen sei . . . .«

Ob der Abfall katholisch geborener und erzogener Unterthanen gestattet werden könne, ist eine schwere Frage.

Wenn man sie verneinend beantworten will, so müssen Strafen, und wo nicht wie ehemals Todesstrafen, wenigstens Verbannung der Abgefallenen aus ihren Geburtsorten und Abstiftung ganzer Familien wieder eingeführt werden. Welch' harte Folgen diese hatten, ist noch Jedermann in frischem Andenken, und wie wenig haben sie gewirkt oder genutzt?

Was die Klagen über Sittlichkeit und Frömmigkeit betrifft, so ist die Klage des Cardinals von Wien und des Bischofs von Brixen über die Kleiderpracht in Kirchen und Unehrerbietigkeit nicht erheblich. Was das Fastengebot betrifft, so kann keinem

Gastgeber oder Wirth, besonders in Hauptstädten, verboten werden, an Fasttagen Fleischspeisen zu kochen, denn verschiedene Akatholiken, reisendes Militär, und andere Menschen, die aus Gesundheitsumständen keine Fastenspeisen essen dürfen, müssen in Gasthöfen für ihr Geld jede Gattung von Speisen finden können, höchstens könnte befohlen werden, dass an solchen Tagen jene, die Fleisch geniessen, an einem besonderen Tische sitzen müssen.

Wenn Kirchenceremonien in Schauspielen lächerlich gemacht werden, so trifft diese Schuld die Censur.

Der öftere Besuch beim öffentlichen Gottesdienste kann Niemandem geboten werden; eine Abforderung der Beichtzettel geht in volkreichen Städten nicht an. Die Abhaltung der Schauspiele zur Advent- und Fastenzeit ist, sowie die Belustigungen am Sonntage nicht religionswidrig.

Dass irgend ein katholisches Kind durch die in die Schule gehenden Judenkinder zum Judenthume sollte verleitet werden, darüber wird schwerlich ein Beispiel angeführt werden können.

Was die Taufen der Juden betrifft, so könnte es bei den bestehenden Gesetzen bleiben . . . .

Die Pressfreiheit, die in den österreichischen Erbstaaten ohnehin nicht eigentlich besteht, weil sie von jeher einer eigenen Büchercensur unterworfen war und noch ist, allgemein zu beschränken, ist, besonders jetzt in diesem so schreibseligen Jahrhundert, so leicht nicht . . . . Die Censur aber den Bischöfen in die Hand zu geben, würde umsoweniger räthlich sein, als bei der Censur nach allgemeinen, vom Staate zu bestimmenden Grundsätzen vorgegangen werden muss, und von so vielerlei Bischöfen gleiche Grundsätze sich unmöglich vermuthen lassen.

Was akatholische Pathen betrifft, so weist Kolowrat darauf hin, dass die Pathin des Kaisers Protestantin war.

In dem Protokolle der geistlichen Hofcommissions-Sitzung vom 18. December 1790 werden die Beschwerden der Bischöfe skizzirt und das Gutachten beigefügt.

I. Beschwerden in Absicht auf die Gottesdienstordnung:

1. Der Normal-Messgesang zerstreue mehr als er erbaue; 2. Processionen sollen wieder gestattet; 3. das Reliquien-Chorfest soll in Prag wieder eingeführt werden; 4. man soll mehrere Messen zugleich lesen können; 5. die Wiedereinführung der aufgehobenen

Andacht in der Charwoche wird befürwortet; 6. die Messgesänge seien zu einfach; 7. es soll die untersagte Aussetzung der Reliquien wieder gestattet sein; 8. beim nachmittägigen Gottesdienste sollen wieder Predigten stattfinden; 9. der Mariencultus soll gehoben; 10. und 11. die Hochämter sollen beim Nachmittags-Gottesdienste feierlich gehalten; und 12. die Bussanstalten verbessert werden; 13. es soll die Erklärung der Ablässe gegeben; 14. die Seelen- ämter und 15. die samstägigen Abendandachten wieder eingeführt werden; 16. am letzten Tage des Jahres soll Predigt sein; 17. die Regulirung des Gottesdienstes soll den Bischöfen überlassen bleiben.

Hierzu bemerkte die Commission: »Bei der bekannten so un- gleichen Meinung der Bischöfe und ihrer Denkungsart scheint es bedenklich, den ganzen Gottesdienst und dessen Regulirung in ihre Hände zu legen. Man würde beinahe so viele verschiedene An- dachtsübungen als Diöcesen haben und in manchen bald alle jene Andächteleien aufleben sehen, von denen das Volk schon entwöhnt ist und die dem grössten Theile nur zum Gespötte und zur Abwürdigung der Religion dienen.«

18. Klage wegen Abstellung der Bruderschaften; 19. Kund- machung der landesfürstlichen Verordnungen von den Kanzeln.

II. Beschwerden in Absicht auf die Ausübung des bischöf- lichen Hirtenamtes:

1. Ueber die Einmengung der weltlichen Stellen in geistliche Gegenstände. Cardinal Migazzi hob hervor, die Hauptbeschäftigung der geistlichen Hofcommission scheine zu sein, Klöster aufzuheben, katholische Kirchen zu vermindern, lutherische und calvinische zu vermehren, das *Simultaneum* des Gottesdienstes einzuführen, der allgemeinen Kirchendisciplin widrige Einrichtungen zu machen etc.

Die Hofcommission bemerkte dazu: »Dieses ist eine Klage ohne Beweis, da die Wahrheit fehlt. Die meisten wissen selbst nicht, was ein geistlicher Gegenstand ist. Der Begriff von diesem letzteren besteht allein in dogmatischen Glaubenslehren, priester- lichen Altarsverrichtungen und in dem geheimen Bussgerichte. Da nun kein Buchstabe von einer Verordnung jemals erschienen ist, der über solche Dinge etwas bestimmte, fällt dieser Punkt als eine *querela vaga* ganz weg.«

2. Beschwerde über das aufgehobene Verhältniss mit Rom und über die Grundsätze des Circulars vom 31. December 1781;

3. Verbot, päpstliche Bullen kund zu machen, worüber sich blos die Bischöfe von Seckau und Gradisca beschwerten.

Dazu bemerkte die Hofcommission: ›Es handelt sich hier um das *jus inspiciendi leges et ordinationes exteras* oder das *jus placiti regii seu Exequatur,* welches über eilfhundert Jahre von Einführung der christlichen Religion ohne Widerspruch in katholischen Staaten beobachtet, ja selbst von den würdigsten Bischöfen darum gebeten wurde. Was ist einfacher, als dass der Beherrscher seiner Völker den Inhalt der Expeditionen aus Rom einsehen und somit beurtheilen könne, ob etwas darin vorkomme, was dem Staate, dem Volke etc. schädlich sei, um sie zu beseitigen, oder, wenn dies nicht der Fall ist, sie durch seine Autorität mittelst des *regii placiti* noch mehr zu unterstützen. Wie gut wäre es gewesen, wenn man im Mittelalter diese Vorsicht gebraucht hätte, weil römische Bullen und Breven, die heimlich verbreitet wurden, mehrmals Empörung, Aufruhr und Blutvergiessen verursacht haben. Wer die Geschichte kennt, weiss es, dass es eine der fürnehmsten Maximen des römischen Curialismus sei, durch Schleichwege, mittelst geheimer Bullen und Breven den Geist des Volkes auf den Religionsfanatismus zu stimmen und dann durch aufgefachte Widersetzung das Volk den besten und frömmsten Absichten des Landesfürsten entgegen zu stellen, und wird noch heute die Triebfeder der traurigen Ereignisse finden, die geradehin in den belgischen Ländern die heiligsten Anstalten noch vor kurzer Zeit unausführbar gemacht haben. Die Vorschriften vom 12. September 1767 und 26. März 1781, welche das *placetum* festsetzen, sind selbst nach der Lehre der besseren canonischen Rechtslehrer in dem Majestätsrechte begründet, weil eine doppelte gesetzgebende Gewalt in einem Staate unmöglich statthaben kann. Diese Einrichtungen bestehen schon lange in allen katholischen Staaten.

Wenn alle Bullen und Breven, auch aus früherer Zeit Geltung haben sollten, so könnte keine von den neuen Vorkehrungen des Staates in Kirchenangelegenheiten und nur wenige von den politischen Verfügungen und Einrichtungen bestehen.

Als Beweis diene: Innocenz III. befiehlt, dass die Güter der Ketzer dem Fiscus und in gewissen Fällen der Kirche zufallen sollen, selbst wenn diese Kinder haben. Gregor IX. verordnete 1234, man solle die Decretalien, die Raimund Pennaforte verfertigt hatte, nicht nur in Schulen, sondern auch bei Gerichtshöfen brauchen. Bonifaz VIII. erklärte in der Bulle *Unam sanctam*, dass die weltliche Macht der geistlichen untergeordnet sei. Innocenz III. excommunicirte Alle, die sich die päpstlichen Rescripte nicht gefallen liessen, und Leo X. erklärte alle Verordnungen, die wider päpstliche Rescripte sind gemacht worden, für null und nichtig. Leo X. excommunicirte 1514 alle Fürsten, welche Klostergüter ohne Wissenschaft des Papstes zum Nutzen des Staates verwenden; ferner verordnete er, dass kein Buch ohne Censur der Bischöfe gedruckt werden soll. Gregor XIII. verbot, dass sich Christen nicht von Juden oder Ketzern curiren lassen. Pius V. verordnete 1566, Bettelmönche sollen von ihren Gütern keine Steuern abgeben. Gregor XIV. befahl 1591, dass alle Verbrecher — ausgenommen öffentliche Strassenräuber, Ketzer und Majestätsbeleidiger — in allen Kirchen und Klöstern Freistätten haben, und selbst die genannten ohne Einwilligung der Bischöfe nicht aus der Kirche herausgezogen werden sollen.‹

4. Beschwerden über die General-Seminarien. Cardinal Migazzi klagte, die Untersuchungen über die bischöflichen Beschwerden, betreffend die General-Seminarien, seien immer durch die geistliche Commission veranlasst worden, welche aber die General-Seminarien in Schutz nahm.

Die Hofcommission bemerkte dazu: ›Man wisse nicht, was man bei dieser Beschwerde denken soll. Nie hat ein Bischof eine specifische Klage gegen ein Seminarium eingebracht und nie ist auf eine bischöfliche Klage irgend ein General-Seminarium untersucht worden. Die Untersuchungen wurden in Folge anderer Anzeigen gepflogen, und zwar von der geistlichen Hofcommission, weil ihr die Leitung der General-Seminarien oblag. Wie untersucht wurde, zeigen die vorhandenen Acten.‹

5. Wird geklagt, dass den Bischöfen die Gerichtsbarkeit über die geistlichen Personen entzogen wurde.

Hierzu bemerkte die Hofcommission: ›Die Priester sind Staatsbürger, geniessen den Schutz und bürgerliche Rechte, besitzen blos weltliches Hab und Gut, schliessen Civilcontracte und üben pur bürgerliche Handlungen *(actiones mere civiles)* aus. Welcher Vernunftschluss kann sie daher von dem bürgerlichen Richter ausnehmen? Der römische Curialkunstgriff, sie davon zu eximiren, hatte die auffallende Absicht, die Jurisdiction *in temporalibus* zu erschleichen und *per privilegium fori statum in statu* aufzustellen, so in jeder Regierung die gefährlichste Sache ist und worauf von jeher alle Widerspenstigkeit des *Corporis cleri* gebaut war, weil sie immer auf den römischen Hof trotzten, der nach dem Bezuge des besonderen *fori* ihr einziger und letzter Richter sein sollte. In blos geistlichen Amtshandlungen aber stehen sie noch heute unter den Bischöfen allein.«

6. Wünschen sie die Aufhebung des Verbotes, Currenden ohne Genehmigung der Landesstelle kund zu machen; 7. sollen nicht die Kreisämter die Kundmachungen an die Geistlichen erlassen.

Hierzu bemerkte die Hofcommission: »Fürsten, Grafen und andere Standespersonen nehmen ohne Widerrede die Intimationen landesfürstlicher Verordnungen von den Kreisämtern an. Warum soll es für Pfarrer, Dechante bedenklich sein?« Es sei merkwürdig, dass sich der mindere Clerus, den es doch am nächsten trifft, niemals, sondern nur Bischöfe deswegen beschweren. Der Cardinal in Wien wünschte bei dieser Gelegenheit, dass die Religions-Commission (die geistliche Hofcommission) aufgehoben werde, weil durch solche kein geringer Schaden der Religion selbst und der geistlichen Zucht zugefügt werde. Ueber diesen Punkt jedoch wolle die Hofcommission hinweggehen.

8. Ueber das Ehepatent wird geklagt, dass es einen Eingriff in das Hirtenamt bilde; 9. dass den Bischöfen die Einsicht über die Verwaltung der frommen Stiftungen entzogen werde; 10. wünschen sie Einsicht über die Verwendung des Religionsfondes und sollte derselbe nach Provinzen abgetheilt werden; 11. wünschen die Bischöfe die autonome Vergebung von Pfründen; 12. die Abhandlung bei geistlichen Verlassenschaften und 13. die ihnen entzogenen Einkünfte.

Hierzu bemerkt die Hofcommission: »Es wurden den Bischöfen Einkünfte entzogen, die sie willkürlich und zwar mit Bedrückung der niederen Geistlichkeit, unter dem in keiner canonischen Satzung zu findenden Namen, der *primorum fructuum*, Consolationsgelder, besonders Tafelbeiträge etc. bezogen. Man sollte nicht erwarten, dass Erzbischöfe und Bischöfe, welche jährlich 40-, 50- bis 80.000 Gulden Einkommen haben, solche Quellen der Vermehrung ihres Ueberflusses nach deren Abstellung ohne Recht noch weiter fordern wollten.«

14. Wird die Einberufung von Diöcesan-Synoden gewünscht; 15. der Erzbischof von Olmütz will von der Bezahlung des Postportos für officiöse Berichte enthoben sein; 16. es sollen Missionspredigten gestattet werden; 17. und 18. der Erzbischof von Olmütz beklagt sich über die Errichtung des Brünner und der von Prag über die Errichtung des Budweiser Bisthums; 19. die Bischöfe von Galizien beschweren sich, dass sie die Commissions-Protokolle wöchentlich zweimal dem Gubernium zur Einsicht geben müssen, und 20. wünschen sie, dass die Bischöfe mit den Geistlichen in lateinischer Sprache correspondiren können.

III. Beschwerden in Absicht auf das Hirtenamt der Seelsorger:

Die Concursausschreibung bei Besetzung von Pfarreien soll aufhören und die Prüfung der Seelsorger aus der Katechisirkunst entfallen; die Seelsorger werden von Seite der weltlichen Behörden unanständig behandelt und fülle diese die Verordnungen an sie mit Sticheleien an; die Seelsorger haben zu geringe Einkünfte und der Deficientengehalt sei zu gering; Beschwerde über die neue Pfarreintheilung.

IV. Beschwerden in Absicht auf die Klostergeistlichen:

1. Klostergeistliche sollen nicht mehr zur Seelsorge angestellt werden, da sie, wenn sie ihren Leidenschaften überlassen sind, falsche Grundsätze verbreiten; 2. über die Zucht der Klostergeistlichen wird vielfach geklagt, und wünscht der Erzbischof von Lemberg, dass der Nexus der Klöster mit den Ordensgeneralen in Rom hergestellt werde.

Hierzu bemerkt die Hofcommission: »Der Erzbischof von Lemberg sollte doch wissen, wie nachtheilig die Autorität der römischen Ordensgenerale seit ihrer Entstehung den Rechten der Bischöfe gewesen sei, da diese Religiosen gegen ihre Diöcesanbischöfe zum Ungehorsam durch heimliche Wege verleitet haben.« Wie sehr dieser Nexus dem Staate geschadet hat, mag Folgendes beweisen:

Als ein Brünner Bürgerssohn das in das dortige Kloster der Augustiner gebrachte Capital von fl. 12.000 nach seinem Austritte zurückforderte, hatte der General in Rom schon durch seinen Procurator in Trient das ganze Capital ausser Landes gezogen. Die Sache gelangte durch Process bis zur k. k. obersten Justizstelle, und der darüber befragte *Procurator generalis* schrieb die unverschämte Antwort zurück, es habe zu allen Zeiten jedem Ordensgeneral freigestanden, Gelder aus den Ordenshäusern aller Länder und Provinzen nach seinem Befinden an sich zu ziehen; folglich sei es auch aus diesem Grunde mit diesem Capital von fl. 12.000 geschehen.

Man entdeckte daher, dass seit der Existenz der geistlichen Orden Gelder ins Ausland verschleppt werden.

3. Beschwerden, dass zu viele Klöster aufgehoben wurden;

4. Bitte, für die aufgehobenen Mönche und Nonnen eigene Häuser zu bestimmen.

Die Hofcommission schliesst: »Aus allen diesen Beschwerdepunkten zeigt sich offenbar, dass es den Erzbischöfen und Bischöfen grösstentheils um Einmischung und Eingriffe in weltliche, landesfürstliche Rechte, und zugleich um so ungegründete als überflüssige Vermehrung ihrer Einkünfte zu thun sei, wobei aber kein einziger Vorschlag erscheint, der eine Verbesserung der echten Kirchenzucht oder Hirtenamtshandlung zum Grunde hätte, so doch eigentlich ihre pflichtgemässe Beschäftigung sein sollte. Es zeigt sich überhaupt, dass es sich um äusserliche Dinge handelt, da der eine Bischof sich über das und der andere über jenes beklagt. Würde es sich um ein Dogma handeln, oder wäre etwas gegen die christliche Frömmigkeit und Moralität verordnet worden, so hätten wohl alle 20 Erzbischöfe und Bischöfe einstimmig dawider streiten müssen.«

Der Präses, Baron Kressel, begleitete dieses Protokoll an den Kaiser mit einer allerunterthänigsten Note vom 29. December 1790, in welcher es heisst: Die Bischöfe überschreiten in ihren Forderungen die Grenzen ihrer Rechte, indem sie das Hirtenamt über die wichtigsten Angelegenheiten der Staatsverwaltung auszubreiten die Absicht haben; dagegen auf die Rechte des Staates, auf die Bedürfnisse des bürgerlichen Lebens gar keine Rücksicht nehmen. Sie betrachten den gesammten Unterricht, welchen die Bürger des Staates nach ihren verschiedenen Classen und Bedürfnissen in öffentlichen Schulen erhalten, blos in Beziehung auf Religion und noch mehr auf Theologie.... Die Pressfreiheit, die Einfuhr und der Verkauf der Bücher sollen beschränkt, neue Censurgesetze eingeführt, die Censoren geistlicher und moralischer Bücher von den Bischöfen gewählt werden und ihnen verantwortlich sein, die Censur überhaupt den Bischöfen eingeräumt werden.

Sie wünschen die Duldungsgesetze beschränkt oder gänzlich abgeschafft, sie verlangen, dass den Bischöfen die Gerichtsbarkeit

in Glaubenssachen überantwortet werde, und die Untersuchung
ketzerischer Bücher, sie wollen, dass den Katholiken der Ueber-
tritt in eine andere Kirche nicht gestattet und Akatholiken, bei
denen die Belehrung nichts fruchtet, mit geistlichen und zeitlichen
Strafen belegt oder aus dem Lande gewiesen und den Protestanten
die Ansiedlung verwehrt werde.

Sie wollen die Vermehrung willkürlicher, theils spottwürdiger
Andachten und Processionen etc., ohne welche alle die katholische
Religion lange in ihrem wahren Glanze gewesen.

Sie wollen das ehemalige Verhältniss mit Rom herstellen,
hingegen die Aufsicht und Mitwirkung der Staatsverwaltung ausschliessen.

Es sind das dieselben Forderungen, welche die Kirchen-
prälaten, seitdem die Grundsätze der geistlichen Hierarchie in
Anmassung einer religiösen Mitregentschaft ausgeartet sind, in allen
katholischen Staaten, in jedem Zeitalter auf mancherlei Art und
mit mehr oder weniger Muth und Mässigung an die Landesfürsten
gemacht haben.

Die Kirche sammt den Geistlichen, ihren Dienern und allen
äusserlichen Religionsanstalten im Staate, steht jedoch nach ihrer
ganzen Verfassung sammt dem Hirtenamte unter der Aufsicht des
Staates. Nach den Grundsätzen der Religion ist die gesammte
geistliche oder kirchliche Gewalt auf das Hirtenamt beschränkt
und dieses besteht lediglich in dem Lehramte (dem Gottesdienste),
der Ausspendung der Sacramente und der ersten Aufsicht über die
Geistlichkeit . . . .

Es ist die Pflicht des Staates, darüber zu wachen, dass nicht
mit dem Religionsunterrichte Lehrsätze verbunden werden, wodurch
Keime des Fanatismus und des gemeinschädlichen Aberglaubens
unter das Volk verpflanzt, unrichtige Begriffe von dem Verhältnisse der Kirche zum Staate in die Denkungsart der Jugend ver-
webt, Trennungen der Gemüther und Parteien veranlasst und
insbesondere die Anhänglichkeit der Geistlichkeit an den Staat und
Fürsten getheilt oder gar erstickt werden könnte. Den Bischöfen
liegt lediglich die Pflicht ob, für die Echtheit der Religionslehre zu
sorgen, hingegen liegt die Einrichtung und Leitung der öffentlichen
Schulen, die Wahl der Lehrer, die Lehrgegenstände und die Methode
ganz ausser ihrem Wirkungskreise. Das *depositum fidei* gehört

den Bischöfen, nicht aber Theologie, sonst müsste das ganze christliche Volk Theologie studiren, wenn diese zum *deposito fidei* gehörte. Ganz etwas anderes ist also Religion, die für jeden Christen gehört, und Theologie.

Der Gottesdienst muss nach den Vorschriften und Grundsätzen der Religion eingerichtet werden. Insoweit diese Einrichtung diesen Grundsätzen und Vorschriften gemäss ist, oder auf Religionswahrheiten beruht, hängt sie ganz von der Kirche ab. Wenn aber willkürliche Gebräuche und Andächteleien, die in der Religionslehre keinen Grund haben, ja mit ihr gar nicht vereinbarlich sind, wenn diese Gebräuche Andächteleien, Aberglauben und religionswidrige Begriffe erzeugen und unterhalten, die Beweggründe der Rechtschaffenheit schwächen, Unsittlichkeit begünstigen, Unordnung im bürgerlichen Leben und Schaden in Familien verursachen und den Geistlichen zu Erwerbungen auf Kosten des Volkes dienen, dann hat der Landesfürst als solcher und als Beschirmer der Religion das Recht und die Pflicht, dieselben abzustellen und den Gottesdienst auf seine ursprüngliche Einrichtung zurückzuführen.

Die Aufsicht über die Geistlichkeit gehört zum bischöflichen Amte. Da aber die Seelsorge einen entscheidenden Einfluss auf die Denkungsart und die Sitten des Volkes hat, so liegt dem Fürsten Alles daran, von den Sitten, Grundsätzen und der Verwendung der Curatgeistlichkeit zuverlässliche Kenntniss zu haben. Der Landesfürst hat daher nicht nur das Recht der Oberaufsicht über alle geistlichen Lehr- und Erziehungsanstalten, über die Sitten und Amtshandlung der Seelsorge, sondern auch das Recht, Disciplinargesetze vorzuschreiben, die Bischöfe sowohl, als den minderen Clerus daran zu binden und im Falle der Uebertretung und Widersetzlichkeit zu bestrafen . . . .

Die Religion und das Hirtenamt haben blos den inneren Menschen (die Seele) zum Gegenstande; die Güter und Einkünfte der Geistlichen, sowie die der milden und frommen Stiftungen, gehören nicht in ihr Gebiet. Die Verwaltung der Stiftungen und des Religionsfondes gehört also gar nicht zum bischöflichen Amte. . . .

Es ist nur Eine Macht im Staate, welcher die Gesetzgebung für alle äusserlichen Handlungen zukommt; es ist daher nothwendig, den Begriff von einem *Imperium sacrum* allmälig zu vertilgen. Deshalb wurde das *placetum* eingeführt und den Bischöfen verboten, ohne Einwilligung der Landesstelle Kreisschreiben an die Geistlichkeit zu erlassen.... Die Bischöfe und Priester sind gleich den anderen Bürgern der Macht des Fürsten untergeordnet...

Die geistliche Gewalt, welche sich ganz auf Lehre, Beispiel und Seelsorge beschränkt, hat kein äusseres Zwangsrecht, also keine eigentliche Gewalt; sie besteht im Unterrichte, Ermahnen; Ueberzeugung und Zurechtweisung; ihre Strafgewalt geht blos auf das Innerliche der Seele.

Da die Beschwerden und Wünsche der Bischöfe in keinem Punkte übereinstimmen und oft weit auseinander gehen, so geht daraus hervor, dass der Geist der Gleichförmigkeit und der Eintracht mangelt.

Kressel schlug daher vor, aus den angeführten Gründen die vorgebrachten Beschwerden abschlägig zu bescheiden.

Aus der kais. Resolution heben wir Folgendes hervor:

Ad I. Die jetzige Gottesdienstordnung hat zu verbleiben. 1. Heisst nichts; 2. es ist den Bischöfen zu erlauben, in Nothfällen und besonderen Anliegenheiten, Bittgänge auf Verlangen der Gemeinde nach vorläufiger Anfrage in nicht zu grosse Entfernungen zu halten; 3. heisst nichts; 4. den Bischöfen ist mitzugeben, dass sie, besonders in Städten, nicht leicht die Bewilligung zur Errichtung von Privatkapellen geben; 6. die Bischöfe können neue Messgebete und Gesänge vorschlagen und sie zur Approbation übersenden; 8. bis 10. wird gestattet, Nachmittags an Sonn- und Feiertagen katechetische Predigten einzuführen, auch Litaneien abhalten zu lassen, insoferne sie nicht der Andachtsordnung zuwider sind; 11. wenn das Kirchenvermögen hinreicht, können die Hochämter mit Instrumentalmusik gehalten werden; 12. und 13. ist interne Angelegenheit der Bischöfe; 15. und 16. kann gestattet werden; 17. kann gestattet werden, wenn zur Hauptregel die gegenwärtigen Befehle zur unabweichlichen Richtschnur dienen; 18. mit Ausnahme der Bruderschaft zur Liebe des Nächsten bleiben alle anderen abgeschafft; 19. landesfürstliche Kundmachungen sind nach dem Gottesdienste vor der Kirche mitzutheilen.

Ad II. 1 und 2 verdient keine Antwort; 3. ist auf das schärfste darauf zu sehen, dass keine päpstlichen Bullen etc. ohne *placetum* verkündigt werden; 4. entfällt, da die General-Seminarien aufgehoben sind; 5. den Geistlichen gebührt bezüglich des Gerichtes keine Exemtion; in blos geistlichen Amtshandlungen stehen sie unter dem Bischofe; die Suspension oder Sequestrirung der Einkünfte der Pfarren etc. hat nur durch weltliche Gerichte zu geschehen; Klagen über Stolgebühren werden von den weltlichen Gerichten nach Einverständniss des Ordinariates abgethan; es steht den Bischöfen zu, Capläne von einem Orte in den anderen zu übersetzen, doch nicht bei gestifteten und investirten Pfarren etc.; 6. und 7. Circulare der Bischöfe müssen der Landesstelle zur Einsicht vorgelegt werden, Verordnungen an die Geistlichkeit sind durch das Gubernium direct an die Bischöfe zu richten; 8. das Ehepatent, speciell bezüglich der Sponsalien, der Dispensen, ist einer Revision zu unterziehen; 9. Einsicht in die frommen Stiftungen kann den Bischöfen nicht gewährt werden; 10. die Direction des Religionsfondes kann den Bischöfen nicht zugestanden werden, wohl aber Einsicht in den Rechnungsstand; 11. bezüglich des Concurses wegen Besetzung von Pfarren sind Vorschläge zu machen; 12. die Bischöfe haben in ihrer Beschwerde, geistliche Verlassenschaften abzuhandeln, vollkommen Unrecht; 14. Synoden können gestattet werden, wenn darum zuvor förmlich angesucht wurde; 29. und 30. wird genehmigt.

Ad III. 1. Sind Vorschläge zu unterbreiten. Wenn Klostergeistliche tüchtig sind, können sie zu Pfarren zugelassen werden.

———————•——————

Berichtigung: S. 54, Anmerkung von oben Zeile 2 soll nach dem Worte Pest nicht eingeschaltet werden.

REGISTER.

242